教育部人才培养模式创新实验区项目：
联手行业产学合作培养广播影视人才创新实验区

姚争 等◎著

新文科背景下
影视传媒专业教学场景
重构的探索与实践

ZHEJIANG UNIVERSITY PRESS
浙江大学出版社
·杭州·

图书在版编目（CIP）数据

新文科背景下影视传媒专业教学场景重构的探索与实践 / 姚争等著. —杭州：浙江大学出版社，2022.7
ISBN 978-7-308-22864-0

Ⅰ. ①新… Ⅱ. ①姚… Ⅲ. ①传播媒介－专业教育－研究 Ⅳ. ①G206.2

中国版本图书馆 CIP 数据核字（2022）第 132783 号

新文科背景下影视传媒专业教学场景重构的探索与实践

姚　争　等著

责任编辑	李海燕	
责任校对	孙秀丽	
封面设计	雷建军	
出版发行	浙江大学出版社	
	（杭州市天目山路 148 号　邮政编码 310007）	
	（网址：http://www.zjupress.com）	
排　　版	杭州好友排版工作室	
印　　刷	杭州宏雅印刷有限公司	
开　　本	710mm×1000mm　1/16	
印　　张	19	
字　　数	341 千	
版 印 次	2022 年 7 月第 1 版　2022 年 7 月第 1 次印刷	
书　　号	ISBN 978-7-308-22864-0	
定　　价	66.00 元	

序言：审美向善、守正创新①

戏剧影视学是一门年轻而古老的学科，在向着第二个百年奋斗目标迈进的新征程中，戏剧影视学的发展要秉承守正创新理念，立足社会发展新阶段，把握行业演进新趋势，坚持新文科建设大方向，打造传媒艺术融合新场景。

立足国家发展新阶段，就是要明确戏剧影视学科要立足未来30年建设社会主义现代化强国、实现中华民族伟大复兴的伟大梦想，建设社会主义文化强国，推动社会主义文化大发展、大繁荣，提高国家文化软实力，弘扬中华优秀传统文化、革命文化、社会主义先进文化，增强中华文化的国际影响和世界认同。这是戏剧影视学科发展的根本遵循。

把握戏剧影视行业演进的新趋势，需要明确的是，要立足新发展阶段。戏剧影视行业正面临迭代与融合、解构与建构并存的状态，不是一种业态取代另一种业态，而是共同演进。演进的目标是实现行业健康的、高质量的发展，不断推出符合人民期许的、反映时代风貌的优秀文化艺术作品，其特征主要体现在以下三个方面。

在内容上，要有凝聚力、感召力。对内能够以文化铸魂，引导求真向善，凝聚全体人民的精神意志；对外能够提高国际传播能力，展现中华文化特征，得到世界的广泛认可与接受。比如2021年7月6日在世界政党峰会上面向全球政党播放的暖场片《携手，为人民》，160多个国家500多个政党和组织的万余名代表在线收看，正片发布3小时，浏览量破亿，国内外传播效果显著，多国政党主动向中国提出要求把这部片子带回到本国播放。

在形式上，要有创新力、吸引力。要不断创新作品表达形式，系统文化作品创作、生产、营销方式，在满足精神文化需求的基础上不断提供更好的审美体验。比如河南台的《唐宫夜宴》、水下飞天《祈》，让中华优秀传统文化以全新

---

① 该部分内容原为"审美与向善：戏剧与影视学名师大讲堂（第四季）"，戏剧影视学科开学第一课致辞（2021-9-5），有删节。

的现代形式呈现,得到了全国人民的一致认可。

在技术上,要有表达力、传播力。艺术就其具体运作机制而言,是经验的一种表述方式,所以其本性是一种表征活动。而传媒就是将这种表征表现出来,并且进行有效传播。近期,胡智锋教授发表了《传媒艺术寒武纪,融媒物种大爆发》一文,提出以戏曲影视为代表的传统传媒艺术时代,以网络影视为代表的新兴传媒艺术时代,两个时代的碰撞下产生了今天传媒物种大爆发的寒武纪。传媒艺术寒武纪中,有融合、有碰撞,最终必然诞生更有传播力、表达力的融合媒体传播模式。这需要戏剧影视工作者去了解、运用,甚至主动参与开发引领技术方向。

以上的种种变革,要求戏剧影视学科的发展必须坚持新文科方向。新文科是当前所有文科类学科共同的发展方向,更是戏剧影视学科的必然选择。守正创新、价值引领、分类推进是新文科建设的"三个基本原则",而守正创新是我想强调的重点。

对于戏剧影视学科来说,守正就是要坚守艺术表现的审美方向,坚守培养艺术人格的向善精神。审美向善正是四季大讲堂一直坚持的核心,也是周星主任和其他几位副主任强调的理念:艺术类学科守正创新的核心点,是突出"艺术审美",艺术审美是艺术学科尤其是戏剧影视类学科专业建设的要害,也是我们在新文科之中可供其他人文社会科学借鉴的最重要的内容。

守正是为了更好地创新,当前媒介与艺术的深度融合和对撞,能够彼此赋能,构建传媒艺术融合新场景。我曾提出"无媒介不艺术",媒介在艺术教育中不仅止于工具或中间体,而是具有建构意义的。艺术教育与媒介教育具有亲缘性关系,而这源于艺术与传媒的亲缘关系,并且这种关系不断紧密,势必要发展创新为一种融合关系。新阶段下,戏剧影视学科发展必须要立足学科的交叉融合,艺术表达形式、传播模式、技术手段创新研究需要形成一个综合体。正如周星主任在论述传媒艺术学时所指出的,我们需要在传统艺术、新兴艺术发展逻辑的宏观把握上,探讨传媒对于艺术的影响、艺术与传媒的组合嫁接。在新冠肺炎疫情影响下,传媒与艺术的融合显得尤为明显。2020年经典百老汇音乐剧《汉密尔顿》官录版本以电影形式发布、中国贺岁片《囧妈》放弃院线播出直接登陆网络平台、2020年上映的纪录片《武汉日夜》采用"慢直播"宣发方式,都是对传统戏剧影视播出场景的创新。这些艺术传媒交叉发展的新趋势、新动态,预示着戏剧影视学科发展的新方向。

在高等教育领域,媒介与艺术融合同样也正在颠覆性变革原有的戏剧影视教育的教学场景，将传统的基于共时状态的，知识传授——教室、知识存储——图书馆、知识验证——实验室分割式教学场景变为线上线下、云端一体、真实虚拟融合的新场景，能够满足任何时空、任何身份学习的需要，在新冠肺炎疫情中这种新场景已经成为一种现实。系统性、体系化变革方兴未艾！

2022 年 6 月

目　录

第一章 融合:新文科视域下影视传媒专业发展的脉络与趋势[①]

当前,影视传媒类专业建设面临着复杂的社会变革背景,面临着迫切的教育变革需求,面临着前沿技术发展的挑战。从社会变革背景看,其关键词包括新冠肺炎疫情、媒体深度融合、全球化与反全球化等;从教育变革需求看,其关键词包括高等教育普及化、质量革命、金课金专等;从技术挑战看,其关键词有人工智能、虚拟现实、5G 等。这些背景、变革、挑战对影视传媒专业建设提出了重大现实命题,同时也为影视传媒专业建设带来了重要时代机遇,共同构成了影视传媒专业建设的宏大时代背景。

在这些背景与关键词中,新文科一词最具有代表性、综合性、引领性,是当前影视传媒专业建设的主要方向。2019 年 4 月 29 日,教育部、中央政法委、科技部、工业和信息化部等 13 个部门在天津联合召开了"六卓越一拔尖"计划 2.0 启动大会,会上提出要全面推进新工科、新医科、新农科、新文科建设。[②] 吴岩司长在发布会上进一步明确:"新文科是发展社会主义先进文化的重要载体,要把握好新时代哲学社会科学发展的新要求,推动哲学社会科学与科技革命交叉融合,培养新时代的哲学社会科学家,积极投身社会主义文化强国建设,提高国家文化软实力和中华文化影响力。"[③] 2020 年 11 月 3 日,新文科建设工作会议正式召开,会议发布了《新文科建设宣言》,对新文科建设作出了全面部署。[④]

[①] 本节主要内容曾发表于《影视传媒类专业新文科建设的破局与破题》,载《视听理论与实践》2021 年第 4 期;《新时期影视类专业发展的现实问题剖析》,载《中国大学教学》2020 年第 5 期.

[②] 商亮,陈梦谣."六卓越一拔尖"计划 2.0:打造高等教育"质量中国"的战略一招[EB/OL].(2019-4-29). http://education. news. cn/2019/04/29/c_1210122279. htm.

[③] 中华人民共和国国务院新闻办公室.介绍"六卓越一拔尖"计划 2.0 有关情况发布会.[EB/OL].(2019-4-29). http://www. scio. gov. cn/xwFbh/gbwxwfbh/xwfbh/jyb/Document/1653544/1653544. htm.

[④] 董鲁皖龙.新文科建设工作会在山东大学召开[EB/OL].(2020-11-3). http://www. moe. gov. cn/jyb_xwfb/gzdt_gzdt/s5987/202011/t20201103_498067. html.

自 2019 年新文科建设提出以来,我国学者经过一年多的研讨已经形成了很多共识,对如何开展新文科建设也提出了很多的设想,《新文科建设宣言》将其总结为"三个基本原则""三大重要抓手""四大关键突破"。影视传媒领域也在不断参考借鉴新文科建设理论,深入开展专业建设与人才培养研究。综合这两方面的研究,本书提出影视传媒类专业具有"新文科"内在基因,要勇于担当、率先破局。

第一节　融合是影视传媒类专业最具显性的"新文科"基因

对于新文科建设的背景、特征、内容等,很多学者都提出了较为精要的阐述,《新文科建设宣言》也明确提出:"新科技和产业革命浪潮奔腾而至,社会问题日益综合化复杂化,应对新变化、解决复杂问题亟需跨学科专业的知识整合,推动融合发展是新文科建设的必然选择。"[①]综合这些观点,能够帮助我们更好地认识新文科。

王铭玉、张涛在《高校"新文科"建设:概念与行动》中提出了新文科建设的三大重点方向:一是新兴产业领域出现的新文科,二是传统研究范式转变带来的新文科,三是社会发展和人们需求变化带来的新文科。[②] 周毅、李卓卓在《新文科建设的理路与设计》中提出新文科建设的两大内容:适应科学技术和社会发展的新需求,不断更新教学内容,推动教学模式改革;突破现有文科人才培养的学科专业限制,在更大范围内实现文理、文科等各专业之间的交叉。[③] 陈鹏在《"新文科"要培养什么样的人才》中则提出,多学科协同:新文科更契合现代社会需求;融入信息技术:新文科重塑思维体系。[④] 在戏剧与影视学科内,以《戏剧》《艺术教育》两大期刊为阵地,相关学者也发表了系列文章进行论述。其中张燕在《新文科建设背景下戏剧与影视学科建设的创新认识》中对新文科的概念进行了较全面的梳理总结:"某种程度上,中国的新文科建设,吸收借鉴了 2017 年美国希拉姆学院提出的'新文科'概念,同样强调跨学科交

---

①　董鲁皖龙.新文科建设工作会在山东大学召开[EB/OL]. http:// www. moe. gov. cn/jyb_xwfb/gzdt_gzdt/s5987/202011/t20201103_498067. html. 2020-11-3.

②　王铭玉,张涛.高校"新文科"建设:概念与行动[N].中国社会科学报,2019-3-21(4).

③　周毅,李卓卓.新文科建设的理路与设计[J].中国大学教学,2019(6):53-54.

④　陈鹏."新文科"要培养什么样的人才[N].光明日报,2019-5-20(8).

叉、文史哲融合、网络智能新技术变革等全新的文科发展理念。"①

　　综合以上相关研究，笔者认为新文科专业建设发展主要驱动力在于三个方面：技术创新、社会变革、学科交叉，这是新文科专业必须具备的三个基因。影视传媒类专业完美具备了这三大基因，应该成为新文科建设的先遣队、主力军。

一、媒介技术日益创新，给影视传媒类专业新文科建设带来技术驱动力

　　当前影视传媒技术不断创新，3D、4K、绿幕、数字特效等方兴未艾，5G、影视后期前置、虚拟现实、虚拟演播、互动直播等技术又风起云涌。可以说影视传媒技术，从前期摄制到中期播放展示以及后期存储反馈，整个业务链都在进行着全面的系统创新，产生了深远的影响。

　　在拉斯韦尔的"5W"传播过程模式的基础上，邵培仁曾提出过制作媒介、传输媒介、接受媒介②的媒介分类方法。习近平总书记在《加快推动媒体融合发展　构建全媒体传播格局》一文中指出，"人工智能运用在新闻采集、生产、分发、接收、反馈中"③。根据前人的理论，本研究从传播过程的角度将影视传媒的完整技术环节链条分为采集、生产、存储、分发、接入、接收、呈现、反馈八个步骤。而新时代中，影视传媒产业在这八个步骤上全面开展了技术创新。见表1-1。

表1-1　影视传媒技术发展趋势

传播过程	典型技术	技术趋势
采集	自动语音播报、语音识别、图像识别、特种摄影、后期前置	移动化、智能化
生产	智能写作、智能绘画、智能摄像	大数据、智能化
存储	云存储、区块链	安全化、网络化
传输	5G、量子网络	高速化、个性化

---

①　张燕.新文科建设背景下戏剧与影视学科建设的创新认识[J].艺术教育,2020(5):13,14.

②　邵培仁.传播学[M].北京:高等教育出版社,2007:204.

③　习近平.加快推动媒体融合发展　构建全媒体传播格局[EB/OL].(2019-3-15).http://www.qstheory.cn/dukan/qs/2019-03/15/c_1124239254.htm.

续表

传播过程	典型技术	技术趋势
接入	人脸识别、语音识别、数字证书	安全性、隐私性
接收	云传输、在线播放	移动化、实时化
呈现	虚拟现实、全景声	虚拟化、场景化
反馈	直播互动、弹幕	个性化、实时化

高德纳公司(Gartner)是全球权威性 IT 研究与顾问咨询公司,每年都会预测下一阶段战略性技术发展趋势。该公司连续两年提出了与传媒技术密切相关的沉浸式技术与多重体验。目前多重体验专注于使用增强现实(AR)、虚拟现实(VR)、混合现实、多通道人机界面和传感技术,提供身临其境的体验。该公司提出在 2022 年 70%的公司会尝试为消费者和其他企业提供浸入式技术服务。[①]

2020 年 10 月中旬,中国《全球前沿技术发展趋势报告》进一步提出了脑机接口、软体机器人、神经形态芯片、基因编辑和类石墨稀二维材料五个全球前沿热点,其中脑机接口已经进入技术爆发阶段。[②] 此技术力图通过对脑电波进行编码,探索不用刺激视觉、听觉、嗅觉、触觉神经,直接传输信号,在大脑中构建各种感觉,构建更加直接、真实的虚拟现实的环境。

可以说技术创新已经渗透影视传媒生产的全过程,形成了一种以智能化为代表的全面创新,并对行业发展、生产模式、人才需求产生了颠覆性的影响。媒介技术智能化发展是巨大的挑战,要求影视传媒类专业建设、课程内容必须进行更新,对接技术发展前沿。同时技术创新也为影视传媒教育带来了新的机遇。媒体技术的发展为影视教育建立新的网络教学平台、云上实践平台、虚拟仿真环境,让影视教育教学突破了传统教室—实验室—图书馆环境的制约,构建了线上线下一体、现实虚拟一体、学习工作一体的新教学场景[③],有利于单一媒介的传统培养模式向跨介质复合型人才培养模式转型。

① Gartner Inc. Gartner Top 10 Strategic Technology Trends for 2020[EB/OL]. (2019 -10-21)[2022-06-03]. http://www. gov. cn/zhengce/content/2017-12/19/content_5248564. htm;Gartner Inc:"Gartner Top 10 Strategic Technology Trends for 2019"[EB/OL]. (2018-10-15)[2022-6-03]. https://www. gartner. com/smarterwithgartner/gartner-top-10-strategic-technology-trends-for-2019.

② 人民网.浦江创新论坛发布"全球前沿技术十大热点趋势"[EB/OL]. (2020-10-22). http://sh. people. com. cn/n2/2020/1022/c134768-34367187. html.

③ 姚争,冯建超.教育场景重构与传媒卓越人才培养[J].现代传播,2020(2):159.

二、媒体融合、媒介社会化发展给影视传媒类专业新文科建设带来社会驱动力

人工智能与影视传媒业相结合,新技术与新设备带来新的社会互动与人际交往模式,衍生出许多传媒新形式、新内容,更加速推进社会媒介化发展。智媒时代,人们实际生活在由传播媒介构建、以现实生活为蓝本、对现实生活重新建构、媒介化了的社会环境中。社会媒介化发展趋势更进一步加深了媒介的社会属性,强化了媒介的社会化发展,受众、社会需求等为影视传媒行业带来了社会变革驱动力。

从行业自身看,在互联网的赋能下,影视行业从传统的艺术领域扩大到社会交往与传播领域,其社会影响力极大增强,需要从受众、传播效果等视角才能更清晰地认识影视传媒行业的社会影响。

从受众数量上看,影视传媒影响更为广泛。传统的广播电影电视各类传播渠道相对独立,在各自渠道上拥有各自的受众,主要发挥单向内容宣传输出作用,但受限于终端设备大型化和固定化的影响,受众人数有限。而互联网技术发展令各类媒介走向深度融合,一方面削减了原有传播渠道的受众,另一方面却极大增加了传播的总体受众,受众总体数量呈现不断扩大趋势,传播领域不断向大众化发展。

从传播针对性上看,各传播媒介面向受众群体不断分化,面向群体不断明确,影视传媒目标更为明确。当前电影面向年轻人、学生、白领,电视面向中老年观众,广播面向驾车途中的司机等,各类传媒都可以深入研究不同核心受众群体,开展针对性传播,不断增加作品传播的针对性、有效性、引导性。

从传播效果上看,影视传媒在技术赋能与社交媒体的加持下,其影响更为深远。互联网媒体通过社交应用将不同受众聚合,通过弹幕、评论让内容生产成为线上线下社交资源,影视传媒艺术作品的社会影响力更为深远。原来广播电视、戏剧等影视艺术产品都不具备保存功能,其社会影响都停留在口头传播。而现在的影视艺术作品可以留存在手机、电脑上,依托存储、播放、反馈一体化平台,受众可以围绕作品开展社交活动,这些活动与互动发生在弹幕、评论、微博、朋友圈上,影视作品的社会影响力更强大、更深刻、更久远,传播范围更广泛。而这一变化也反映在影视艺术的研究与教学领域,如周星提出的"近年对于网络和网络艺术、网络影像的研究,使得影视艺术和传播又产生了极大

的关联关系。无形中影视艺术的研究和传播的研究都有更大的融合"①。

大众化、深度融合、媒介社会化等发展趋势,不断扩大影视传媒行业社会影响力,推动其成为对外传播中国文化、增强中国文化软实力的重要载体。在人类命运共同体建设、"一带一路"倡议推进的过程中,影视文化对外传播的需求与重要性不断凸显,对外文化传播、国家形象塑造、人文交流沟通的价值不断凸显。正如胡智锋所说:"面对当下全球化的形势和国际环境,戏剧与影视学学科也有责任重视对国家文化软实力、国际传播力的提升,注重与文化、产业、经济、生态等方面的结合。"②

总体而言,当前影视传媒行业的社会影响与发展逻辑产生了重大变革,从艺术领域迈入大众传播、社会传媒领域;行业发展从传统的卖方市场转变为买方市场,业务逻辑从供给侧转向了需求侧。原来的传统主流媒体,具有权威性、意识形态化特征,受众被动接受等特点。而大众化传播、媒体深度融合、对外传播的需求,让影视传媒发展必须要考虑国内国际受众需求,必须从受众角度出发设计开发产品,系统重构业务逻辑。比如,受众更喜欢用手机移动设备观看,那就必须用竖屏形态、短视频传播、互动直播;受众时间少、注意力不容易集中,需要作品短小精炼、有瞬时吸引力。这都对影视传媒行业人才核心能力培养提出了新要求,对影视传媒类专业新文科建设提出了新课题。

三、学科交叉融合是新文科专业发展的学术驱动力

影视传媒类专业天生具有学科交叉基因。在我国学科门类划分历史上,艺术学科曾经先后隶属社会学、文学和艺术学三个不同学科门类。在学科外部环境上,整个专业受到文学、艺术学、社会学和新闻传播学等学科的交叉影响。2011年,在国务院学位委员会和教育部修订、颁布的《学位授予和人才培养学科目录(2011年)》中,艺术学科升格为第13个学科门类,戏剧戏曲学、电影学、广播电视艺术学三个二级学科被整合成独立的一级学科——戏剧与影视学。戏剧与影视学内部也构建了学科交叉融合的生态,为学科的发展带来了新的机遇。

对于戏剧与影视学的学科交叉融合属性,相关学者也曾经从内外两方面

---

① 周星,王赟姝.2016—2017中国影视学科发展考察报告[J].电影评介,2018(3):5.
② 胡智锋,何昶成.新中国戏剧与影视学学科70年发展纵览[J].广州大学学报(社会科学版),2019(5):139.

进行分析。施旭升从学科内部发展的视角提出,随着一种贯通广场剧、舞台剧以及广播剧、影视剧的"大戏剧"观念的形成和普及,一门既能融会中西传统戏剧的艺术经验,又能广泛吸收现代广播影视乃至网络新媒体艺术的创新成就的戏剧与影视学学科研究,也得以普遍建立起来。① 可以说,影视传媒的传统舞台形式、现代广播影视形式、当代移动设备呈现形式构成了内部学科交叉融合的基本要素。

陈奇佳则从学科外部视角提出,人类学、精神分析、图像学等学科足以为戏剧与影视学科的开拓创新提供强劲的知识动力。② 除了这些新兴学科外,本研究认为,在新技术的促进下,影视行业发展更强调影视工业化,强调分工合作的科学管理、工程思维、工业技术;更强调用户画像、大数据分析,强调基于数据开展用户分析的数学思维;更强调传播效果、受众思维。因而影视传媒学与工学、理学、管理学、传播学等学科的交叉也为影视传媒类专业新文科建设提供了新的动力。孟建等学者也认为:"借助数字技术,人文学科的研究日渐向社会科学和自然科学开放,实现了学科间的深度融合。数字技术使得人文学者有可能摆脱单一学科的限制而走向多学科乃至跨学科合作的方向。"③

除了影视传媒一级学科内部的交叉,本学科与其他学科门类的交叉之外,影视传媒学与艺术学科门类的其他一级学科的交叉融合也具有非常重要的价值与意义。周星提出,"艺术学科向外吸纳和向内借鉴的同时,新文科建设还应该促使艺术各学科之间更亲近,更多地相互学习联系和互相借鉴。戏剧与影视学科和艺术的多学科之间,本来就有许多可以借鉴的东西,我们要参照包括音乐学、舞蹈学、美术学、设计学、艺术学理论等在各自学科建设上的长处,来观照我们自身发展的不足,能够更好地使学科完善而适应新时代的要求"④。因而,影视传媒学的学科交叉应该在跨学科门类交叉、艺术门类内部一级学科交叉、本学科内部二级学科交叉三个层面展开,呈现出金字塔样式(见图1-1)。

---

① 施旭升.构建"戏剧与影视学"的话语逻辑与知识体系——"大戏剧观"视域下的"戏剧与影视学"学科建设漫议[J].戏剧(中央戏剧学院学报),2020(1):11.

② 陈奇佳.新的知识学面向——当前戏剧与影视学科建设的若干思考[J].戏剧(中央戏剧学院学报),2018(5):6.

③ 孟建,胡学峰.数字人文研究:超学科方法论的一种认知与阐释[J].现代传播(中国传媒大学学报),2020(2):15.

④ 周星.开启新局面:新文科建设动力下的新型戏剧与影视学类专业发展[J].艺术教育,2020(5):8.

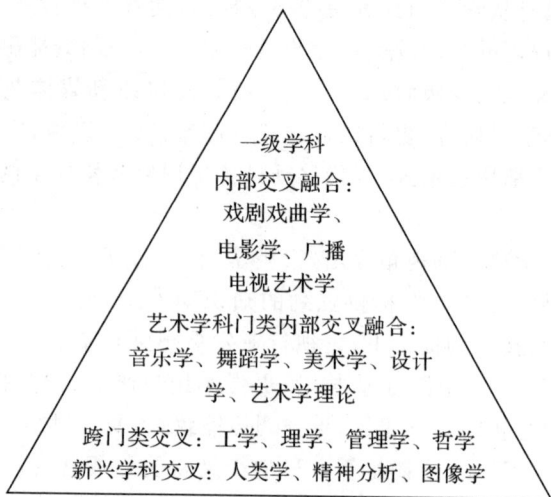

图 1-1　影视传媒学科交叉融合图

总之,技术创新、社会变革、学科交叉是新文科建设的核心推动力和重要基因,影视传媒学科具有这三个方面的重要特征,必须主动变革创新,迎接新文科建设带来的时代挑战,抓住新文科建设带来的发展机遇。影视传媒类专业作为新文科建设的重要一员,必须乘势而上、主动出击,勇于担当、勇立潮头,成为新文科建设的先行者、先锋队、先遣团,为新文科建设率先破局。

第二节　影视传媒专业的现状分析

进入 21 世纪第二个 10 年后,媒介社会化转型已经从理论模型演变为现实存在,视觉文化和视听叙事在 5G 时代必将在全球大行其道。中国的影视高等教育进入了一个全新的发展时期,教育环境、行业环境和技术环境都发生了巨大的变化,"一流本科""双一流""双万计划""媒体融合"等成为高频词。就影视教育而言,基于新语境的新要求逐渐明晰,学科逻辑、专业逻辑、行业逻辑交织纠缠,彼此赋能加持。在"双一流"建设背景下,影视类专业所在戏剧影视学科正面临学科重构的重任。胡智锋在《"双一流"语境下中国戏剧与影视学学科发展的新机遇、新挑战与新对策》一文中指出:学科新范式亟待建构,学科新空间亟待拓展,学科新经验亟待探索,通过人文性、科学性、创新性的把握与体现,将戏剧与影视学学科发展推进到新的境界。①

"双万计划"则将课程建设的重要性提到了新的高度。2019 年 4 月,教育部办公厅正式发布《关于实施一流本科专业建设"双万计划"的通知》,进一步强调课程资源优化在专业建设中的重要性,"学生从大学里受益的最直接、最核心、最显效的是课程,而这也是中国高等教育普遍存在的短板、瓶颈、软肋"②。

教育环境改变的同时,影视类专业发展的行业环境也发生了颠覆性的变化。数字传播技术的突飞猛进,使得媒介社会化转型不断加速,其直接结果之一是强化了影视艺术的媒介特征,传播在影视艺术中所占的分量越来越大。有学者认为:当代影视教育的核心不是"影视技术教育"或者"影视艺术教育",而是"影视媒介教育",以新的媒介变革的方向培养高素质人才,注重人才的"文化底蕴",强化"颖悟力"的形成,注重"表现力"的培养。③

从 1992 年华东师范大学开设"影视教育"专业开始,影视教育进入了一个高速发展的阶段,到今天全国开设影视类专业的院校超过 400 所,开设影视类课程的院校更是不计其数,大量的院校进入影视教育领域使得影视教育出现了新的状态。

1994 年,知名学者李亦中在当时提出了很有预见性的论断:我国高校影视教育将形成"金字塔形的办学格局"(图 1-2),位于塔尖的是北京电影学院和北京广播学院,它们为影视行业输送专业人才;塔腰则是设置影视专业的普通高校,它们利用综合院校的优势,实行多元化办学;塔基则是上百所开设影视类单科课程的院校,它们致力于提高学生的影视艺术修养。④ 这样一座金字塔不仅具有稳定性而且显示出很强的成长性,在过去 20 多年的时间里,影视类专业迅速膨胀,成为显学。

---

① 胡智锋."双一流"语境下中国戏剧与影视学学科发展的新机遇、新挑战与新对策[J].浙江传媒学院学报,2018(5).
② 吴岩.建设中国"金课"[J].中国大学教学,2018(12).
③ 马娜.新媒体时代下影视教学的现状和目标选项[J].华章,2013(8).
④ 李亦中.电影教育在中国[J].电影艺术,1994(1).

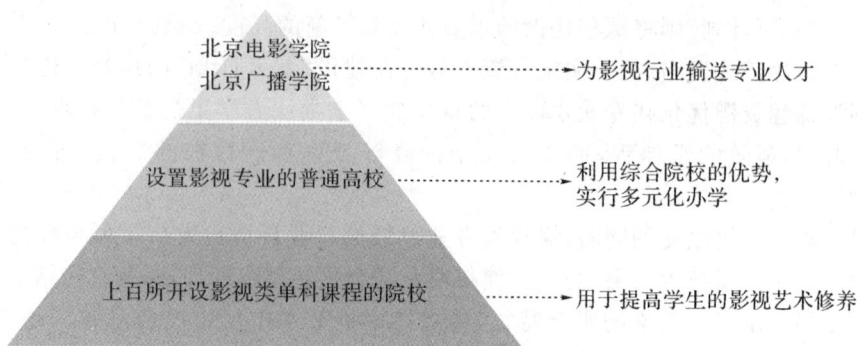

图 1-2 我国高校影视教育金字塔形办学格局①

一、影视传媒专业成为显学之后的尴尬：进口热门与出口堵点

根据 2012 年教育部公布的本科目录，戏剧影视专业大类下共有 11 个专业（包括 1 个特设专业）：表演、戏剧学、电影学、戏剧影视文学、广播电视编导、戏剧影视导演、戏剧影视美术设计、录影艺术、播音与主持艺术、动画、影视摄影与制作。

戏剧影视专业的大发展始于 20 世纪 90 年代中后期，当时高校的大规模扩招和影视传媒产业高速发展带来的人才需求成为主要推手。教育部提供的 2008 年普通本科院校的 1070 所招生院校的数据显示，涉及影视教育专业的普通本科学院的数量达到 351 所，占总数的 33%。截至 2018 年年底，根据邱均平的最新统计数据，开设影视类专业的高校有 441 所，专业点数 1177 个，开办院校占全国普通本科院校 1245 所的 35%。②

数据显示，在全国开设最多的影视类专业是播音与主持艺术专业和广播电视编导专业，分别达到 240 所和 230 所，并且仍在逐年递增，2019 年分别新增 9 所和 11 所。其中开设播音与主持艺术专业的院校中，中国传媒大学、中央戏剧学院等专业院校共计 12 所，占 5%；南京艺术学院等综合或其他单科性艺术院校共计 16 所，占 6.7%；华东师范大学等师范类院校共计 69 所，占

---

① 引自李亦中. 电影教育在中国［J］. 电影艺术，1994(1).

② 2018 年全国教育事业发展统计公报［EB/OL］. (2019-7-24)［2022-7-03］. http://www.moe. gov.cn/jyb_sjzl/sjzl_fztjgb/201907/t20190724_392041.html.

28.8%；农林等行业性院校共计 33 所，占 13.8%；其他综合性院校共计 110 所，占 45.8%。开设广播电视编导专业的院校中，北京电影学院、中国传媒大学等专业院校共计 12 所，占 5.2%；南京艺术学院等综合或其他单科性艺术院校共计 17 所，占 7.4%；华东师范大学等师范类院校共计 62 所，占 27%；农林、政法等行业性院校共计 31 所，占 13.5%；其他综合性院校共计 108 所，占 47%。由此可见，这两个热门专业的开办学校总体结构和构成比例基本相同，传统的专业院校比例下降，师范类和其他综合性大学占绝对多数。

影视专业中相对较"冷"的影视摄影与制作专业，与上述两个专业相比，开办院校构成的结构和比例均呈现明显差异。2018 年全国开设的学校共计 53 所，其中专业院校 12 所，综合或其他单科性艺术院校 15 所，师范类院校 5 所。

编导、播音专业开设院校较多，一方面是因为报考人数较多，形成热门后的自然选择结果，另一方面也和这两个专业使用专业设备较少，开设相对容易有关。尤其是编导专业，很多师资可以从中文专业、新闻专业转型而来的。摄制专业因为技术性较强，所需的专业性设备较多，重装备、重资产，开设院校数远远少于编导和播音。与招生火爆形成鲜明对比的是，一些影视类专业就业堪忧，编导、播音、动画、表演等专业屡屡被列入各地的就业黄牌预警专业。可以肯定，目前影视专业人才培养的总体质量无法满足社会的需求。

二、影视传媒专业办学的金字塔格局下的宏观审视

我国的影视本科教育很长一段时间只存在于北京电影学院和北京广播学院两所专业院校，直到 1991 年华东师范大学成功申报"影视教育"专业，标志着影视教育专业开始扩展到全国各类高校。在此之前，1985 年，国家教育委员会下文要求"有条件的综合大学、师范学校中文系应该把电影课作为选修课程正式列入教学计划"[①]。李亦中教授的金字塔办学格局也正是基于这种态势的概括。虽然影视专业发展迅速，数量激增，但是这种以大量的影视素质课程为底座、以专业院校为标杆的金字塔结构依然没有改变。影视专业的金字塔结构不仅是指一个数量的概念，同时也是一个质量的标准。

目前国内举办影视类专业的院校大致分为这样几类：一是综合性大学，包括各地的师范院校，其特点是学科齐全。二是特色性院校，其特点是学科特色突出、主干学科优势明显，比如美术、音乐、体育、农林、财经、政法等专业院校

---

① 连文光.中外影视教育比较论[J].高教探索，1996(1).

开办的影视类专业。三是专业性院校,以戏剧影视学为主干构建聚焦影视生产全流程、覆盖全产业链的学科专业体系,包括北京电影学院、中国传媒大学、中央戏剧学院、上海戏剧学院等。

从专业的角度来说,影视类专业的标杆是由专业院校树立的,特别是像以北京电影学院和中国传媒大学为代表的专业院校,他们代表着影视专业的较高的和最高的标准。国务院学位办第四轮学科评估的结果也基本认同这一判断。在第四轮学科评估中,举办影视类专业的 A 类学校除北京师范大学和中国传媒大学外,其余四所分别为中央戏剧学院、北京电影学院、上海戏剧学院,都属于顶尖的专业院校。

近年来笔者先后参加了北京电影学院、上海戏剧学院、中国美术学院和广西艺术学院等多所相关高校本科审核评估,随教育部戏剧影视学教学指导委员会考察了北京师范大学、厦门大学、华东师范大学等学校的影视学科专业建设情况,发现不同类型院校的发展思路和重点各有差异。

综合性院校和特色性院校的影视专业改革的一般思路是寻找影视专业与其他学科专业的交叉点,实现跨界与复合。区别在于,综合性院校更强调通识教育基础上的宽口径,比如吉林大学播音与主持专业 2018 年开始取消艺术考试,按高考成绩录取,一年级实施大类培养,鼓励跨专业选修。而特色性院校则侧重与主流优势学科交叉融合,比如上海体育学院开设播音与主持专业的体育解说和电竞解说方向。

影视专业院校是以影视业为主要服务面向,研究行业发展性需求,针对行业特点和规律,为影视行业和其他视听制作与传播机构培养高素质专门人才的高等学校。其优势在于主干专业强、关联性学科较全、和行业关联密切、条件保障较好,内部形成相互支撑、彼此呼应的专业学科生态群;劣势在于学科门类少、教育体系封闭传统、师资团队的学缘结构比较单一等。

尺有所短、寸有所长,各类院校影视专业发展中面临的问题和机遇各不相同,关键还在于是否能构建与社会需求和个人发展相适宜的专业核心能力。

三、影视传媒专业的核心特征

自改革开放以来,教育部先后进行过 4 次本科专业目录调整,分别是1987、1993、1998 和 2012 年。影视类专业从学科归属、专业名称看均有较大的变化。各专业的设置时间有早有晚,编导专业和播音专业 1962 年就已经设立,而影视摄影与制作的前身专业 1987 年才增设。纵观影视类专业发展沿革,其核心内涵中"三强"特征明显。

1. 行业岗位的强指向性,应用性的特征明显

影视类专业的特点之一是专业与行业岗位和身份的对应性高,所学专业名称基本上是与未来的职业和身份相匹配,因此专业名称往往随着特定岗位职能或者习惯性称谓的改变而更改。以编导专业为例,其专业名称的沿革为文艺编辑、电视影片编辑(1962 年)—文艺编辑、电视专题节目编辑(1987年)—文艺编导、电视编辑(1993 年)—广播电视编导、广播影视编导(1998年)—广播电视编导(2012 年),见图 1-3。

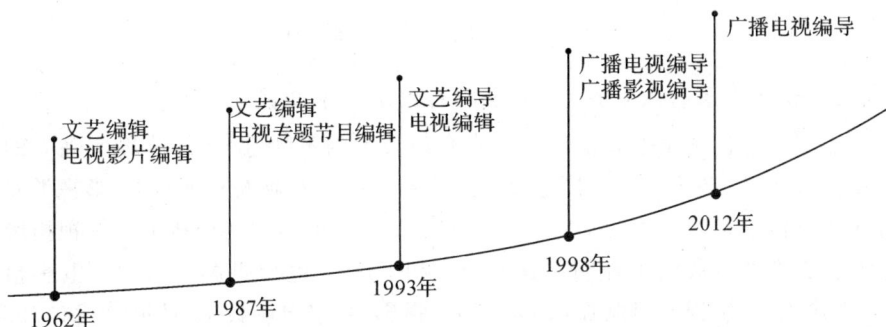

图 1-3　广播电视编导专业名称变迁

文艺编辑曾经是广播电台需求量较大的一个岗位,从事广播剧和电影录音编辑工作,专业要求高。文艺编导是 20 世纪 90 年代开始电视台综艺导演和文艺栏目编辑的统称,而电视编辑则是对新闻纪实节目的编创人员的统称。因为这种渊源,北京广播学院(后改名中国传媒大学)开设的编导专业一直保留在新闻学部而非艺术学部。播音专业也是如此,在 1962、1988、1993 年的专业目录中,专业名称为播音专业,学科归属为新闻学,说明更强调其新闻属性,针对岗位是新闻播报员,1998 年的目录才改专业名称为播音与主持艺术。1993 年综合杂志栏目《东方时空》开播,新闻评论节目、深度新闻报道大量涌现,对新闻节目主持人的需求大增。1997 年,湖南电视台模仿港台节目制作了《快乐大本营》和《玫瑰之约》,综艺节目开始兴盛,综艺类节目主持人成为时尚的职业。播音与主持艺术专业的演变过程见图 1-4。

专业名称往往随着特定岗位职能变迁而更改。

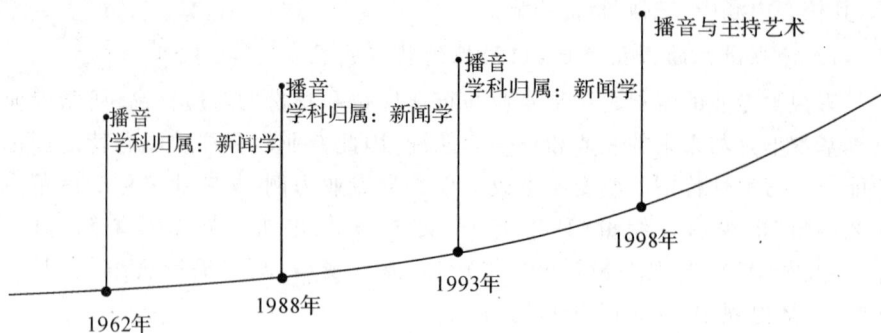

图 1-4　播音与主持艺术专业变迁

2. 媒介技术的强支撑性,艺术与科技融合不断强化

影视艺术创新发展总是伴随着媒介新技术的不断进步,好莱坞所确立的电影工业标准,是艺术与科技融合的经典案例。在专业人才培养中,影视类专业艺术技能的学习和提升一定和相关理工科知识的习得密切相关。影视摄影与制作专业的发展沿革证明了这一点(见图 1-5):电影摄影(1988)—电影摄影、影像工程、影视节目制作(1993 年)—摄影、数字电影技术、照明艺术(1998 年)—影视摄影与制作专业(2012 年)。

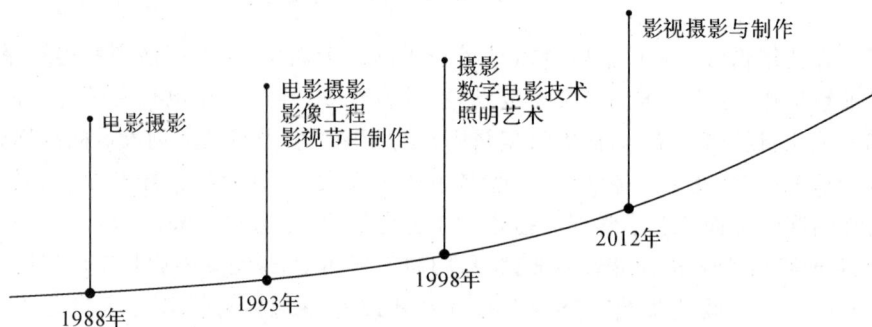

图 1-5　影视与摄影专业名称变迁

2012 年新设立的影视摄影与制作专业将原来单独设置的各个分属于电影和电视的前期拍摄与后期制作的专业合并整合,一度引起很大争议,但是这符合技术发展的逻辑。在数字技术背景下,原有的影视技术鸿沟已经不复存在,影视摄制的重点从前期的“摄”向后期的“制”延伸,影视制作技术的融合成为可能和趋势。因此,对该专业学生而言,不仅要学造型和视听语言,还要精

通计算机语言。类似的如录音专业，不仅要求学生有音乐的基础，同时还要有电学、工学的基础。所以一般学校的录音专业的学生都会要求学大学物理、电工这样的工科类课程，如果没有相关的学科和师资保障就会办成"瘸腿"专业。

3. 人文素养的强基础性，复合型学科结构的重构

从这些专业的发展沿革可以发现，其学科的复合型、跨界化特点十分明显，见图 1-6、1-7、1-8。像编导、摄制等专业，虽然一直在艺术学科之下，但是艺术学科却曾经分属社会学、文学和艺术学 3 个不同学科门类。像播音专业原来学科归属新闻传播学，后归为戏剧影视学，其主干学科还少不了中国语言文学和新闻传播学。

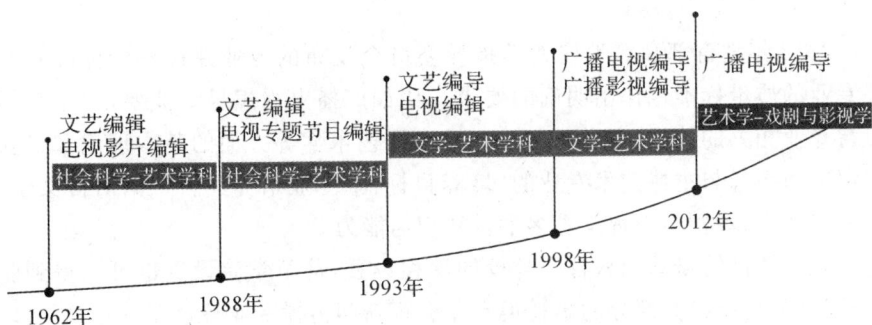

图 1-6　广播电视编导专业学科归属变迁

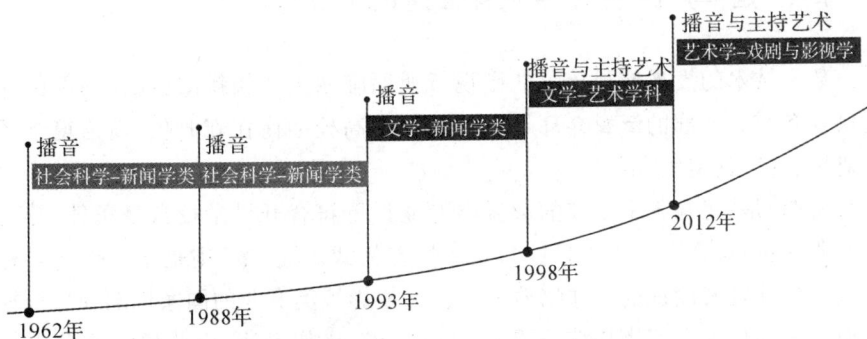

图 1-7　播音与主持艺术学科归属变迁

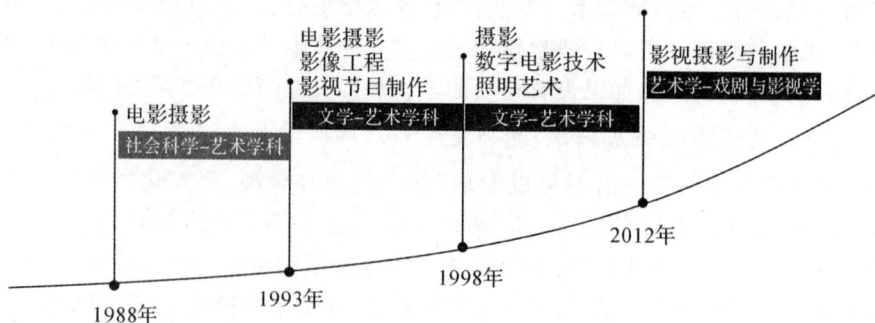

图 1-8　影视摄影与制作专业学科归属变迁

2012 年教育部高等学校教学指导委员会发布的专业建设质量标准对相关专业的质量标准也作出明确的要求。比如广播电视编导专业要求"主要学习与专业相关的艺术、文学、美学、广播电视艺术学等方面的基本理论和专业知识"，而播音与主持艺术专业的"培养目标：本专业培养具备中国语言文学、新闻传播学、戏剧与影视学等多学科知识与能力"。

人文学科的强基础从各个学校的课程设置，甚至学院设置也可以得到验证，综合类院校绝大部分的影视类专业会跟新闻传播专业整合在一起，冠之以文化传播学院、传媒艺术学院或者新闻传播学院的名号。

四、"是"与"像"——专业标准建设

数字技术的发展使得传统的影视行业面临两大严峻挑战：媒介内部的深度融合和媒介外部的泛媒介环境。各种类型高校如何在新时代、新语境下扬长避短、各美其美？

所谓"是"就是各个学校的影视类专业设置符合开设学校自身条件、符合本专业定位、符合人才培养目标的人才培养模式。而"像"则是指依据国家标准或者标杆院校设计的人才培养方案。目前影视类专业的国家标准和标杆模板通常来自位于金字塔塔尖的几所专业院校，比如表演：中戏模式和北电模式；播音与主持：中传模式和上戏模式；影视摄影与制作：北电模式和浙传模式等。现在很多开设影视专业的院校，特别是综合性大学既存在"是"而"不像"问题，也存在"像"而"不是"问题。如国内某著名师范大学的编导专业非常有代表性。该专业最初是中文系下属的影视教育专业，办学历史较长，师资也有

一定的积累,课程设置、人才培养目标和学院的基本条件匹配,然而课程体系与中传或者浙传相比"不像",课程的学科属性强、专业属性弱,视听语言的核心地位没有凸显。而该校的播音与主持艺术专业办学时间较短,存在的问题是"像"而"不是"。其课程的体系基本沿用培养新闻主播的中传模式,显然这与其生源情况、师资队伍和实践条件保障存在明显的不符合。这两个专业所反映的问题具有很强的代表性,也是影视类专业发展的方向性问题。

这个问题该如何解决? 从国家层面看应该明确两条线,一是专业建设国家质量标准的底线,二是一流专业建设标准的高线。最低标准不能以一流专业的要求为标杆,应该更加注重基础性、通用性和保障性。而高线标准应该以专业核心能力建设的成效度为考量尺度,任何一个专业,尤其是影视类这样的强应用性、强指向性的专业,都应该有一个明确的核心能力。这种核心能力的构建,应该建立在"是"的基础上,必须考虑自身的特点和条件,"像"只是参考,是他山之石。在双万专业评审中应该考虑到不同院校开设的影视专业的内涵和外延的这种变化,不宜把专业建设标准制订得过小、过窄、过细。应该制订更具有包容性、较为宽泛的标准,以适应目前的办学形势和社会需求。

第三节　数字化影视传媒人才的规格特征

"全媒体"和"自媒体"是当下媒介研究话语体系中两个高频词汇,很多学者认同彭兰的观点:社会化媒体的勃兴和媒介融合的大趋势是当前传媒业面临的两大主要挑战。[①] 其实,媒介融合不仅仅是不同的播出平台和不同的制作报道方式的融合,也重新建构了原来的受众和媒介之间新的社会关系,公众越来越多地参与到媒体的议程设置中,由用户创造的内容越来越多地被专业媒体采用。美国密苏里新闻学院媒介融合项目创始人 Mike Mckean 教授把这三种融合称为媒介融合的"三要素"[②]。由此,我们不难理解为什么媒介融合在当下会成为学界和业界共同关注的热点。表现在中国的高等教育领域尤其是新闻教育界,这种"热"还包括了另一种温度:热情期盼着媒介融合能成为我国的传媒教育全面改革的有力推手。

---

① 彭兰.社会化媒体与媒介融合的双重挑战[J].新闻界,2012(1).
② 付晓燕.媒介融合下的美国新闻业和新闻教育变革[J].新闻与写作,2009(8).

一、另一种融合:积重难返的积习与新问题的叠加

　　一段时间里对以培养新闻人才为代表的传媒高等教育的诟病不绝于耳,即便是面对传统的单一媒体,我们培养的学生整体上难以满足用人单位的需求。据统计,复旦大学新闻学院 2007 年本科毕业生共 207 名,去传媒业就业的只占 15%,去企业的最多占 50%,2008 年也基本相同;而中国人民大学新闻传播学院 2008 年应届毕业生去传媒业的也只有 40%。国内最好的两所新闻院校其毕业生都不那么受欢迎,更何况其他学校! 2013 年全国新闻传播类专业院校布点学校 1080 所,在校生 23 万,占全部在校生人数的 1%。而 2005 年全国仅 661 个点,在校生 10 万。因此,不难理解为什么广播电视编导、播音与主持艺术、动画等这些貌似"很火"的专业会出现在教育部公布的 15 个难就业专业榜单里,而新闻学、广告学等专业又会进入北京市等就业红黄牌专业之列。如果简单地把传媒人才培养的质量问题归结为高等教育大众化是不公允的,只能说这种趋势使得原来培养模式弊端的危害性被成几何级数地放大了。

　　媒介融合对传媒人才培养而言,挑战与机遇并存,既有"危"又有"机"。所谓挑战就是产生了"叠加效应",原来存在的问题与新问题叠加和融合:传媒高等教育落后于行业实践、传媒专业一拥而上、理论与实践脱节、双师型师资紧缺等问题在媒介融合的背景下集中爆发。所谓机遇,就是新的媒介生态环境下产生强烈的倒逼机制,迫使中国高校甚至全球大学不得不思考并且做出实实在在的改变,以回应正在发生颠覆性变革的传媒业界对人才的现实需求。2005 年美国卡内基基金会总裁和奈特基金会总裁与加州大学伯克莱分校、哥伦比亚大学、哈佛大学等共同宣布启动"卡内基-奈特未来新闻学教育计划",资助有影响的大学实施新闻人才培养模式改革,并且逐步在全美大学推开;2012 年基金会通过联名公开信的方式向大学校长们呼吁进一步加大新闻教学改革力度,否则将失去基金会的资助;美国亚利桑那州立大学新闻与大众传播学院仿效医学院,采取教学医院模式;国内的汕头大学和南京大学先后建立媒介融合实验室;2012 年复旦大学新闻学院推出"2+2"培养模式改革。这些改革的实际效果如何,可能还需要更多的样本和更长的检验时间。这更能说明,面对数字化革命,传媒人才培养模式的改革是一件复杂的系统工程。

　　目前,无论国内还是国外大学对媒介融合的反应和对策都是基于维护组织"合法性"的内在动力。各种组织都试图通过变革来应对外部的不确定性和压力。在新媒体环境的压力下,作为教学和学术组织,新闻和大众传播院系必

须通过显而易见的变革来应对外部压力、适应外部环境并赢得文化的或者学术的声誉。因此,这种反应的响应时间很短,措施简单而显而易见。对一个复杂问题的简单回应,除了体现组织机构的合法性,往往于事无补甚至南辕北辙。全国大学就业指导课的开设就是教育主管部门对大学生就业难这个复杂问题的简单回应;一些学校通过增设新专业,如网络与新媒体专业、融合媒体专业,或者将"媒体融合型"作为人才培养类型的标签,都有新瓶装旧酒之嫌;而增加一些实验室或者实践场所最多只是解决局部的问题,而无法从根本上破题。

媒介融合下的传媒人才培养问题的核心点还在于培养什么样的人和如何培养,即人才规格和实现路径。

二、数字化传媒人才规格特征:密苏里的经验

密苏里新闻学院是全美最早开设媒介融合专业和实验室的院校。在论及为什么要开设这个专业时,该校新闻学院高级社会研究中心主任孙志刚博士认为这是为了适应数字化对人文传播人才知识素养结构变化的需要。在互联网和新媒体大范围普及之前,美国报业对招聘新的记者和编辑是这样要求的:40%的新闻素质,60%的非新闻素质。非新闻素质就是指一些技术方面的能力,包括个人素养、领导才能、交际才能等。有了互联网和新媒体以后,这个比例倒过来了。现在,美国报业对新的记者编辑要求60%的新闻素质,40%的非新闻素质。[①] 也就是说,根据密苏里的经验,媒介融合并不意味着新闻专业门槛的降低,反而提高了专业门槛。这从逻辑上很容易理解。在自媒体时代,当人人都是记者、人人都可以是导演时,媒介专业者就必须具备更强的专业知识和能力。

目前中国高校的传媒人才从培养的总体规格看都属于应用型人才,但是不同的学校具体定位区别明显。一般可以分为这样几类:一是以传统的专业教育模式培养的专才,比如中国传媒大学培养的播音与主持艺术专业人才,岗位适应能力强,属高技能人才。二是以通识教育模式培养的通才(复合型)。通识教育模式认为新闻从业人员应当是杂家,不能只学习新闻学本专业的知识和技能,还应了解其他人文社会科学和自然科学方面的知识,因此,在课程

---

① 潘祥辉,孙志刚.务实创新——媒介融合时代的美国新闻教育及其启示[J].浙江传媒学院学报,2012(6).

体系中除了新闻学专业课程板块,还专门设置了通识教育课程板块。这个模式目前为国内大多数综合性院校的新闻专业所采用。三是以交叉培养模式培养的具有跨界和创新能力的专家型人才。这类院校通过打破专业之间的藩篱,让学生比较系统地掌握新闻学及另一专业的知识,比如复旦新闻学院的"2+2"模式,学生头两年在经济学方向、社会学方向、汉语言文学方向、电子信息科学与技术方向中任选一个方向,后两年学完专业课程,达到系统掌握两门学科的本科专业知识的目的。

媒介融合下传媒人才培养规格上的特点和难点在于三型合一。原来高校人才培养有三种类型:应用型、复合型、创新型,各个学校根据自身情况和对应的社会与行业需求选择某一种类型。在数字化技术背景下,60%的专业能力要求三型合一。

一是构建更强更广的应用能力,不仅仅是传统的单一媒体的实践动手能力,而是全媒体生态下的实战能力,具备费尔德曼所说的"在单个数字信息环境中将各种数据、文本、声音和图像进行无缝整合"的能力①,也就是要培养突破传统媒体界限的思维与能力,集采、写、摄、录、编、网络技能运用及现代设备操作等多种能力于一身的"全能型记者"。

二是复合型已经成为新技术环境下传媒人才的基本规格。从原先基于单一媒体内容生产线上的一专多能,变为基于跨媒体的集信息收集、管理、统计、制作和发布于一体的多能一专,呼唤既有深厚的人文社科知识功底,又熟悉新闻采编业务,同时还能掌握现代化传播技能的现代新传播人才。如果说传统的复合人才是由相对宽厚的学科基础和专长与特色技能所构成的"T"形人才的话,那么,媒介融合下的复合型更像"土"字形,强调基础综合素质和专业核心素质的双重复合。

三是创新是文化内容生产的基本特征。在媒介社会化、媒介融合化已经成为大趋势的时代,信息烟尘化导致思想的沙漠化,创意和见解成为稀缺资源,创新型已经内化为当下媒介从业者的基本职业素养。创新型人才的培养基于不同专业学科的知识复合,但是关键还是培养跨界思维的能力,即如何突破单一媒介的传统界限,跳出传统媒体的习惯性思维,通过多重视角、多向思维,以系统论的视角整合媒介力量,实现由多到一的融合创新,融多方所长,在一点形成合力,产生聚变效果。

美联社 2014 年宣布,自 7 月起,每个季度的财政报新闻撰写工作会由"机

---

① 鲍勃·富兰克林,等.新闻学关键概念[M].北京:北京大学出版社,2008:203.

器人"完成,即利用人工智能技术在大量的数据中主动识别并快速提取关键信息,从诸多新闻写作模板中选择最适当的一个,在几秒钟内生成一篇150～300字的快讯。一些媒体惊呼,这是记者终结日。如果我们的大学无法让学生获得"机器人"所不具备的能力,那么这将不是危言耸听。

三、对当前影视类专业人才培养共性问题的一些思考

媒介化社会的转型使得影视教育面临新的机遇和挑战。一方面社会对影视传媒类人才需求量明显增长,对更多的人而言视听素养可以不是专业特长但一定是适应社会生存的基本技能;另一方面,当人人都是记者、人人都可以是导演时,影视专业者应具备更强的专业知识和能力。

1. 学术型与应用型的选择

《易经》中提到"形而上者谓之道,形而下者谓之器",这个基于理念的问题落实到人才培养定位上就是"学"与"术"的关系,体现在课程体系上是"通"与"专"的平衡。毫无疑问,一流的影视本科教育旨在培养通专结合、学术平衡的高素质人才。按照中国人的文化逻辑这也是完全行得通的,所谓"技近乎道,艺通乎神"。

综合性大学的学生综合素质高,各学科之间交叉、融通优于专业院校。课程体系上体现出宽基础的特征,遇到的最大问题除了专业不专之外,还在于支撑学科的体系性较差,大学的戏剧影视类专业并不具有一级学科的独立性,相关专业实际上分散在不同的学院,二级教学单位壁垒和课程体系上的欠缺加大了这一问题的严重性。没有合理利用综合性大学学科宽的优势,如何将宽底座转化为厚实的学科基础,是今后必须解决的问题。

如果说综合性大学要解决的是如何在宽的基础上形成具有综合性大学的专,那么专业院校需要解决的是"宽"的问题,是如何丰富学科底座。影视专业性院校所面临最大的问题是学科过于狭窄,造成了学生只有"术"没有"学"或是少"学"多"术",这将严重影响学生的后续发展。一是人文素养的欠缺会导致审美能力偏低,影响创作格调。二是术的学习侧重于练,会导致学生思维能力和自学能力的不足,而在终身学习成为社会主流的新媒体时代,学习能力是不可或缺的能力。美国顶尖的电影学院都在综合性大学,经常入围《好莱坞报道》"全球最好电影学院25所"的综合性大学比专业院校总量略占优势,比如南加州大学、纽约大学、加州大学洛杉矶分校、哥伦比亚大学、查普曼大学等。这些综合性大学的戏剧影视专业为好莱坞和欧洲电影培养了一大批优秀人

才,其中不乏大师级人物,比如毕业于南加州大学的乔治·卢卡斯,毕业于纽约大学的马丁·斯科塞斯、李安、斯派克·李等。这与美国综合性大学的戏剧影视专业在人才培养上能够发挥优势,做到"通才"教育与"专才"教育紧密结合相关。

影视专业的人才培养应该是通和专紧密结合。不同类型的院校所面临的挑战是不一样的。在这方面专业校面临的挑战会更大一些。综合性院校主要的问题是解决通识教育的共享问题,其学科底座厚实、宽泛的基础是已经存在的有利条件,需要做的是师资资源、教学资源的有效整合。在通的基础上,明确专业核心能力,并建立相应的课程体系、师资队伍。

而专业院校要重新打造学科底座,形成宽基质的学科,不是短期内能解决的问题。在互联网时代,随着国家大力推进在线课程建设,各个国内顶尖的综合性大学开设了大量在线精品课程。在这样的教学背景下,专业院校可以通过网络平台的在线课程、学分互认等方式共享综合性大学的学科优势,能够部分解决学科基质不够厚实的问题。

第四节　行业院校在新文科背景下培养卓越影视传媒人才的可能性

三型合一的人才规格要求在媒介融合背景下具有一定的普适性,然而在培养的路径选择上各个学校一定会各有不同,学校的办学资源、目标定位、区域行业等都是影响的关键性因素。目前国内举办传媒专业的院校大致分为这样几类:一是综合性大学;二是专业性院校,比如师范、戏剧、音乐、体育等专业院校开办的传媒专业;三是行业性院校,除中国传媒大学之外,还有浙江传媒学院、河北传媒学院和新近升本的山西传媒学院、四川传媒学院等。本着缺什么补什么和差异化、特色化发展的原则,不同类型院校的发展思路和重点各有差异。

综合性院校和专业院校的传媒专业改革的一般思路是寻找传媒专业与其他学科专业的交叉点,实现跨界与复合。区别在于,综合性院校更强调通识教育基础上的宽口径,比如吉林大学新闻学专业强调在选修课的层面上加大其他专业基本课程的学习,从第三学期开始学生可自愿选择跨学科专业方向,实行多学科专业教育分流;而专业院校则侧重与主流优势学科交叉融合,比如中南财经政法大学新闻与文化传播学院的新闻学专业设有经济新闻和法制新闻两个特色方向,采取的培养方式是在本院内开设一些经济学和法学方面的课程。这种改革目前的实际效果并不理想,究其原因存在两方面问题:其一是如何保证传媒专业的主体性,无论是 2+2 还是主辅修都要大幅压缩专业的学习和实践时间,对专业知识的系统性和职业素养和精神培养都产生了一定影响;其二是如何保证不同专业知识的自洽性和完备性,特别是大跨度的专业学科交叉,犹如联系两种截然不同的武功,谁来打通任督二脉? 稍有不慎难免走火入魔。因此,这种简单地专业嫁接其效果未必是 1+1>2。

密苏里新闻学院的创始人 Walter Williams 曾说:"既然将新闻确立为专业,它就既不能不强调通识、整体的文化教育,也不能偏废了实践经验所能赋予的训练。新的教育方式就是将专业课程和一定数量的经过精心选择的学术课程结合起来。"[①]显然,他提倡的是一种有条件的专业主义,以专业能力的培养为主线贯穿相关领域的学习,将专题研究的一般性方法内化为职业素质有机组成部分,而这恰恰是传媒行业院校的长处所在。

传媒行业院校是以传媒业为依托,围绕行业需求,针对行业特点,为特定传媒行业培养高素质专门人才的高等学府。通常把学科架构、师资队伍、课程体系、教学平台作为构成高等教育的四大基础元素,决定传媒教育质量和教育走向的核心要素。传媒行业院校在这四大基础元素上呈现明显的特色性、应用性、敏捷性和非对称性。优势在于主体专业强、相关的基础学科全、实验教学条件较好,内部形成相互支撑、彼此呼应的专业学科生态群;劣势在于学科门类少、课程体系封闭保守、师资背景类似等。如何在新媒体环境下扬长避短、另辟蹊径? 浙江传媒学院在过去的 10 年里一直在探索实践中。

首先,浙江传媒学院顺应新时期传媒行业对人才的需求,确立了"应用型、复合型、创新型"三型合一的人才培养目标,即培养具有复合性知识结构和创新精神与能力的高素质应用型人才。其特征可概括为:基础性、专门性、实践性、适应性、创造性。"基础性"要求本科人才具有扎实的理论基础,与专科人才相区别;"专门性"强调在专门领域内培养专业性人才,与通识性人才相区别;"实践性"强调为行业一线培养应用型人才,与研究型人才相区别;"适应性"强调在行业内部多岗位胜任度,与岗位性人才相区别;"创造性"强调所从事工作并非简单重复劳动,而要具备组织管理能力和创意能力,与操作型人才相区别。

---

① English E. Journalism Education at the University of Missouri—Columbia[M]. Cambridge:WordsWorth Publishing,1988:52。

其次,根据行业院校的特色优势,制定"六个并重、六个更加"的人才培养原则。一是坚持通识教育与专业教育并重,更加突出专业教育的原则;二是坚持专业化与宽口径并重,更加注重宽口径的原则;三是坚持人才培养统一性与多样性并重,更加强调多样性的原则;四是坚持教师主导地位与学生主体地位并重,更加突显学生主体地位的原则;五是坚持知识传授与能力培养并重,更加突出能力培养的原则;六是坚持个性张扬与社会责任感培育并重,更加重视社会责任感培育的原则。

最后,围绕人才培养目标,形成了"一条主线、两种资源、三大体系、四个结合"的应用型传媒人才培养模式。一条主线:以专业能力培养为主线,贯穿教育全过程;两种资源:充分利用学校和行业两种教学资源和教学环境,加强产学合作;三大体系:构建理论教学体系、实践教学体系、创新创业教育体系三大培养体系;四个结合:理论与实践相结合、课内与课外相结合、校内与校外相结合、集中与分散相结合的四种教学组织方式。

与综合性院校不同,浙江传媒学院的人才培养模式在定位上不仅更加精准,而且重要的是充分体现了传媒人才结构性和发展性特征;在人才培养路径选择上并不一味强调复合与交叉,而是突出基于专业教育的宽口径、基于社会责任感的个性化发展,将职业素养和专业能力培养有机结合;在保障体系上特别重视与行业产学合作机制的完善,保证将学校的办学特色转化为人才培养的特色。

总而言之,面对媒介化社会转型对影视传媒人才培养提出的更高的要求,需要面对的现实是,随着中国高等教育从大众化向普及化迈进,课程教学的学时学分也已进入卜降通道。因此,只是简单地做加法显然不行,需要进行结构调整、优化,并进行教学方法手段的破坏性创新。

要主动优化专业结构,建立融影视艺术、新闻传播、媒介技术于一体的大传媒专业群,确定"艺术—人文—技术"为中国影视教育的三维坐标[①],强调传媒类专业的学科交叉和专业生态建设。重构课程体系,进一步完善理论课程、实践教学和创新教育三大体系。理论课程教学体系重在提高"学"与"术"的均衡性和敏捷性(对前沿问题的快速回应)。实践教学体系重在递进性和实战性,突出影视创作的团队性和工业化的标准性。创新教育体系重在导向性和自主性,鼓励学生积极探索艺术的自由与创新。在坚持专业主体地位不动摇的基础上实现多种教学资源共享,包括不同高校之间、高校与行业之间、不同

---

① 高红波,王婷婷.中国高校影视教育研究 30 年图谱探寻[J].新闻爱好者,2014(8)。

学科和院校之间的资源共享。改革教学内容和方法,实现课程之间、课程内部的优化整合,提高骨干课程对专业核心能力的建构意义,去除课程之间大量的冗余信息或者过时信息,变"水课"为"金课"。在教学方法改革中要注重对学习能力、探究方法、交流表达能力等多元方法的学习和训练,在实现授人以鱼同时授人以渔。

"知之者不如好之者,好之者不如乐之者",学习影视专业的学生是怀揣梦想的"好之者",四年后如能成为追逐梦想的"乐之者",那将是中国影视高等教育最大的成功。

第二章 场景:影视传媒专业数字化改革的探索与实践[①]

"场景"一词本来主要用于影视创作中,通常包括背景、场地、道具、音乐、服装和人物等要素。场景用以传递影片的时空环境,服务电影叙事。我们使用场景一词,主要讨论传媒教育教学活动主要场所以及场所内的配套软硬件资源条件等。

知识社会学学者提出,高等教育主要有两类,一类是"博学的或学术性的学院",其中"使教授与学生结合成一个群体的是知识之类的东西——学术类型的理论的、系统有序的、绝对真的知识开发与延续正是群体的主要任务"。这些教授"并不会在身体上或道德上去教育他们,指导他们的个性发展以便适于社会参与,因为,所有这些都假定已经在他们的少年和青少年初期完成了"。另一类学校为普通教育学校,"直接为维持社会秩序服务","受教育者获得社会要求其成熟成员必须具备的各种专门技巧和能力"[②]。从高等教育发展历史看,第一类高校主要起源于18—19世纪初德国的科学研究型大学,第二类高校则更接近于美国的社会服务型"赠地学院"。

出此,高校传统的教育场景设计、教学资源建设都不同程度地受到第一类学校办学理念的影响。教学与生产脱离,理论高于实践、脱离实践并能够指导实践,进行纯粹书斋式理论研究比实践生产更为高尚的观念也始终以各种不同形态存在。教育就是认知能力或是理性的发展,教学就是纯粹理论知识的传授,高校的职责就是存储(图书馆)、传授(教室)、验证(实验室)理论,因而图书馆、教室、实验室也就成为传统教育场景的主要构成。

到了21世纪,克尔·吉本斯等专家则发现,现代知识生产逐渐脱离纯理

---

① 本章主要内容曾发表于《教育场景重构与传媒卓越人才培养》,载《现代传播》2020年第2期;《媒体云:推动传媒人才实践创新能力培养的新引擎》,载《未来传播》2021年第3期;部分内容在"第二届南传方山传媒艺术高峰论坛暨南京传媒学院青年艺术节"(2022年5月22日)、"第二届媒体融合实践教学模式创新研讨会"(2017年10月27日)上进行过报告。

② 弗洛里安·兹纳涅茨基.知识人的社会角色[M].郏斌祥,译.南京:译林出版社,2012:96.

论，而向生产实践领域转移。传统的知识生产模式，基于牛顿模式的单学科研究，如今逐渐被应用领域的科学研究取代。新的知识生产模式"主要在应用环境中，利用交叉学科研究的方法开展，新模式更加强调研究成果的绩效和社会作业的知识生产"①。在这种新的知识生产模式中，"知识的使用者对知识的性质比知识生产者更有发言权"②。高校如何将知识的生产、应用融合起来，如何实现研究、教学、社会服务的多重目标，如何在教学中实现面向学生传授知识、帮助学生应用知识的双重目成为高等教育的现实任务。基于此，浙传提出，传媒高等教育总体的变革需要将知识世界与工作世界融合起来，融入传媒高校的学习世界中。传媒高校的教育场景，需要进行知识世界、学习世界、工作世界的"融合"，为学生构建一个传授知识、应用知识、全面发展的物理空间。这一"融合"教育场景既能映射知识世界，又能沟通现实工作世界，促进学生在教育场景中主动学习，建构知识。

第一节　新技术条件下高等教育场景革命的必然性

媒体融合发展已经步入了智能化阶段，传媒卓越人才培养也亟待升级。基于知识、技能、品格、元学习能力的培养要求，提出传统教育场景向智能化、融合化教育场景的转换，通过将教室、图书馆、实验室组成的传统教育场景，改造为智慧教室、网络学习空间、工作坊、全媒体中心等，构建知识世界、学习世界、工作世界"融合"的教育场景。

一、数字技术快速迭代发展给传媒高等教育带来的压力

常有人说，教育是用过去的知识，教现在的学生去应对未来的世界。在技术飞速变革的当下，这成为教育改革必须应对的一个根本问题。美国学者Goldin 和 Katz 曾提出教育与技术赛跑的理论：教育只有跟上技术发展的变化才能让大部分劳动力得到技能训练，由此社会才能发展经济、繁盛昌荣；反

---

① 吉本斯等.知识生产的新模式——当代社会科学与研究的动力学[M].陈洪捷，等译.北京:北京大学出版社,2011:2.
② 杰勒德·德兰迪.知识社会中的大学[M].黄建如，译.北京:北京大学出版社,2010:13.

之则经济放缓,贫富差距增大,社会问题激增。① 见图 2-1。可见积极应对技术变革已经不仅仅是教育领域的问题,更是关系到社会稳定发展的重要问题。

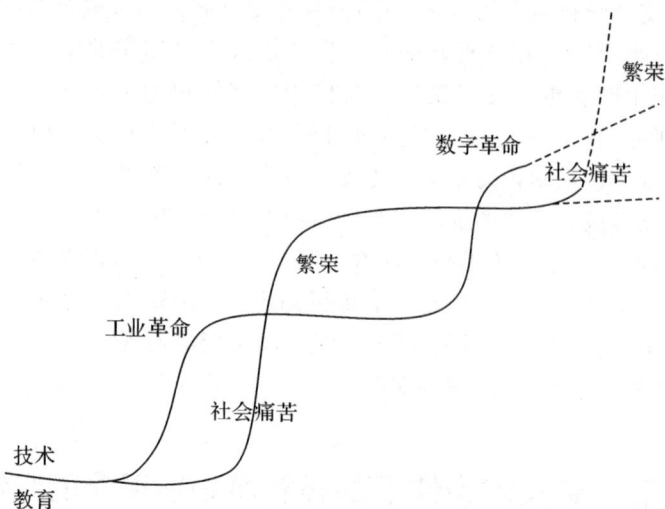

图 2-1　教育与技术的赛跑

传媒行业是科学技术发展的前沿,智能识别与传感、5G、智能写作、虚拟现实、增强现实、8K、大数据、云计算等技术都第一时间应用于传媒行业,传媒教育面临的技术迭代更新问题也更为突出。进入 21 世纪,随着互联网、新媒体、传媒融合发展的冲击,原广电总局、新闻出版署所属高校,面向单一媒体培养的广播电视、新闻出版行业人才无法适应行业发展需求,各专业院校纷纷拓展办学领域、优化专业结构、更新课程体系,以应对媒体技术发展带来的影响。

解决技术与教育赛跑的问题是一项系统工程,具体工作中不仅需要重新分析人才核心素养、培养目标,也要更新人才评价、培养方法,还需要进行课程体系重构、内容更新与师资结构优化。本研究从传媒人才培养类型与核心素养分析入手,以传媒教育场景的建设为起点,讨论如何通过硬件上的教育场景重构应对媒体融合对传媒教育提出的新挑战。

未来传媒行业的岗位与需求必然发生巨大的变化,对人才的能力需求越来越高。Autor 与 Price 通过美国劳动力市场 20 世纪 60 年代以来岗位任务

① Goldin, Katz. The Race Between Education and Technology[M]. Cambridge, MA: Havard University Press, 2009: 289.

类型分析发现,随时间推移,社会提供的职业岗位所需任务类型发生着剧烈变化,常规的认知工作需求将大幅下滑,而非常规的分析、人际交往工作需求量将大幅上升。[①] 见图 2-2。

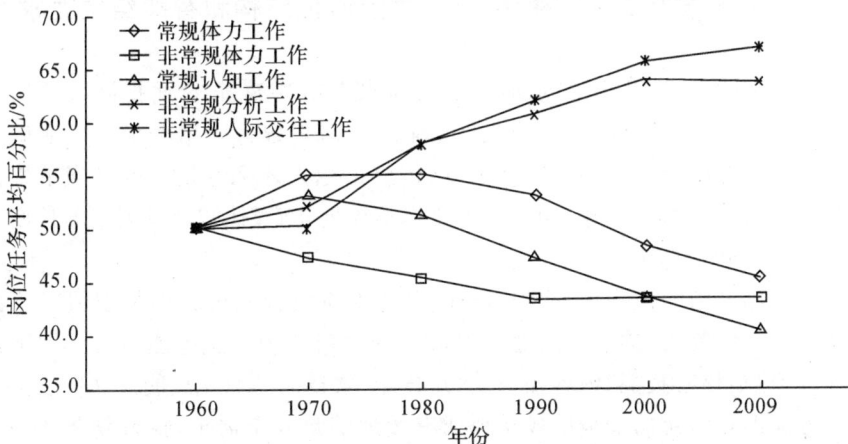

图 2-2 美国劳动力市场需求变化趋势

注:横坐标显示,2009 年时美国劳动力市场需求从高到低依次为:非常规人际交往工作、非常规分析工作、常规体力工作、非常规体力工作、常规认知工作。

这一社会总体职业需求变化趋势与传媒行业需求发展是一致的,甚至在传媒行业更加剧烈,来得更加早。"在互联网和新媒体出现之前,美国媒体对新人员的要求是 40% 的新闻素质和 60% 的非新闻素质。今天,美国媒体又把这个比例倒过来。"[②]在全媒体时代,媒体智能化快速发展下,必须找到传媒人才比人工智能更为优秀的能力素养,比如驾驭与开发人工智能,解决人工智能无法生产的创意、情感等问题,培养出智能时代真正需要的人才,才能帮助学生赢得人与人工智能之间的竞争。

此外,传媒技术在高等教育领域的应用对教育教学同样提出了新的挑战。高等教育是新技术实践运用的前沿,信息化、数字化、网络化、多媒体化、移动化、智能化、云端化等技术都在校园内得到广泛运用。慕课、外校的网络资源如何在校内运用;学校的网络教学资源如何建设运用;原有的教学资源如何改

① Autor,D. Price,B. The Changing Task Composition of the US Labor Market:An Update of Autor,Levy,and Murnane[M]. Cambridge:MIT Mimeograph,2003:56.

② 孙志刚,潘祥辉.走向融媒体:新新媒介时代的美国新闻业及其转型——访美国密苏里大学新闻学院高级社会研究中心主任孙志刚博士(上)[J].浙江传媒学院学报,2012(2):36.

造？网络资源如何融入原有的教学体系？新技术不断引发教育媒体和资源的深刻变革，传统教育场景亟待系统性重构。

二、科技发展改变了社会对人才的岗位结构和智能结构要求

2018 年教育部印发《关于加快建设高水平本科教育 全面提高人才培养能力的意见》，实施"六卓越一拔尖"计划 2.0，对传媒人才培养提出了明确要求。对应媒体融合发展的三阶段划分，传媒卓越人才 2.0 培养的是当下媒体融合 2.0 阶段全媒体人才，同时还需要提早谋划，为媒体智能发展培养传媒卓越人才 3.0 确定框架。

联合国教科文组织（UNESCO）提出："素质教育系统必须使学习者不断地调整自己的能力，同时不断地获取甚至开发新能力。这些能力在范围上是多样的，包括核心技能、内容知识、认知技能、软技能到职业技能。这些能力使学习者能够在特定的情境中成功地或有效地满足复杂需求，执行复杂活动或任务。"[①] 为此分析传媒人才基本素养，也必须借鉴框架体系。这里参考了课程再设计中心（CCR）的 21 世纪教育目标框架。

CCR 通过考察世界各地的研究、理论框架和标准，创建了一个统一框架，将教育目标分为四个维度：知识、技能、品格、元学习，以代表 21 世纪教育的目标（如图 2-3 所示）。笔者借鉴了其知识、技能、品格、元学习四个维度，并在每个维度上构建三类传媒卓越人才能力素养标准，采用教育目标分类中的内容进行填充，形成了如表 2-1 所示的传媒卓越人才培养目标。

表 2-1 传媒卓越人才培养目标

	传媒卓越人才 1.0	传媒卓越人才 2.0	传媒卓越人才 3.0
知识	理解、记忆	应用、分析	评价、创造（创新型）
技能	模仿、同化	生成、外化	精熟、综合（复合型）
品格	接受、适应	形成价值观念	信奉、个性（具个性）
元学习	被动学习	主动学习	建构学习、交互学习（后劲足）

---

① Wayne Holmes，Maya Bialik，Charles Fadel. Artificial Intelligence in Education：Promises and Implications for Teaching and Learning[M]. Boston：CCR. 2019：12.

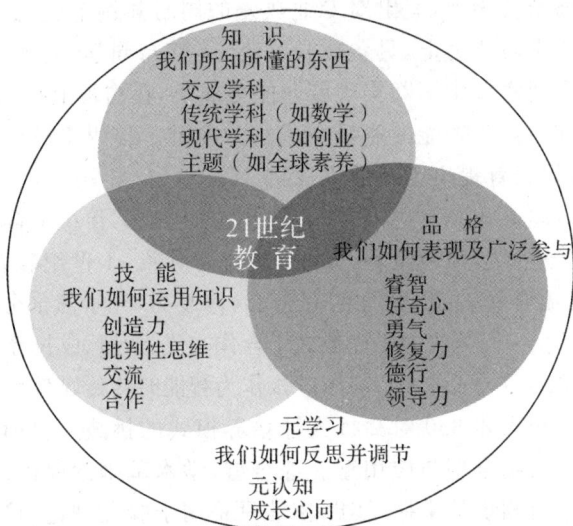

图 2-3　21 世纪教育目标图(CCR)①

借助布卢姆目标分类、豪恩斯坦的教育目标分类、季清华学习类型分类理论,可以认为传媒卓越人才 1.0 培养主要强调认知领域,并且主要聚焦记忆、模仿等低阶能力,要求学生能够记忆存储知识,在使用时可以检索回忆出知识。传媒卓越人才 2.0 则是进一步强调了技能、品格等要素,通过知识的迁移和实际应用,增强学生学习动机,能够确立价值,表现喜爱、肯定等情感并强调实践能力跨情境的迁移应用。由于科技的进步,传媒卓越人才 1.0 可能会被搜索引擎、常规程序替代,传媒卓越人才 2.0 则可能会被人工智能和算法替代。媒体融合发展的 3.0 智能时代,传媒行业最需要的是高层次卓越人才 3.0。此类人才在专业知识、专业实践能力、专业情感与精神上全面发展,有扎实的理论基础,凭借专业情感促进专业发展,能跟上不断发展的行业,能在新的环境与技术条件下开展专业实践。通常将其称为创新型、复合型、具个性、后劲足的人才。

传媒卓越人才 3.0 的核心能力是元学习和高阶能力。在认知能力上,突出了创造能力,通常表述为创新型人才,能够开展评价、创造等高阶认知活动;在技能上,突出专项技能的精熟,更强调多项技能的综合应用,通常表述为复

---

①　查尔斯·菲德尔.为 21 世纪再设计课程——四维教育白皮书[J].徐海英,盛群力,译.数字教育,2017(2):2.

合型人才;在品格与行为上,突出对专业热爱的同时强调个性化特征,通常表述为具个性;在元学习能力上,具备成长心态,能够与同学、老师、工作伙伴开展交互学习,在专业实践中不断实现专业能力成长,在精神上找到专业追求与人生乐趣,最终在与人工智能的竞争中成长并取胜。传媒卓越人才3.0能力要求对当前的传媒教育提出了新的挑战。

首先,传媒卓越人才3.0对人才培养目标的挑战。传统的高等教育人才培养目标通常用三分法,强调素养、知识、能力。对照21世纪教育框架,其中的技能部分的交流合作,品格部分的好奇心、修复力,元学习部分等都没有涉及。在智能化时代下,人类的主要优势在于合作交流、情感、成长等方面,因此必须要在新的教育教学中予以体现,甚至应该作为智能时代传媒教育的核心目标。

其次,传媒卓越人才3.0对高校人才培养模式的挑战。目前培养传媒人才通常有两类高校:综合型与应用型。综合型、学术基础深厚的高校,通常强调理论性,强调学科知识的掌握,实践教学只是用于验证理论,培养出的学生常有动手能力不足的问题;应用型、行业特征强的高校,通常强调实践性,强化实践教学对学生专业动手能力的培养,理论教学相对重视不够,培养学生常有"上手快、后劲不足"的问题。两者都未能在理论与实践之间搭建桥梁,无法为学生提供实践与理论融合的教学,影响了学生的学习兴趣与内在动机。传媒类专业学生对专业有着天然的热爱,都有很强的专业学习意愿。但是很多学生在经过专业学习之后失去了专业兴趣,究其原因还是在于教学上的理论与实践脱节,只能培养出传媒卓越人才1.0,缺乏对传媒卓越人才2.0以及3.0培养模式的整体设计。

再次,传媒卓越人才3.0对师资课程的挑战。当前高校师资队伍建设上,人为划分了理论教师、实验实践教师两类。课程也划分为理论课程、实践课程,各有专门的学分。实验教师通常地位不高,强调行业实践能力,相对理论与教学能力不强,只能传授基本技能,而无法培养技术素养。实践教学也限于动手操作,掌握基本规范流程,无法上升为理论总结。理论课程上,理论教师对行业发展理解不够,教学内容更新缓慢,理论往往无法紧跟行业技术前沿,理论无法对实践起到帮助理解、指导的作用,无法实现能力的迁移,学生在新技术条件下无法应用理论。这进一步加深了知识培养与实践技能培养的脱节。

最后,传媒卓越人才3.0对实验实践教学资源的挑战。媒体技术的发展需要高校配有最前沿的仪器设备,跟上行业发展步伐。不断迭代的技术对实践教学仪器设备的更新速度也提出了更高的要求。同时,高等教育正从大众化迈向普及化阶段,学生数量的增长对实践实验仪器设备数量提出了更高要求。数量、前沿、更新这三者满足其一容易做到,同时满足这三者要求,难度系数呈几何式叠加,其经济成本让学校难以负担。

总之,高校原有传媒人才培养目标、培养模式、教师队伍、课程资源、教学硬件、教学方法等,都是为应对单一传统媒体、固定岗位需求所设置的,主要培养传媒卓越人才1.0。应对媒体融合3.0的智能化发展时代,培养新一代传媒卓越人才,需要系统设计教学目标,建设配套的教学资源、师资队伍,构建课程体系以及配套的教学方法。理念是先导,硬件是基础。系统改革必须要有起点,本研究从传媒教育场景建设入手,从硬件基础建设做起,力图构建满足智能化、融合化、全媒体时代下传媒教育环境,构建适应培养卓越传媒人才3.0需要的传媒教育场景,并以此作为进一步推动全校范围内的课程改革、教师发展,乃至进一步推动教育理念更新与教学制度变革的基础。

三、传媒生态格局的持续深刻变革加大了高校联手行业的难度

2019年3月15日,习近平在《求是》杂志发文《加快推动媒体融合发展构建全媒体传播格局》,文章指出,我们已经步入"全媒体时代""媒体智能化进入快速发展阶段"①。笔者认为,全媒体、智能化两个概念描述的是媒体融合的不同发展阶段。

媒体融合的智能化发展,降低了传媒技术难度,让普通个人用户也能制作、发布自己媒体作品,实现全员传播,对传媒人才的专业能力、创意创作能力提出了更高的要求。同时,智能媒体技术的发展在消灭着技术含量不高的媒体岗位,也产生了更多的高技术要求的岗位。目前,自动采集信息、编写新闻、多渠道发布信息的新闻机器人已经得到广泛运用,甚至在大数据收集、数据可视化、虚假视频制作与检查等方面已经超越人类。如果说,传统媒体与互联网媒体物理相加是媒体融合的1.0阶段,那么全媒体则是媒体融合的2.0阶段,媒体智能化发展则是媒体融合的3.0阶段。

媒体融合1.0阶段,传统媒体利用互联网,向受众传播传统媒体产品。比如,报纸、杂志开办网站,发布内容排版完全一致的网络报纸、网络杂志;电视台开办网络电视,方便用户使用电脑看电视。这是传统媒体在原有业务流程

---

① 习近平.加快推动媒体融合发展构建全媒体传播格局[EB/OL]. http://www.qstheory.cn/dukan/qs/2019-03/15/c_1124239254.htm.(2019-03-15).[2019-04-29].

不变的情况下,实现"＋互联网",从机构内派生独立的互联网管理部门。媒体融合 2.0 时代,则突破了传统媒体的业务流程,在管理机制、产品生产、商业模式、平台建设上,实现传统媒体与新兴媒体的有机整合。将电视、广播、报刊、移动智能设备、户外传媒等整合运营,发挥"1＋1＞2"传播效果,把传播构建在万物互联的基础之上,实现"互联网＋"的产业升级,构建了全程媒体、全息媒体、全员媒体、全效媒体的全媒体格局。

随着智能算法、大数据、云计算等技术的出现,算法、数据、运算能力支撑了智能媒体的产生与运用,媒体融合已步入智能化发展的 3.0 阶段。新的传播媒介在云计算超级运算能力支撑下,在大量用户数据训练下,在算法赋能下,其智能可以不断成长,实现用户需求的个性化定制乃至预测性传播。让用户真实需要的信息,以适合的形式在适合时间以合适的方式呈现。同时智能媒体能够吸引用户深度参与,受众从被动接受信息者转变成信息的传播者、贡献者,构建更广泛的传播体系,实现更高形态的媒体融合。媒体融合 3.0 与前两个阶段的特征对比,见表 2-2。

表 2-2　媒体融合发展阶段特征对比

媒体融合发展阶段	传输网络	受众	特征	信息载体	互动性
媒体融合 1.0	广电网、电信网、互联网	面向各自核心用户	传统媒体＋互联网	文字、图像、声音等单一媒体	单向传播
媒体融合 2.0	二网融合	核心用户＋互联网用户	互联网＋全媒体	全息媒体	互动传播
媒体融合 3.0	5G	全员	智能媒体	虚拟仿真	全员传播

行业格局的变革让传媒高等教育原有的传统媒体行业资源失去了优势。传统行业的校外实践基地建设使用率下降、基地建设单位的热情不高,校外实践效果不好。新媒体行业强调商业逻辑,对校外基地建设缺乏热情。疫情常态化发展,大大增加了传媒学生到一线实践的成本和风险。把行业环境搬到学校来,让学生在校内开展实习实践,成为传媒高等教育的必然选择。

第二节 影视传媒专业场景重构的依据与遵循

本节主要从两个方面讨论传媒高等教育中媒体技术的运用，即历史的角度和教育理论的角度。通过历史我们可以了解各类媒体在教育领域中运用的成败得失，总结经验；通过教育教学理论分析，可以从理论的角度帮助我们全面认识运用媒体技术的总体方向，建立宏观教学指导原则或教学设计的模型框架。在历史与理论分析的基础上，构建新教育场景的概念模型。

一、媒体技术创新与教育关系发展历史回顾

教育是培养人的活动，核心是传递知识与文化，而知识与文化的载体就是各种类型的媒介。媒体技术的发展让媒介携带信息量不断增加，传播空间时间的限制不断突破，传播的形式不断丰富，可以说媒体技术创新发展就是教育形式改革创新的最大动力。

1. 文字媒体（书写、雕刻、印刷）——传统教育的图书场景

教育虽然可以追溯到生存技能言传身教的远古时期，教育活动的历史记载与现代意义上的知识文化教育都起源于语言文字。可以说语言文字记载传播的开端就是教育的起源。中国的竹简、帛书，古印度的贝叶，西方的羊皮纸是最早的文字记载媒体。这种媒体取材自然价格低廉，重量合适便于携带，书写文字保留时间长，为教育出现、发展提供了基本条件。随后造纸技术的出现让书籍制作更为简易，为教育活动的正规化、规模化提供了基础。

无论是以上哪种材料，都需要依靠人去记录、撰写，加上装订技术不成熟难免出现错误、疏漏、缺损等。中国汉代开始出现的石经、西方刻在石碑上的圣经内容等都是对以上情况的一种补充。石刻文字保证了文字的标准性、正确性、统一性，通过拓片或是现场校对解决了手写文字标准不统一的问题。随后中国出现的雕版印刷，西方大规模运用的活字印刷都是在纸张运用基础上，出于标准、快速等考虑采用的媒体技术。

这一时期是教育发展最为漫长的时期，对中国来说从春秋到民国初期都是处于文字媒体教育时期。这一时期，教学主要依靠文字保存传递知识，教师讲授解释文字内容。媒体技术为教学提供书本这一知识的载体，师生围绕书本开展学习研究。所不同的只是印刷技术、纸张质量、文字清晰度等，并且由

于制作困难,图像在教学中的应有也极为有限。而这一时期的教育典型场景总是与书相伴,例如我国唐代的书院,本身就是图书馆;而西方古希腊时期的学园基础就是柏拉图和亚里士多德的私人图书馆,中世纪的经院教育、大学教育依托的也是修道院和大学的图书馆,文艺复兴也来自于对古希腊与罗马典籍的发现研究。

2. 声音媒体(广播)——家庭语音教育场景构建的尝试

20世纪20年代出现的广播是媒体技术的一次飞跃,人类首次实现了声音的跨区域传播,可以想象这样的教育场景:同一时间不同的地点,人们看着同样的书籍接受同一位老师的讲授。教育界对于广播的教育意义有十分高度的认识,实际上广播建设初期,50%以上的电台都是用于教育、传教等。在广播诞生最初的9年间(1922—1930),美国电台中隶属于教育机构与教会的数量均在总数的20%以上,其中1925年教育机构电台占比36.1%,教会电台占比16.4%,超过电台总数量的一半以上。[①]

广播对于教育的革新让人们可以摆脱场地的约束,现场讲授中声音传播范围的约束,在家庭或是更大范围内开展学习。随着声音技术的进步,录音机的出现更是可以录制教师的声音,根据自己的时间和进度反复播放收听,让教学进一步跨越时间的限制。当然除了书本之外,教学媒体增加了收音、录音、播放设备,增加了成本。

对于广播、录放设备所构建的教育场景是家庭,这既是对传统家庭教育场景的延续,更是学校图书馆教育场景的延伸。广播可以延续学校教学,让学生在课后家庭之中继续开展学习,传播的优质教育同样也让更多的人群受益,增强了教育的效率与效益。

3. 影像媒体(电影电视)——走进学校教育场景的视听媒体

广播媒体是教育突破时间、空间限制的开始,影响媒体是教育内容突破文字语言的开端。一直到电视电影技术出现之前,教育都是依靠文字和语言,较少依靠图片信息;但是影视媒体的出现让图像声音融为一体,再现了师生没有亲身经历的现场体验,给学生带来直观的感受和冲击。

人接收外界信息主要依靠眼睛和耳朵,眼睛接收图像信息,耳朵接收声音信息。但是在文字、声音媒体教育阶段,教育都在一定程度上违背人的生理特征。主要在于两个方面,一是人类进化中视觉信息通道接收具体的图像信息,

---

① 姚争.新兴媒体竞合下的中国广播[M].北京:中国广播影视出版社,2014:32.

较少处理抽象文字信息,以文字呈现信息的形式与人类生理特征不匹配;二是人类接收信息通常是视觉信息与声音信息同步接收,人类可以同时观看人物动态倾听其声音,这样才能构建完整信息、加深记忆;但是一边看文字一边听讲解的教育方式,总是先听后看或是先看后听,对人们掌握学习不利。

但是影像媒体技术的出现改变了这一情况,学生可以通过电影电视同时观看影像倾听声音或是讲解。这从教学内容展现形式上提高了教学效果,是教育场景的一次重大突破。

4. 电子媒体(多媒体、互联网)——灌输式教育场景的终结

新世纪以来,电子媒体技术迅猛发展。以往文字需要以纸张为载体,使用书写印刷等方式制作。广播与影像媒体为模拟信号,需要以磁带胶片等为载体,使用摄像机、录音机等制作,用收音机、电视、电影屏幕等设备展现。而电子设备一方面突破了展现工具的限制,直接可以用电脑屏幕展现综合信息,如声音、文字、影像、图片等;一方面又突破了信息载体的限制,用硬盘内存等二进制数据记录信息,节省了空间、资源,并且可以方便地进行复制、传输,便携设备更是集制作、展现、存储功能于一身。

互联网技术的出现更是将信息存储检索传输技术向前推进了一大步。互联网的核心概念就是共享,师生可以通过互联网快速找到自己想要的信息、知识。互联网与电子媒体的结合产生了"1+1>2"的效应。一方面呈献给学生的知识与信息的形式不断增加;另一方面传递给学生的知识与信息量迅速扩张。学生一方面以各种新的组合与形式接收到以往人类从未接触过的信息量,一方面首次掌握了学习的主动权,可以主动在互联网上找寻自己关心的知识与答案。

可以说是多媒体互联网技术的发展给教学地位带来了颠覆性的转换,学生主动地学习比以往任一时期都更为重要,教师教的重要性不断下降,甚而只需要完成学习辅助和指导工作即可。当前留给教学媒体技术研究的两个重要领域在于,一是以何种形式、如何呈现、呈现多少知识信息教学效果最佳;二是提供给学生怎样的学习环境与工具才能更好地促进学习。

通过以上媒体技术发展历史回顾与当前教育发展现状比较,我们可以进行以下总结:媒体技术的发展极大地丰富了知识与信息展现形式,同时突破了时间与空间的限制;人的视觉与听觉能够同时接收的信息有限,教学并非提供的知识信息越多越好,媒体运用并非越新越全越好;教学模式需要与媒体技术运用相适应,需要在深入理解人类学习机制的基础上进行科学设计。总而言之,随着电子媒体的出现,现代教育、高等教育必然要迎来一场重大的变革,而专业的传媒高等教育必须用于创新,主动迎接新的革命。

二、传媒教育"融合"场景的理论支撑

21世纪以来，场景一词在互联网领域得到了大量应用场景，出现了互联网应用场景、网上支付场景等大量应用场景，互联网"场景构成堪比新闻五要素，时间、地点、人物、事件、连接方式"①。在学术界，新闻传播学、社会学、教育学、心理学等学科均开展场景研究，形成各自的场景理论。这里我们主要从传媒教育相关的新闻传播、教育学、心理学等学科的场景理论分析入手，为传媒教育"融合"场景提供理论支撑。

1. 媒介场景理论、分布认知理论

在互联网时代，电子媒介对人与社会影响的相关研究中，最重要的媒介场景理论。该理论是梅罗维茨在继承发展戈夫曼戏剧场景理论与麦克卢汉媒介理论基础上发展起来的。梅罗维茨从场景中的信息出发，认为"对人们交往的性质起决定作用的并不是物质场地本身，而是信息流动的模式。"因此"随着媒介特别是电子媒介的介入，场景不再局限于交往的物质场所，通过媒介信息流动所建立起来的场景和物质场所信息流动的场景基本一致"。"地点和媒介同为人们构筑了交往模式和社会信息传播模式"②。

此后罗伯特·斯考伯、谢尔·伊斯雷尔进一步提出了"互联网场景时代"的五大技术趋势，"可穿戴设备、大数据、传感器、社交媒体、定位系统"，并强调了这些技术的应用，不仅涵盖了基于空间的"硬要素"，也包括基于行为与心理的"软要素"，由此营造出一种在场感。③ 这成为传媒教育"融合"场景设计必须涵盖物质场所、网络空间场所，新的"融合"场景必须兼顾学生心理与行为的理论基础。

新的"融合"场景对学生的学习是否有促进作用，分布式认知则给出了理论分析。分布式认知理论认为，认知分布于环境、个体、表征媒体以及人工制品等要素之中，这些分布式要素必须相互依赖才能共同完成学生认知任务，文化、地域环境、个人，包括同伴、指导老师等共同对学生认知发挥了作用。该理

---

① 吴声.场景革命——重构人与商业的连接[M].北京:机械工业出版社,2017:29.

② 约书亚·梅罗维茨.消失的地域:电子媒介对社会行为的影响[M].北京:清华大学出版社,2002:33,34.

③ 罗伯特·斯考伯,谢尔·伊斯雷尔.即将到来的场景时代:移动、传感、数据和未来隐私[M].赵乾坤,周宝曜,译.北京:北京联合出版公司,2014:11.

论不再仅仅强调个体认知的作用,而是认为认知活动分布于环境、工具、生生或师生互动以及学习者自身之中。这要求教育活动不仅要关注课程、教师等传统软性学习资源,更要重视媒介工具、硬件环境,关注活动开展模式以及活动中的互动。教学媒介也从单纯的传递教学信息,变成认知活动的合作者,全面参与学生的认知。

2. 情境认知理论

媒介场景理论、分布认知理论强调环境设计对认知的重要作用,对知识的学习至关重要;情境认知理论则强调认知活动中学生的动机与参与,重视学生的技能培养。所谓情境认知,"强调按照真实的社会情境、生活情境、科学研究活动改造学校教育,使学生有可能在真实的、逼真的活动中,通过观察概念工具的应用以及问题的解决,形成科学家、数学家或历史学家等看待世界的方式和解决问题的能力"①。

情境认知理论强调的关键词是真实、参与、动机。通过真实情境的构建,促进学生的学习参与,提升学生的动机。该理论提出了"行动合法的边缘参与"与"实践共同体"的概念。所谓参与者,强调学生不是被动的"看客",老师也不是"奏技者",而是师生在情境中构成实践共同体。学生通过边缘地参与,逐步地参与共同体的某些活动,并在参与活动时,观察教师、专家的工作,与同伴及专家开展讨论,由此进行学习。"正是在这样一种实践共同体之中获得该共同体具体体现的信念和行为,由共同体的'边缘'慢慢向'中心'转移,从而更多地接触到共同体的文化,行为也变得更为积极。"②

由此可知,情境认知理论强调教育场景与个体的交互作用,真实情境是学习的重要并极有意义的组成部分。吉姆·奈特在《高效教学:伟大教学的框架》一书中强调:"理想中的真实学习激起了学生对吸引人的、有意义的话题的学习欲望,因为这些知识可能是他们在其他地方接触不到的——这是教育的一个重要目标。……真实学习便可以引导学生更深刻的理解意义的作用。"③因此,情境以及情境中的学习任务越真实,就越能提升学生学习热情,越能促进学生参与学习,最终就越促进学生掌握技能,提升学习效果。

---

① 高文.情境学习与情境认知[J].教育发展研究,2001(8):32.

② 卜湘玲.情境认知与学习理论述评[J].太原大学学报,2005(3):11.

③ Knight, J. High-Impact Instruction: A Framework for Great Teaching[M]. Thousand Oaks: Corwin, 2013: 228.

3. 行为场景理论、场景式教学理论

在认知、动机的基础上，行为场景理论、场景式教学则进一步强调学生的社会交往合作以及学生情感发展。行为场景理论发端于1947年，由美国堪萨斯大学的心理学家巴克（Roger Barker）和赖特（Herbert Wright）提出。该理论认为，环境与行为具有相互作用，是相互依存的整体，环境特征支持固定的行为模式，场景与人的行为则共同构成了行为场景。此后该理论成为生态心理学的基础，生态心理学将场景行为进一步内化为人的心理，并认为"默会的知识不只存在于个体的头脑中，而是分布于人与环境的互动中，由人所运用的工具为中介的。情境造就了个体的认知，个体的思维和行动也造就着情境"①。

这种默会知识即我们常说的隐性知识，只有在师生、生生交往中，在学习实践活动中，在具体情境中才能得以传授。"拥有隐性知识的个体在与他人交流沟通中，通过他人拥有的相应显性知识和制品将隐性知识显性化。"因此，隐性知识有强烈的个人化和情景化特征，同时也是个人观察世界的基本。正如日本学者野中郁次郎提出的，"隐性知识是高度个人化的知识，它深深地植根于个体所处环境的约束。隐性知识包括个人的思维模式、信仰观点和心智模式等"②。因而，场景式教学的要点在于以下四点，首先是学习者在情境中自身发现学习的意义；其次是通过共同参与知识创造，发现学习的乐趣；再次是通过实践提高技能；最后是培养全球化素质，包括判断力、创造力、想象力、问题发现及解决力、协调性等等。

在传媒教育中，这种隐性知识主要包括热爱忠诚等专业精神、专业情感，以及应对复杂环境中的专业问题处理策略等，可以纳入上述品格、元学习框架之中。正如日本学者多田孝志在场景式教学理论中提出的，全球化时代学生所需素养可以归纳为三点："能够同拥有不同的甚至对立的文化和价值观、生活方式的人们、协调、合作、产生融洽关系的能力。在急剧变化的社会中也能牢牢把握自己、开拓自己的人生的能力，以及能够在所处的社会环境条件下出色地发挥智慧和创造力的能力。全球化时代需要种种具体的实践技能，包括同他者共同生存的实践技能、沟通技能、信息应用技能、自我发展技能等

---

① 连榕.生态心理学的情境观：学与教的新视角[J].东南学术,2004(1):270.
② 何明芮,李永建.基于分布式认知对隐性知识显性化的研究[J].情报杂志,2010(8):49.

等。"①这实际上也是对 21 世纪教育目标框架中的品格、元学习的另一种阐述。

三、传媒教育场景的融合重构

对应场景的原始概念,从构成上看,教育场景主要包括环境、资源、师生三大要素。其中,师生是场景中的人的要素,是场景产生作用的核心要素;资源是场景中的关键元素,它承载了师生共同面对的学习对象、工作对象,是学生认知、应用、实践的具体对象;环境是教学的软硬件环境,它承载了学习的空间、时间制约,决定了资源的呈现方式,可以说环境就是教学的媒介。而数字化背景下教育场景的融合重构尽管由环境的改造开始,但是其创新进一步延伸至资源建设与师生,其对比如表 2-3 所示。

表 2-3　新旧教育场景对比表

场景与 要素	教学环境	教学资源	教学主体
传统教育 场景	知识存储—图书馆知识传授—教室知识验证—实验室	显性教学资源:课程、教材、教辅材料、实验等	教师主导学生主体
数字化教育场景	知识习得、素质培养、能力训练、成果呈现一体化的线上线下空间	隐性显性结合:大规模多点课堂教学资源、沉浸式产学联动学习自己、混合式自主学习经典阅读资源、多课堂联动通识教育资源、立体教材案例资源	师生主体间性,双向互动共同构建教学主体

在传统师生关系中,对师生关系关注不够,难以在师与生之间取得平衡,难以融合教与学为一个整体。传媒教育融合场景中,开展的是师生主体间性教育,关注师生之间的交互关系、交互活动,既注重于内在思维向外在实践的迁移,同时又注重于外在活动向内在心灵的升华。

---

① 钟启泉.场景式教学:一种新的教学方式——日本教育学者多田孝志教授访谈[J].(全球教育展望),2008(6):3.

1. 教育场景融合与三个世界

荷兰学者范梅里恩伯尔 2005 年曾经提出，教学设计应该促进知识世界、学习世界和工作世界(knowledge world, learning world and work world)的协调，才能推动学生心理模式的引发、建构和演进。[①] 可以说对上述问题提出了可行的方案。图书馆—教室—实验室是映射知识世界的教育场景。而我们所需的传媒教育场景，需要进行知识世界、学习世界、工作世界的"融合"，为学生构建一个传授知识、应用知识、全面发展的物理空间。这一"融合"教育场景既能映射知识世界又能沟通现实工作世界，促进学生在教育场景中主动学习，建构知识，面对真实问题相互协作交流，最终在认知、技能、品格、元学习能力上融合发展。在新的教育场景中，学生开展主动学习、建构学习、交互学习，教学不再是教师中心、教材中心，更不是教学媒体中心，而是学生中心，要促进学生有意义有成效地学习。

新的教育场景中知识甚至讲解者都可以来源于互联网，教师、教材不再处于核心地位；学生从被动听讲、记忆知识转变为主动建构知识、运用知识，进而在模拟实际工作场景中与他人合作进行实践操作。互联网接口、交流讨论环境、仿真实践场所成为新教育场景的接口，智慧教室、网络学习空间、创作工作坊、全媒体中心等就成为新的工作场景要素。表 2-4 则说明场景中各要素与相关教学目标与教学资源的对应关系。

表 2-4　传媒教育"融合"场景要素对应关系表

教育目标	学习场景	教学环境	教育资源	教学方法	教学评估重点
知识	知识世界	智慧教室、网络学习空间	翻转课堂、网络课程、混合教学课堂	显性知识隐性化：知识传授网络化	知识在学习场景中的应用
技能	学习世界	行业实验室、媒体云平台、虚拟仿真平台	独立设置实验课程、实践教学	隐性知识显性化：促进学习动机与兴趣培养	学生能力成长
品格	工作世界	创作工作坊、全媒体中心、创业孵化中心	实战训练、联合创作、创新创业项目	培养学生社交合作技能、专业情感、元认知技能	实践创作成果、学生全面发展
元学习					

① Van Merrienboer, J. J. G. & Kirschner, P. A. Three Worlds of Instructional Design: State of the Art and Future Directions[J]. Instructional Science, 2001(29): 429-441.

以智慧教室、网络学习空间、创作工作坊、全媒体中心为代表的新教育场景,是对传统图书馆—实验室—教室—校内实践中心的全新升级。教室、图书馆、实验室等构成的传统教育场景,强调理论学习、知识掌握。这些教育场景对教学约束较多,固定的课桌椅排布、图书资源摆放、实验仪器提供,无法提供足够的创新空间,学生缺乏主动学习的必要支撑,由此导致了师生成为奏技者与看客关系。在信息技术、互联网技术、虚拟技术支撑下的智慧教室、网络空间、云平台、工作坊则能够突破现有资源限制,以活动空间为支撑,以网络资源为拓展,突破了物理空间的制约,为学生对教师实践的观摩、模仿以及主动创新提供了足够的空间,为学生中心教育理念的贯彻提供了空间,为传媒卓越人才培养提供了空间。

2. 教育场景融合与从游教学模式

著名的清华校长梅贻琦,在任西南联合大学校务委员会主席时期,撰写了《大学一解》一文,于1941年4月发表于《清华学报》第十三卷第一期。"从游"一词即从该文中借鉴而来。梅贻琦的原文特完整录于下。

> 古者学子从师受业,谓之从游,孟子曰,"游于圣人之门者难为言",间尝思之,游之时义大矣哉。学校犹水也,师生犹鱼也,其行动犹游泳也。大鱼前导,小鱼尾随,是从游也。从游既久,其濡染观摩之效,自不求而至,不为而成。反观今日师生之关系,直一奏技者与看客之关系耳,去从游之义不綦远哉![1]

梅贻琦所引用的孟子的话出自《孟子·尽心上》,"观于海者难为水,游于圣人之门者难为言"。可以说,"从游"教学至少可以追溯到孔子与其弟子的教学活动,它是一种充满中国教育传统、中华文化自信的教学模式。该模式中,大师言传身教、师生其乐融融、悠然自得而又生机勃勃的场景一直是我国学者心目中的理想型大学景象。

鱼群——教育场景中的师生要素。和谐的师生群体与合理的教师团队是从游教学的核心。开展从游教学,需要有大师型的导师,建设教师团队,师生与学生共同学习、生活。大师为整个师生群体的中心和灵魂,作为小鱼的学生以及中鱼的青年教师,围绕大师学习成长。师生之间强调主体间性关系,群体长时间一起共同学习、生活,师生关系和谐;大师言传身教与专业指导并重,学

---

① 梅贻琦.大学一解[J].清华大学学报(自然科学版),1941(1):1-12.

生与青年教师于耳濡目染之下,得以全面成长,自然生长。

水——教育场景中的资源要素。丰富的学习资源、包容的环境、浓厚的学术氛围是从游教学的保障。从游教学需要有包容开放的氛围和热爱教育、追求真善美的文化氛围,不能够给师生加以过多的束缚。水是鱼群的生存要素,鱼群想要舒畅地从游必须要有良好的水资源环境,从游教学的顺利开展同样需要有丰富的学习资源、良好的环境、学术氛围。一方面要有足够的养料,让鱼群觅食成长,即提供开放的教学环境、教学资源,用于教学;另一方面,制度文化要有弹性与包容性,要允许教学探索创新,尊重个性化的教学方法。水至清则无鱼,要为创新留下充足的空间。

水池——教育场景中的环境要素。智慧教室、网络空间、工作坊组成的教学新场景是从游教学的硬件基础。在硬件环境上,从游教学需要构建情景式新型学习场景,将学习生活、线上线下、理论实践融合,形成有利于师生共同学习创作研究的空间。

从游教学最重要的目标是避免师生之间变成奏技者与看客关系。教室、图书馆、实验室等构成的传统教育场景,强调理论学习、知识掌握,实践教学从属于理论教学,主要用于验证理论。这一教育场景对教学约束较多,固定的课桌椅排布、图书资源摆放、实验仪器提供,无法提供足够的创新空间,学生缺乏主动学习的必要支撑,由此导致了奏技者与看客关系。在信息技术、互联网技术、虚拟技术支撑下的智慧教室、网络空间、工作坊则能够突破现有资源限制,以活动空间为支撑,以网络资源为拓展,突破了物理空间的制约,无限地延展了水池的空间,为学生对教师实践的观摩、模仿,以及主动创新提供了足够的空间。

3. 教育场景融合与教学范式革新

教育场景融合创新不仅仅是在原有教学体系基础上的要素增加、技术升级,而且是符合了高等教育范式变革的要求。从古代农业社会到工业社会,到如今信息化数字化的智能时代,教育范式已经过了三轮革新,不同的教育范式下均有不同的教育场景,其学习环境、资源、师生等要素均不相同(见表2-5)。尤其是在快速变化的智能时代,对需要学习的内容、学习方式、学习资源等都提出了新的要求。高校必须要深入认识到这种变革,并明确变革的方向,通过教育场景的融合发展,令学生获得高质量的学习,并且要以更高质量、更快速度、更低成本来做到这一点。

表 2-5　不同教育范式下的教育场景

	农业时代教学范式	工业时代教学范式	智能时代教学范式
学习目标	培养人格	传递知识	知识、技能、品格、元学习
学习者	贵族、士	平民	全体成员
学习环境	不受关注	整齐划一	无时空限制
学习资源	经典	教材	资源全面开放
学习模式	言传身教	传授演示	沉浸学习、从游学习
师生关系	师道尊严	教师主导、学生主体	主体间性

从教学场景技术的融合重构入手，可以系统重构学生培养目标、教学资源、管理体制机制。以教学信息设备作为变革的基本手段，让技术成为师生解决问题、交流、合作、沟通、表达的渠道。融合分散的学习系统，让学生在一个更为广泛的、自主的空间内关注个性的持续成长，让学生成为积极的知识构建者、发现者、终身学习者，形成了"人人皆学、处处能学、时时可学"的影视教学新形态。

总之，智能时代学习得以产生的核心机制就是在构建好的教育场景中，通过师生、生生的社会交往以及人与环境的互动，让个体获得认知、技能、品格、元学习能力的发展，进而在教育场景中主动开展积极行动。从知识世界、学习世界、工作世界的融合看，图书馆、教室、实验室是传统学校教育场景的基本要素，仅仅对应知识世界。而智慧教室、网络学习空间、工作坊、全媒体中心等构成的传媒教育"融合"场景，则进一步优化了知识世界，同时构建了学习世界与工作世界，提供了认知以外的技能、品格与元学习能力等方面的培养空间，为智能时代传媒人才培养提供了支撑，为媒介融合智能阶段所需的创新型、复合型、具个性、后劲足的 3.0 版传媒卓越人才提供了基本教育场景。

第三节　基于浙传云的传媒实践创新能力体系构建

传媒教育具有很强的应用性和实践性，实践教学平台建设是推动实践教学改革的基本要求，也是培养传媒人才实践创新能力的基础。全媒体时代传媒产业的巨变带来了对传媒人才需求的变化，对传媒人才实践创新能力的核心要素也有新要求，传统的实践教学难以适应这种培养需求，必须改革传统的实践教学并寻求新的突破，构建与传媒产业发展相适应的实践教学平台和实践育人新模式。为了适应全媒体时代对传媒人才实践创新能力的新要求,浙江传媒学院整合校内外各种资源,优化实践教学平台建设推进实践教学改革。学校运用云计算、大数据和互联网等现代信息技术,依托国家级实验教学示范中心,在全国高校率先建设了媒体融合云平台,即"浙传云"。平台覆盖了电视、广播、微信等各类媒体,集课程教学、实验实训、媒体生产与运营、创作研究、对外宣传等功能为一体,初步实现了实践教学媒体化,形成了"业务化+专业化+慕课化"的全媒体实践课程体系和实践培养(第一课堂)、生产培养(第二课堂)、创新培养(第三课堂)三种培养场景。① "浙传云"成为推动传媒人才实践创新能力培养的新引擎,彻底颠覆了传统的实践教学模式,实践教学内容、方式和平台等都发生了根本变化,有力推动了实践教学模式、生产创新培养平台、"政产学研用"协同育人机制的改革创新。

一、依托"浙传云"创建实践教学新模式

"浙传云"基于"内容+平台+渠道+终端"的基本构架,整合了各类实践教学平台、虚拟仿真实验项目等教育资源,具有虚拟仿真、云端教学、媒体业务融合、社会服务、智能管理等多种功能。依托"浙传云"开展实践教学,将实践教育场景置于全媒体生产运营的真实状况下,教学资源共享,线上线下结合、虚实结合,还可根据教学需求进行扩充和拓展。以融合媒体新闻选题策划实践教学为例,学生可在各类终端设备上通过媒体云桌面登录平台,访问所需的软件和云端虚拟资源池,平台通过汇聚多方信息进行整理分析,提炼出具备传播和推广值的新闻主题,挑选相应的互联网、台内历史等资料内容制定后续传播途径,比如网站、微信、App、电视等,完成一个完整的实践教学环节,后续流程是将选题策划的内容进行具体的生产制作和互动发布。学生在实践教学中可以学习融媒体新闻选题策划的全部流程,利用真实的数据信息以及与新闻传媒机构相同的新闻线索,自主进行选题策划,在后续实际新闻的传播和推广中,获得相应的业务反馈和效果分析。

相对传统实践教学,从"浙传云"建设而言,是建立了一个全媒体、跨行业的实践教学平台,打破了传媒类各专业原有的界限,改变了实践教学中各个专业各自为阵的局面,构建了媒体信息一次生产、多形态展示、多渠道传播的实

---

① 李文冰,胡一梁.基于媒体云的新闻传播人才全媒体实践创新人才能力培养探索[J].中国新闻传播研究,2019(1):89-100.

践教学新格局,对培养学生跨学科、跨媒体的知识素养和实践能力具有重要作用。从实践内容而言,学生获得与传媒机构完全相同的数据和信息,在完全真实的生产环境中学习和实践,提升融合生产能力,实现实践教学与业界的同步发展,从而改变了传统实践教学根据现有的实践设施、按教材内容要求完成实践过程的现状,解决了理论与实践脱节、实践教学内容滞后传媒业发展等实际问题。从实践场景而言,"浙传云"构建了不受时空、学习方式、终端限制的实验教学环境,形成了虚实结合、线上线下结合等多样实践教学形式,利用媒体云桌面,学生和教师可实时互动,从而改变了传统实践教学过分依赖实体设施和受时空影响的困境。从学生学习模式而言,实践教学由传授学习转变为教师指导下的学生自主学习,由以教师为中心转变为以学生的学习为中心,让学生在学习中实践、在实践中学习,实践教学的焦点是学生的"学"及学生"学"的效果,增强了学生自主学习的动力。学生实践教学模式的转变,也推动了"以学生为中心"的实践教学理念的更新,教师不仅仅是知识的传授者,更重要的是学生学习的引领者、学生实践活动的指导者。

二、依托"浙传云"搭建生产创新培养新平台

在一个完全真实的融合媒体生产培养环境下学习、实践和创作,是对学生实践创新能力培养的一种新模式。学校依托"浙传云"整合未来之星广播电台、实验电视台等校园主流媒体成立了全媒体中心,给学生提供"全媒体、全实战"生产及创新培养环境。全媒体中心在承担学校内外宣传及社会服务功能的同时,也是学校实践育人的一个重要基地,其媒体生产运营任务主要由学生在教师的指导下完成,有来自全校播音主持、新闻传播等各专业的学生1300多名。如通过"浙传云"对"下沙资讯"栏目形态进行改版升级,运用云端演播室、云端融合新闻及新闻场景虚拟等多种技术手段,丰富了栏目的视听元素,提升了播出效果,与钱塘新区合作形成了电视资讯品牌栏目。同时,运用"浙传云"丰富的资源还打造了"浙传阅读""浙传新闻""浙传视界"等一系列全媒体品牌产品。

"浙传云"丰富的实践教学资源为学生实践创作及展示提供了良好的支撑,如素材资源就包括背景素材、音频素材、特效素材、实拍素材和 AE 素材,仅背景素材又包括简洁素材、浪漫唯美、水墨素材、金属质感、节日素材、复古怀旧、三维 3D、倒计时等各类素材资源,且资源库的建设可以根据需求进行拓展和扩容。巨大的教学资源库为学生的作品创作及实践创新提供了极大便

利,大大激发了学生的创作激情,涌现了一批优秀的学生原创作品,仅 2020 年度学生作品"云尚展",就推出融合电影、新闻、动画等各传媒门类的 400 余件(部)原创作品,浏览量达百万,新华网等多家媒体平台进行了报道。同时,依托"浙传云"进行毕业生作品联合创作,打破学科专业壁垒,强化学院、部门间联动,培养学生跨媒体、跨学科、跨专业的知识融通能力,形成了一批优秀毕业作品及品牌。如由戏剧影视美术设计、文化创意策划、播音等不同专业学生联合打造的"出壳"毕业大秀,产生了很高的社会影响,在 ZAKER、浙视频及爱奇艺、腾讯大浙网等各大网络平台进行了直播,成为浙江传媒学院学生毕业作品的一个知名品牌,每年定期发布。通过毕业生作品联合创作不仅呈现了一大批优秀作品,而且培养了一大批优秀毕业生,创作作品展示的热烈反响也激励学生投入更多的时间精力到学习创作之中,有助于提高学生作品创作水平和培养学生实践创新能力。

三、依托"浙传云"强化"政产学研用"协同育人新机制

将实践教学环节提前融入传媒产业、融入社会实践,更快适应全媒体时代传媒业的变革和发展,为学生将来进入传媒业打下基础,这是提高传媒人才实践创新能力的重要途径。"浙传云"与华栖云、中国蓝云、阿里云组成混合云,形成了联合开发、技术、资源、业务、成果共享新机制,将传媒业界的新业态、新技术、新信息等及时转换为实践教学内容,使得学校的实践育人与媒体发展无缝对接,建立了"政产学研用"这样深度融合、协同育人的新机制。依托"浙传云"又可将政府、新闻媒体、学校教育教学与传媒研究紧密结合,共同研发课题和创作节目,共同开展实践育人的研究。

依托"浙传云"开展"政产学研用"协同育人有其特殊优势。一是学生受惠面更广。"浙传云"是与传媒业界合作建设的混合云,从源头而言就是一个资源信息共享的平台,所有使用云平台的学生都能受惠,都能同步获得传媒业界相关数据和新信息,都能享受合作成果。二是成本更低。"浙传云"采用虚实结合、线上线下结合的多样实践教学形式,摆脱了对实践实体环境的过度依赖,业界学者专家还可通过"浙传云"进行指导,节约了大量的时间和经济成本。三是更方便快捷。通过"浙传云"桌面,学生的实践学习和创作不受时空和终端限制,并可将传媒业界的最新动态和信息及时传递到"浙传云"上。依托"浙传云",学校还可根据人才培养的特殊需求,进行"政产学研用"的深度合作,如与浙江广电集团共同创办"飘萍班",在人才培养的课程体系、实践育人

模式及师资等方面开展全面合作,依托"浙传云"解决融合媒体前沿实际问题,形成了培养卓越传媒人才的新模式。

浙江传媒学院依托"浙传云"推动传媒人才实践创新能力培养已初见成效,在反映学生创新精神和实践能力的全国大学生竞赛中的获奖人数、获奖层次都逐年上升。据中国高教学会"高校竞赛评估与管理体系研究工作组"发布的《全国普通高校大学生竞赛分析报告(2016—2020)》,浙江传媒学院在2016—2020 年全国高校大学生竞赛中的获奖数为 153 项,相较 2015—2019年的 113 项、2014—2018 年的 63 项,呈逐年快速上升趋势。学校在全国 1199所本科高校中的学科竞赛排名从第 296 位上升到第 258 位,全国人文社科类学校排名从第 18 位上升到第 12 位。

依托"浙传云"推进传媒人才实践创新能力培养,为学校的实践育人模式改革注入了新的活力,是一次全新的实践教学变革,打破了学科、专业和传统媒体的原有边界,改变了实践教学依托单一媒体及其业务设置的各自为阵的局面,实践教学模式、实践实训场景及学生学习模式都发生了根本性的转变,解决了传统实践教学内容陈旧、教学模式落后、实验教学与传媒产业发展脱节等深层次问题,冲破了制约传媒人才实践创新能力培养的瓶颈,通过实践教学模式的转变推动实践教学理念的更新。在实践教学生态体系上,实现了基于媒体云的"云＋场景＋端"的实践教学新场景,将实践教学向全媒体生产运营转型,构建了媒体信息融合生产、展示、传播等要素与传媒业界完全无缝对接的新局面,创建了全媒体时代传媒人才实践教学培养的全新模式,为传媒人才的融合生产、作品创作及创新实践提供了新的平台,探索了一条传媒人才实践创新能力培养的新路径。媒体云已成为推动传媒人才实践创新能力培养的新引擎,将为传媒人才培养改革提供源源不断的动力。

第四节　新场景建设思考与实践[①]

随着计算机、网络以及移动互联等多种技术的融合发展,教育信息化技术的发展逐渐转变成以教育理念创新为主要目标,以优质的教育资源结合信息

---

① 本节主要内容曾发表于《基于多屏协作的翻转课堂自主学习模式研究》,载《中国教育信息化》2021 年第 20 期;《回归日常生活世界的高校思想政治教育》,载《现代教育科学·高教研究》2015 年第5 期;《基于"未来社区"场景的社区美育价值和实现路径初探》,载《美育学刊》2020 年第 3 期。

化建设为发展的基础,以创新型的学习方式和教育模式为发展的核心。在《教育信息化十年发展规划(2011—2020年)》的指导下,通过信息化学习环境的建设结合教学模式的创新,营造适合于学生发展需求的学习环境,成为当前教育信息化的主要发展方向。同时教育大数据分析、云计算和存储等新兴技术的不断发展,也促进了教育教学模式的不断革新和进步。本节选取了家庭、大学社区、未来社区三个场景,讨论新教育场景的建设与应用。

一、家庭场景:基于多屏协作的翻转课堂自主学习

翻转课堂是在当前信息化技术发展背景下出现的一种新的教学模式。主要通过学生在课堂之外的地方以一定的方式观看教师的教学视频代替传统的课堂讲解,而在实际的课堂教学组织中,以学习内容练习、分组讨论交流作为主要手段,构建的一种新型课堂教学模式。这种模式颠覆了传统意义上"自上而下"的灌输教学模式,在学习过程中,通过讨论、交流的方式去发现问题、解决问题,推动知识的深入学习,为现代课堂教学打开了新的思路,为我国的教育改革作出了贡献。

在翻转课堂的教学组织过程中,主要包括两个紧密联合的部分:课前自主学习和课堂讨论内化部分。在课前自主学习阶段,教学组织者通过对教学目标进行分析,明确学习者的学习目的和学习任务;通过对多媒体素材的应用,选择或制作适合教学目的要求的视频、课件等学习资料。学习者根据教学组织者准备的学习资料进行理解和整理,为课堂教学内化的过程进行知识内容储备。

家庭场景是翻转课堂课前自主化学习环境的一个重要组成部分。在家庭场景中,电视、计算机、智能移动终端(包括手机、平板电脑)等视频相关设备,在家庭网络设备(无线路由器等)的支持下,共同组成了家庭视频业务环境。在家庭视频业务环境下,各个设备之间以互联互通为基础,共同构建了协同的业务环境。

根据翻转课堂线上教学环境以及基于电视的远程教学模式的分析,在以智能电视为核心的翻转课堂线上教学环境上,一般都是以家庭视频业务环境作为基本教学环境,在远程教学业务环境的构建上,将会以智能电视、平板电脑(智能手机)以及计算机等多种智能终端作为整个教学业务操作的整体,通过多种设备之间的协作性业务环境,构建实现翻转课堂线上教学模型的业务流程。在远程教学业务环境的构建上,主要由下列部分构成。

1. 多终端同步呈现

在线上教学业务环境中,根据线上教学模型的设计,对于教学内容的同步交互操作需要在多种终端上实现基于内容的不同信息同步呈现,这也是教学业务环境构建和线上教学业务模型实施的关键性技术。在多终端同步呈现上,首先需要依赖于教师借助教学视频管理系统以及相应的编目操作建立起的教学视频内容与教学文档之间的时间关系,实现教学文档与教学视频的同步,以文字、图片等静态信息元素结合视频完善教学过程。在实现多种信息关系建立后,用户将会以流媒体的形式向服务器端请求相关的教学资源,同时通过用户身份验证的形式登录其他控制终端,将该教学业务环境下多种智能终端和该用户的各个终端设备处于同一个操作组下,在智能电视进行视频内容呈现的过程中,各个终端设备上的相应程序将会启动监听机制,获取其他设备所发送的同步和控制指令,当教学内容进行相应的切换或者是触发了预先设定的教学事件时,视频内容终端将会根据服务器通过流媒体传输的由服务商预先设定的电子节目指南(EPG)信息中内容切换事件,向操作组内其他各个终端发送内容切换指令,使其他各个终端在媒体内容上与视频内容终端的信息同步或是信息呈现,见图 2-4。[①]

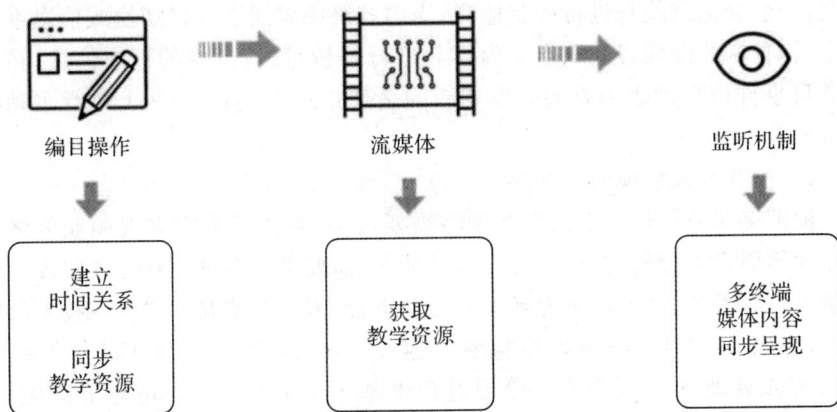

图 2-4　多终端同步呈现

---

①　李晓东,曹红晖.基于微课的翻转教学模式研究——以大学影视英语课堂为例[J].现代教育技术,2015,25(9):70-76.

2. 终端交互实现

在教学业务过程中,通过终端交互实现翻转课堂线上教学交互策略。在终端交互内容上,主要包括教学同步测试、教学内容交互以及同步讨论三个部分。在交互实现技术上,交互内容的实现以基于 Web 的浏览器技术,通过HTML5 结合 Ajax 异步数据提交和处理等技术,实现对于差异性教学业务环境的适应以及快速建立。

(1)数据的异步提交

在教学的交互过程中,学生需要根据实际的教学过程将测试、交互数据提交进行存储。在数据提交方式上,根据教学过程的需要,采用基于 Ajax 技术的异步提交数据方式,在用户提交时不进行当前数据的刷新,以保证学生学习过程的连续性。

(2)终端数据的主动响应

根据对多终端同步呈现的需求,在内容终端进行节目切换或是触发相应的信息事件后,需要控制其他终端进行相应信息的切换和呈现,这就要求浏览器能够根据相应的事件指令进行主动数据响应。在具体的实现上,在相应的终端页面初次载入时,向服务器发送数据请求,获取当前节目的相应事件信息列表,并启动监测线程进行控制监测;当内容终端发送了节目切换或信息事件指令后,控制监测线程获取指令内容后进行解析,读取事件的标志信息,在当前节目事件信息列表中查询获取相应的呈现信息在 Web 页面上进行主动响应呈现。

(3)交互方式呈现的多样性

根据多屏协作模式下的交互策略需要,以及对于目前家庭视频业务终端交互性等因素的分析,在交互方式的设计上,需要采用多种交互方式实现对学生学习内容考核、学习情感交互等方面的融合,因而在交互方式呈现技术的实现上,采用 HTML5 的多媒体标签元素 Canvas、Image 以及 Video 等结合Ajax 异步处理技术,实现学生学习过程中基于文字与语音讨论环境构建、笔迹图像情感交互等多样性的交互环境的构建(见图 2-5)。①

---

① 卢海燕.基于微课的"翻转课堂"模式在大学英语教学中应用的可行性分析[J].外语电化教学,2014(4):33-36.

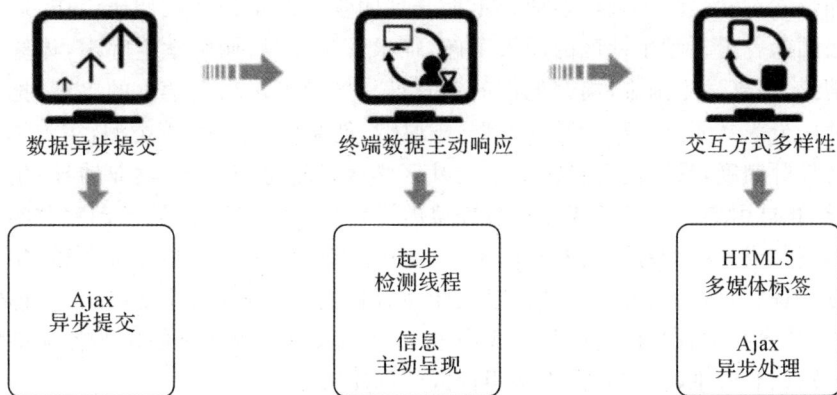

图 2-5 终端交互实现

二、大学社区:深入开展高校思想政治教育的实施路径

在高校大学生社区,全面推动思想政治教育,分析当前存在的种种不足和相应的影响纬度都是极为重要的。与此同时,更有必要的是积极探索相应的实践途径,提供可供借鉴的相应模式。

1. 双网互动,构建多元开放的高校思想政治教育的自主对话空间

根据前述思想政治教育回归开放而非封闭的生活世界,需要直面一个具体的、矛盾的、多元的生活世界,作为主体的大学生群体需要通过对话和沟通、妥协和协商,才能达成某种程度的一致,进而形成和谐的教育生态。"双网互动"是指"网格+网络""网上+网下"。以学生居住区域为单位划分单元网格,对学生进行"网格化"管理,同时,在网上开通 QQ 群、微博、微信等,作为团学组织与青年学生、青年学生与青年学生之间网上联系的渠道和平台。"网格"与"网络"的双重覆盖,"网上"与"网下"现实、虚拟同时服务(网上互动,网下活动),运用青年喜欢的交流、聚集和联络方式,让团学组织与青年学生在"双网"之间双向互动,探索和创新学生工作在学生公寓开展的有效载体。

一方面,推动团学组织覆盖学生公寓,实现"网格化"管理。目前,社区楼内学生组成相对复杂,同一幢(层)楼甚至同一个社区内住着不同院系、不同专业、不同班级的学生,导致学生组织观念逐渐淡化,组织力、凝聚力、向心力逐渐弱化。为此,学校可以尝试建立学生公寓自治委员会,在每幢楼设楼长、每层楼设层长、每个社区设社区长,并不定期地通过培训班、座谈会、个别访谈等

不同形式对学生骨干进行培训。定期开展团学组织走访社区调研工作，通过各级团学骨干在学生社区的深入了解，征求学生意见，倾听学生呼声，体验学生情感，解决学生困难，提升他们的满意度。学校可以根据学生的申请，把学生社区分为文明型、卫生型、学习型、志愿型、创新型、文艺型等类型，实施学生社区导师制度，导师们对自己联系的社区学生进行思想引导、学业辅导、生活指导，积极引导学生成长成才。每幢楼内设置"党员之家""党团活动室""学习自修室""成才咨询室""朋辈互助室"。通过团学组织在公寓的全面覆盖，精确划分管理"网格"，大力提升高校对大学生社区的管理精度、深度，充分发挥学生组织"自我教育、自我管理、自我服务"的功能，使文明社区创建的各项举措在公寓区有效推行，有效推进文明社区的创建工作。

另一方面，推动新兴媒体联系学生公寓，实现"网络化"管理。网络生活已经成为青年学生校园生活的主要生活方式之一，学校有关学生组织可以充分利用新兴媒体的开放性、及时性和多样性特点，在"网格化"管理的基础上，充分利用新型媒体的互动功能，积极在 QQ 群、公共微博上开设微话题，展开微讨论，开展微征集，通过视频、图片等形式展示社区的特色文化，将文明社区建设工作及时有效地传达给每个青年学生，让广大青年学生充分认识文明社区建设的重大意义，转变观念，以实际行动参与文明社区建设。充分利用新兴媒体的宣传功能，通过开展文明社区微展示等活动，对文明社区建设中涌现出的各类典型、先进做法进行及时宣传，提升青年学生对于文明社区建设的感性认识，提高学生的主人翁意识，营造积极向上的文明社区建设氛围，起到良好的示范效应。

2. 两社联动，大力开展学生社区文化建设

闲暇时间是人们用于消费品（包括物质、文化）和从事自由活动的时间，是为全体社会成员的本身发展所需要的时间。以学校为例，从学生的角度来看，其劳动方式是学习，接受课堂教育，其日常生活是通过课余时间的活动展开形式来表现的。因此，在高校社区中，对闲暇时间的充分渗透尤为重要。

"两社联动"是指"学生社团＋学生社区"。把学生寝室视为大学生社区，积极发挥学生各类社团的作用，推进学生社团文化进学生社区，策划学生社区文化项目，开展学生社区文化活动，营造学生社区独特的文化氛围。学生社区文化是一种无声的思想政治工作，对学生的影响是细致的、深远的和潜移默化的。要有计划地将校园文化活动从教学区延伸至生活区，充分分析青年学生发展的期待点、学生文化消费的兴奋点、自我成才的诉求点，创造条件积极开展一系列贴近实际、贴近生活、贴近学生的大学生社区文化活动，营造良好的

生活文化氛围。在文化规范上,要注重学生社区文化建设的科学化、人文化与多元化,建立、健全各项规章制度,把学生社区文化建设纳入学生文化素质教育体系。在文化形态上,要根据学校和专业的特点,设计和组织内容丰富、形式新颖、吸引力强的思想政治、学术科技、文艺体育等文化活动,积极营造文明、清新、幽雅的社区环境,增强学生的凝聚力和对学生社区的认同感、归属感。在文化导向上,要通过创建文明社区、特色社区,举办社区文化节等多种途径,培育建设一批具有校园特色、生活气息、学生特点的学生社区文化成果,引导学生践行社会主义核心价值体系,形成良好的行为规范。

一方面,推动社团活动进学生社区,营造社区文化氛围。学校要大力推动学生社团活动进学生社区,实现"学生社团"与"学生社区"之间的联动,如在生活区中心广场启动学生社团"周末广场",营造文明社区建设的良好文化氛围,吸引学生走出社区参与到活动中来,加强不同楼栋、不同楼层、不同社区之间的互动交流,丰富青年大学生的文化生活,营造和谐的学生社区文化氛围。

另一方面,推动校园文化进学生社区,丰富社区文化内涵。在学生社团活动进学生社区的基础上,学校可以充分发挥专业优势、整合专业资源,积极将更多校园文化活动从教学区延伸至生活区,营造浓郁的生活文化氛围,进一步丰富社区文化内涵。坚持"项目化推进、品牌化发展"的思路,不断创新活动载体,策划设计一系列学生认可度、参与度高,覆盖面广,可操作性强的"热点"项目、"精品"项目、"实在"项目,如"我爱我家"社区文化节、社区文化创意大赛、金点子征集、文明标语征集、社区美化、主题辩论赛、主题演讲赛、书画摄影大赛、礼仪文化进社区等。通过一系列的文化活动,将大学生社区建设成为融"思想教育、行为指导、生活服务、文化熏陶"于一体的"和谐家园",增强青年学生对学生社区的认同感和归属感,从而真正实现思想政治教育对日常生活世界的回归。

三、未来社区:社区美育价值和实现路径

社区美育是一种组织化的校外审美教育经典模式,有着悠久的历史传统。在西方美术学院、音乐学院普遍建立之前,社区美育曾经是人类学习艺术的一种主要方式,其中最典型就是师徒传授制。随着时代发展,尤其是媒介技术的迭代深刻影响着美育的内涵特征和与之对应的教育模式。摄影术的诞生开启了人类读图时代,视觉文化为这种非正式的校外艺术教育提供了可能,互联网的出现使这种可能成为必然,这是未来社区的美育价值再认识的逻辑起点。

　　通过强调学校美育与社区美育相结合,社会美育资源可被用来解决学校美育中的结构性不足与缺陷。社区美育不再局限于常规的艺术培训,而是使美育理论与审美实践更加密切地结合起来,通过去功利化的公共艺术提升公众的审美素养,教会人发现和创造生活的乐趣。通过社区美育的制度推进,可为终身美育创造一个稳定的可持续场景。人们都拥有着与生俱来的艺术天赋,如何学会欣赏美,如何将美育融合到生活中,需要对现代美育的实施方式与路径重新思考。通过观察儿童教育、青少年教育的特点,可以将"未来教育"投射到当下的社区生活里,以美育驱动他们成长,营造社区教育的孵化环境,使社区美育参与到每一个人的成长过程中。

　　基于未来社区的社区美育以持续提升居民综合素养、构建"向善""求美"的良性互动的社区文化、提高生活品质和生命质量为根本目的。以蔡元培提出的"以美育代宗教"的思想为圭臬,针对未来社区美育现存的主要问题和成因进行分析,力图构建融通中西理念、兼顾标准化和多样性的全新方案。未来社区九大场景见图 2-6。

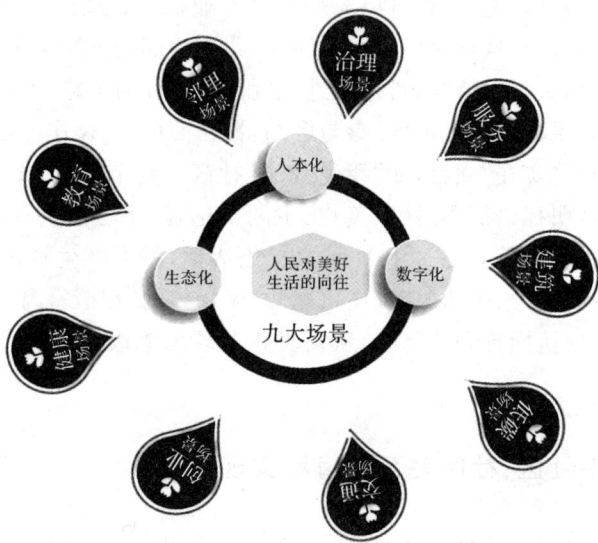

图 2-6　未来社区九大场景

　　1. 构建学校、家庭、社区三位一体的美育生态育人体系

　　美育当然是学校教育重要的必修课,但是显然不能止于学校教育。近百年前蔡元培就对此有过深入思考和精辟论述,"学生不是常在学校的,又有许

多已离开学校的人,不能不给他们一种美育的机会"[①],他将美育分为学校美育、家庭美育和社会美育。社区美育是社会美育的子系统、家庭美育的总集合,也是学校美育的延伸和补充。要落实习近平总书记关于做好美育工作系列讲话精神,在新时期真正践行蔡元培的美育理想,我们提出在未来社区构建基于社会生态学理论的学校、家庭、社区三位一体美育生态育人体系。"未来社区"美育生态育人体系架构大致如下:

一是建设人人放心的社区儿童艺术中心。中心将开设儿童公共艺术教育课程,包含舞蹈、绘画、戏剧等。课程设计的出发点是培养儿童的良好审美情趣与人文素养,让儿童在平等、愉快的氛围中学习艺术,提高审美水平,参与创造。

二是开辟人人交流的社区公共空间。改变目前社区的公共空间普遍存在闲置或者利用率不高的现象,破除政策性、制度性藩篱,充分开放、开发这部分资源,利用这些空间开展一些项目,如:公共装置、涂鸦墙、广场舞、非遗传承活动、社区文化之旅等,吸引社区居民参与到各种项目中来,增强居民与艺术家、志愿者以及作品之间多维的互动。

三是建设人人关注的社区美育公众号平台。平台以美育建设为主题,对美育的内涵和外延进行解读,对社区家庭美育观念与行为进行引导,通过身边的案例现身说法,以"隔壁家的孩子"教育自家的孩子;正确理解真善美的关系,以微传播方式弘扬美育教育"求真的旨趣、向善的意向和形而上终极信仰的人文精神",纠正一些偏颇的教育观和美育观。[②] 让更多孩子能够享受家庭港湾式成长教育场景,能够在父母的帮扶下自主选择自己感兴趣的文化活动,培养健康审美情趣。

四是开设人人参与的社区美育中心。创建"一社区一文化"的格局,以相应的美育手段介入,形成独特的文化创意社区,从而开展社区独具文化特性的美育实践。美育中心将创造一个自由表达思想、情感、经验的小环境,通过艺术作品、人文讲座、艺术沙龙、非物质遗产传承等形式加强对传统文化的了解,提升鉴赏美的能力,同时深度激发新灵感和创意能力。同时,还可以在中心用美育的方式温和地处理一些社会或者社区敏感问题。

五是引进人人体验的社区艺术工作室。社区艺术工作室将广泛吸引艺术

①　蔡元培.蔡元培美学文选[M].北京:北京大学出版社,1983:156.

②　卢懿,尤潇文.美育视阈下新媒介素养教育提升路径策略研究[J].浙江传媒学院学报,2017(2):20-24.

家、民间艺人、社区居民、高校师生、志愿者等,通过艺术参与和体验来促进艺术传播,提高人们的获得感和幸福感,进而增强认同感。

2. 构建高校公共艺术教育与社区美育的良性互动关系

高校在社会生态系统的构建中起着不可或缺的作用。如列入首批"未来社区"试点单位的云帆社区位于杭州钱塘新区,坐拥全省最大的高教园区,区域内汇聚14所高校、25万师生,大学生数量占全省总量的近1/3。虽然钱塘新区高校林立,各大学的公共艺术资源丰富且各具特色,比如传媒特色鲜明的浙江传媒学院,服装服饰设计久负盛名的浙江理工大学等,但目前的现实是这些学科和资源上的优势很难为社区共享,也未能转化为域内社区美育的独特优势。新时期高校公共艺术教育有责任和意愿发挥科研和团队优势服务社区,提升师生艺术实践能力,构建起社区美育和高校公共艺术教育相互赋能的生态链。我们可以通过政府—高校—社区联动,整合新区资源,结合新区文化产业,推动高校为社区注入文化活力;依托新区文化企业、高校宣传平台助力社区美育传播;借力新区各方力量、高校艺术资源搭建文化艺术平台,丰富社区美育的形式与内容。

此外高校还可以为社区培养专业的美育工作者,输送大批年轻的美育志愿者,从国外的经验看,这两支队伍的质量与数量对社区美育建设至关重要。

3. 强化移动互联网美育功能,拓展社区美育发展时空

以互联网为代表的现代媒介技术为社会带来巨大而深刻的变化,社会在媒介化中演进为媒介化社会,智能手机的出现使移动互联网成为日常生活的内容。一项问卷调查显示,"不同的媒介工具在审美功能上存在显著差异,手机的审美功能最强"。[①] 传统的基于"静观"的审美方式不断消解和转型,移动性、娱乐化、视听化正在成为移动互联网时代审美的新特征。

如何用好移动互联网,在浩瀚的网络虚拟世界获取更多更好的社区美育资源,提升社区各类自媒体的美育内容和含金量,这已经成为当下社区美育的一项重要工作。客观地分析,目前无论是社区媒介还是社区对移动互联网的使用上,主要还是基于信息传递、便捷服务,缺乏有审美含量的内容,更没有专门固定的节目或者栏目。鉴于此,浙江"未来社区"建设要强化移动互联网美育功能,以此拓展社区美育发展时空,形成线上线下互动、虚拟现实互见的新格局。

---

① 张建,陈本友.以手机为终端的"互联网+"移动美育研究[J].华东师范大学学报(教育科学版),2017(5):109-116.

一是建立浙江省传统文化数字资源库。由政府部门牵头部署,联合各艺术机构,收集并整理各个博物馆、美术馆和展演平台的文化作品,从中选取并制作完成数字化转化,用于全省社区传播与浏览。社区定期选择一些高质量的文化活动推送到社区美育订阅号,使居民能够通过最便捷的介质获得传统意义上的美育,从而提升居民对传统中华美育的自信。

二是建立社区美育全媒体传播矩阵。可以学习北京和上海等城市积极推动传统媒体进社区合办社区媒介的成功经验,邀请报社、广播电视、新闻网站或者有实力高校的新闻中心,与社区联合打造社区 App,构建一主多副的社区自媒体矩阵。只有提高自媒体矩阵整体艺术品格,处理好娱乐性和艺术性的关系,才能更吸引居民的审美兴趣,令他们自觉遵循美的规律来塑造自己的心灵。

三是通过直播等方式打造社区文化品牌。武汉市百步亭社区自 2012 年起联合湖北卫视创办全国"社区网络春晚"栏目,每年 1 月份,百步亭社区利用公众号和众多自媒体进行密集宣传造势,虽然节目表演都是社区普通居民,制作成本也较低廉,节目整体艺术水准不高,但是每届都有超过 1 亿人次的收看量,吸引了全国 2 万多个社区的参加,这样一场"嘉年华"成为百步亭社区引以为豪的文化名片。如果能更多地植入地方文化传统或者社区独特的人文自然元素,利用网络吸引眼球、获取流量,无论对地域特色文化的传承还是社区美育都是好事,故而通过审美文化打造社区特色文化品牌是"未来社区"的应然性选择。

第三章 技术和艺术：影视传媒教学云构建逻辑与结构

2012年以来，以云计算、5G传输、超高清、人工智能、大数据、区块链、增强现实、数字孪生等新兴媒体信息技术驱动着媒体融合深入发展，新的媒体传播模式、新的媒体格局和新的舆论生态层出不穷，媒体信息无处不在、无所不及、无人不用，媒体生产已经由"人力—智慧"型向"技术—智能"型转移，媒体传播方式也由传统媒体时代"模糊—线性"转向智慧媒体时代的"精准—智能"，从而带来舆论生态、媒体格局、传播方式的深刻变化，人类进入了媒介化社会。

与此同时，教育部一直大力推动线上线下联动、虚实结合的个性化、智能化、平台化、泛在化教学新模式，要求各个高校积极构建教学效果优良、开放共享的数字化教学新体系。教育技术与传媒技术历来都是相辅相成、一体化发展的，影视传媒高等教育更是与传媒发展息息相关。

推动传统媒体和新兴媒体融合发展是党中央巩固宣传思想文化阵地、壮大主流思想舆论的重大战略部署。浙江传媒学院一直坚持传媒新技术、新业务在教学场景建设中的应用，在深入了解传媒发展的变革、社会对传媒创新人才培养需求的基础上，积极探索影视传媒高等教育媒体融合背景下的基于媒体云的实践教学系统建设路径，经过多年探索，初步形成了"云端一体、融跨协同"影视传媒教学场景生态体系。

第一节 融合媒体云平台及其业务

近年来，传媒深入贯彻落实中央部署，按照资源集约、结构合理、差异发展、协同高效的原则，大力实施创新驱动发展战略，积极推动媒体数字化、网络化、智能化发展，先后进行了两微一端一抖（快）等新媒体渠道、"中央厨房"式策采编发追评系统、县级融媒体中心和省级技术平台等建设，形成了中央媒体、省级媒体、市级媒体、县级融媒体中心、网络媒体融合发展布局。目前中央、省、市、区县四级媒体以及网络媒体在媒体深度融合方面都有较大的进展,媒体云成为媒体新基建基础设施。

一、融合媒体云平台

1. 概述

融合媒体是指有效结合广播、电视、报刊、网络视听等方面的信息技术,借助于多样化的传播渠道和形式,将新闻资讯、视听信息、影像作品、游戏等内容广泛传播给受众,实现资源通融、内容兼融、宣传互融的新型媒体。

融合媒体云平台是指应用云计算、5G传输、超高清、人工智能、大数据、区块链、增强现实、数字孪生等新一代媒体信息技术,提供媒体生产运营交互的公共服务能力与工具,重构融合媒体业务流程,开展媒体服务类、综合服务类、运营服务类等业务的综合技术支撑平台。

融合媒体云平台通过能力建设、接口开发、流程和业务重构,实现多渠道内容资源的汇聚共享和统一管理,实现敏捷生产和业务弹性部署,从而支撑媒体内容生产、内容管理、内容传播、内容服务、内容运营等业务创新发展。

2. 云部署方式

融合媒体云平台一般采用私有云、公有云、专属云混合部署的方式。

私有云是指由媒体机构自建自用的云服务平台。私有云主要优点是存储、计算和网络性能能够得到较好的保证,数据和安全性可管可控;私有云的缺点是互联互通的业务能力受限,建设和运维的成本较高。

公有云指由服务运营商负责建设和运维,在其所提供的公共交付环境中租用资源和服务,实现计算、存储、网络资源和开放服务能力的共享使用,解决互联网业务上线运行。公有云主要优点是可选择云服务运营商提供基础设施服务层服务,对资源需求机动、灵活性好,与互联网的融合度高,建设和公共运维成本最低;公有云缺点是存储、计算和网络性能以及数据和安全性难以自我管控。目前国内的公有云主要有阿里云、腾讯云、华为云及三大电信运营商承建的公有云。

专属云是私有云或公有云的特殊形式,兼具私有云和公有云的特点优势。由专业厂商为某个行业专门定制并提供专业运维服务。媒体专有云在设计、建设过程中能够更好地贴合媒体行业对公有云资源的实际需求,资源独享,不仅可租用第三方机房、设备、网络等基础资源,而且数据、安全性和关键服务均可管可控。专有云可作为私有云和公有云业务的补充。目前国内的媒体专有云有央媒的央视频、新华社现场云、人民日报云以及今日头条、各个省级媒体所建的媒体专有云。

私有云一般应用于媒体机构内部制播业务。公有云宜应用于融合新闻制作、社交媒体、新闻客户端发布等互联网业务以及广告、互联网内容汇聚等对媒体机构内部制播业务安全影响较小的业务应用场合。专属云宜根据需要在私有云和公有云之间灵活变换业务应用场景,既可具备公有云的互联网访问属性,又可兼顾媒体机构内部制播业务应用。融合媒体云平台宜采用私有云、公有云、专属云相结合的多种方式建设部署,各个机构具体可结合自身业务实际情况,采用独立部署或混合部署的方式。

二、融合媒体云平台架构

采用云计算基础设施服务层、平台服务层、软件服务层三层技术架构,同时应构建相应的安全体系和运维体系。融合媒体云平台基本架构如图 3-1 所示。

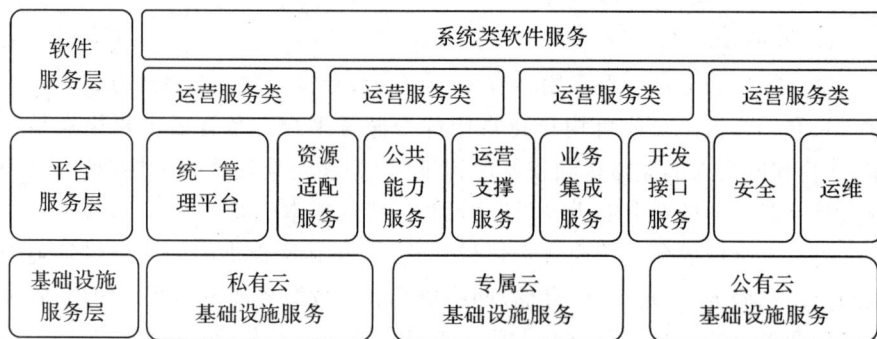

图 3-1　融合媒体云平台总体架构示意图

平台服务层应具备多云混合监管的统一管理平台。软件服务层应基于平台服务层进行构建,实现对基础设施服务层的兼容,软件服务层软件应用应以标准化方式开发。

融合媒体云平台可对接融媒体中心,提供基础资源和业务运营支持,为融媒体中心的业务开展提供云端服务和技术能力支撑,为宣传管理部门提供宣传管理和内容监管的技术支撑,也可支持第三方系统业务能力的接入。

1. 基础设施服务层

基础设施服务层位于融合媒体云平台的底层,负责把基础设施的各种功能提供给用户,提供各种虚拟化资源,解决了物理资源品类复杂、异构的问题。基础设施服务层架构示意图如图 3-2 所示。

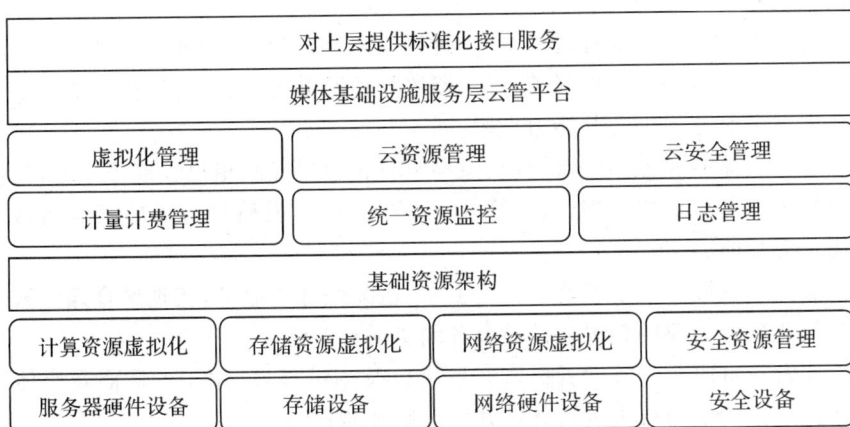

对上层提供标准化接口服务		
媒体基础设施服务层云管平台		
虚拟化管理	云资源管理	云安全管理
计量计费管理	统一资源监控	日志管理
基础资源架构		
计算资源虚拟化 / 存储资源虚拟化 / 网络资源虚拟化		安全资源管理
服务器硬件设备 / 存储设备 / 网络硬件设备		安全设备

图 3-2 基础设施服务层架构示意图

基础设施服务层为平台服务层与软件服务层提供包括计算、存储、网络、安全在内的资源以及在上述资源基础之上的虚拟化、池化管理等统一的基础环境,实现了融合媒体云平台的资源弹性共享、动态适配、灵活调用、统一管理;同时还包括为私有云基础设施服务、公有云基础设施服务与专属云基础设施服务之间提供安全防护措施的系统。

基础设施服务层通过服务器、操作系统、虚拟化软件、管理软件等形成虚拟的计算资源池向上提供计算能力服务。

基础设施服务层能够对媒体生产运营等业务所需各类存储能力加以融合,提供统一对外接口以供数据安全存取、访问、管理和服务能力等融合媒体各业务模块存取。

基础设施服务层云管平台具备虚拟化管理、云资源管理、计量计费管理、统一资源监控、日志管理和安全管理等管理功能,同时具备对各类基础设施资源进行有效统一的控制能力,通过中间件提供各项管理服务。

2. 平台服务层

平台服务层位于融合媒体云平台的中间,实现对基础设施服务层资源的统一管理和有效整合,同时为软件服务层提供统一公共能力服务,主要包括资源适配服务、公共能力服务、运营支撑服务、业务集成服务以及开发接口服务等服务。

资源适配服务用于适配基础设施服务层资源,主要包括数据库服务、容器服务、运行管理服务、中间件等服务,实现了计算、存储、网络、安全等资源的统一调度。

公共能力服务主要有迁移服务、转码服务、数据校验服务、数据服务、技审服务、拆条服务、智能处理服务、统一资源管理服务等,为融合媒体云平台软件服务层各类业务提供公共能力支撑。

运营支撑服务包括运营管理、门户服务、用户管理、租户管理等服务,提供融合媒体云平台用户管理、租户管理、门户服务、运营管理等面向媒体运营所需要的支撑能力。

业务集成服务包括智能工作流引擎、适配服务等服务,实现融合媒体云平台各类业务所需要的相关软件与服务的集成整合。

开发接口服务为开发者提供开发接口及测试环境,用于各厂商及媒体机构在开放式的平台层上进行软件开发部署及测试。

3. 软件服务层

软件服务层位于融合媒体云平台的顶层,由系统类软件服务、工具类软件服务、专用类软件服务等部分组成,主要面向用户提供媒体生产运营应用服务。

各类服务根据各自的安全性、开放性和交互性要求,选择性地部署在公有云、私有云或专属云上。一般而言,媒体素材汇聚、数据挖掘分析、网络视听生产分发等应用部署在公有云,新闻节目制作播出、综艺节目剪辑包装等媒体制作应用部署在私有云,新闻线索汇聚、融合新闻生产等应用部署在专属云。

应用服务包括系统类软件服务、工具类软件服务、专用类软件服务。

系统类软件服务主要包括运营服务类应用、媒体服务类应用、综合服务类应用、内容管理类应用。运营服务类应用支持对平台用户和各类软件应用的运营管理,提供个性化、可编排的服务界面。媒体服务类应用支持对文字、图片、音频、视频等媒体资源进行采集、分析、生产、发布等服务。综合服务类应用提供教育服务、政务服务、公共服务及其他服务。内容管理类应用提供平台用户进行电子化管理、统筹管理和协调宣传报道工作,支持平台内各租户、用户的内容生产。

工具类软件服务包括应提供云端精编生产工具、粗编生产工具、云端审片、采编管功能以及语音识别、图像识别、数据分析等智能化工具，支持稿件撰写、编辑和审核。

专用类软件服务提供承载媒体服务能力、承载面向互联网在云平台的调用部署调试和应用能力、为特殊场景使用定制开发或购买的软件服务以及面向未来媒体业务快速发展而形成的新型专用软件服务，对于影视传媒高等教育而言主要有与产学研创用相关的应用软件服务系统。

三、融合媒体云平台创新业务

媒体融合是一项战略性、全局性和长期性的战略任务，在媒体业务模式、技术创新、内容监管、融媒运营、组织管理、区域协作等方面不断深入。

1. 媒体大数据业务

基于互联网的媒体大数据业务贯穿于媒体内容策采编发的全过程，特别是在选题策划、内容推荐、效果评价等环节发挥着重要作用，呈现线索汇聚更加注重时效与个性、传播分析更加聚焦主题传播效果、短视频大数据相关需求增长。

在媒体大数据不断发展的同时，也产生了一些困扰不少媒体机构的新问题。这些问题主要集中在新报道形态的评价分析模型欠缺、数据指标不足、短视频制作时数据支撑能力较弱、视频内容监测和视频舆情监测等方面。短视频评价分析模型、短视频舆情分析技术、短视频版权追溯技术将不断成熟，媒体大数据中台建设兴起。

2. 演播直播业务

演播室录制及直播制作是重要媒体业务，基于 PBR 渲染引擎制作的虚拟场景、造型等技术以及结合全息、VR、AR、XR 等技术已经应用于大型高端节目，基于媒体云的 IP 化远程直播制作中央广播电视总台在东京奥运会、北京冬奥会和十四届全运会日渐成熟，演播与网络直播技术正在相互借鉴、不断融合。

目前元宇宙的热点效应使得大量泛媒体制作机构参与、承接部分虚拟化节目的制作，IP 化、轻量化的演播直播将成为常态。演播直播技术系统将逐步减少传统硬件设备、持续增加 IT＋IP 设备，这也将改变传统演播室的技术架构和系统组成。

媒体将大量使用媒体云平台来拓展节目制作的技术手段与内容形式，同时将会逐步把传统演播室转向基于 TP 化传输＋浅压缩编码的媒体云架构。

简单易用、兼容超高清、功能涵盖导切虚拟甚至 XR 的低成本演播室系统将越来越多。

3. 节目制作业务

随着 5G 通信和云计算技术的发展,融合媒体云平台的建设正在从私有云数据中心逐步向"公有云＋私有云＋边缘云"的混合多云架构进行演进,实现了通过办公网、互联网接入的超高清视频远程制作。

结合智能化、模板化的生产模式,通过移动端、网页端和 PC 端多种终端的生产工具,提高了媒体生产效率和节目质量,目前语音文字处理、基于文字的视频剪辑、智能化图像处理特效等已经开始在很多制作系统中发挥着非常重要的作用。

4. 云制播业务

基于 5G 网络超低延时远程直播制作、远程视频连线制作、公有云导播切换及包装、前后期一体化的融合报道已经在媒体生产过程中广泛使用,通过云直播制作形式完成现场报道,后方对直播流进行同步拆条、短视频编辑,在直播的同时完成相关短视频、稿件的生产,同时分发至央视频、抖音、快手、今日头条等媒体平台,实现了报道内容形式丰富、传播力强的目标。

随着设备的轻量化以及易用性的提升,通过手机完成直播推流、包装,通过云端完成信号处理已经逐渐成熟,大幅降低网络直播的成本、提高直播报道的产能。基于 5G 的 IP 化远程直播制作将逐步解决目前跨地域、远距离节目制作成本高、延迟大的问题。融合报道模式向纵深发展,提高了媒体内容的全网、全渠道整体传播力。

5. 媒体资产管理业务

媒体资产管理系统既要能支撑内容生产,也要能支撑海量新媒体内容以及传统媒体内容的归档、管理与查找调用。基于媒体云的媒体资产资源的统一管理、智能化编目与检索、敏感内容安全管控、版权保护、内容增值运营等技术日益成熟,实现了媒体资产的管理智慧化、应用便捷化、交换高效化,从而推进了媒体机构与网络视听机构实现内容、业务、用户等资源共享。

6. 媒体智慧中台

媒体智慧中台由用户与租户管理服务、运营管理服务、工作协同服务、音视频处理服务、媒体 AI 服务、媒体大数据服务、媒体内容服务、音视频流服务、区块链服务、知识服务等服务模块组成,可对媒体全业务域进行赋能,在降本增效的同时加快媒体业务创新的步伐。

随着媒体融合的深入,媒体业务会越来越灵活,媒体新业务上线周期要求越来越短,媒体智慧中台的价值必然越来越凸显。今后智慧中台将在高新视频/超高清视频的生产、媒体融合、节目制播、版权保护等方面发挥重要作用。

7. 基础云平台

随着媒体云建设深化、互联网业务应用加快、媒体生产传播效率提升,融合媒体云平台开始转向"私有云+公有云+边缘云"的混合多云架构,呈现媒体云云边端新型混合云架构开始落地、微服务容器云技术广泛应用、区块链技术应用场景逐步清晰以及系统监控全面、融合、云化趋势。

四、融合媒体云平台典型案例

随着越来越多媒体机构采用融合媒体云平台对"采、编、播、存、用"流程进行改造,形成"云+网"的网络化协同制作模式和"云+移动端"的媒体传播模式,打造了新型主流媒体"旗舰",形成引领效应和示范效应,这对构建基于媒体云的影视传媒教学场景生态体系构建给予了很好的借鉴案例。

1. 央视频

在技术方面按照中央广播电视总台"5G+4K/8K+AI"战略,充分运用5G、人工智能、大数据和云技术,创新4K/8K超高清电视制播模式,不断优化全媒体制播流程,推动电视媒体向超高清及全媒体转型升级,构建了基于媒体云的智能化数据化的5G新媒体平台,其架构如图3-3所示。

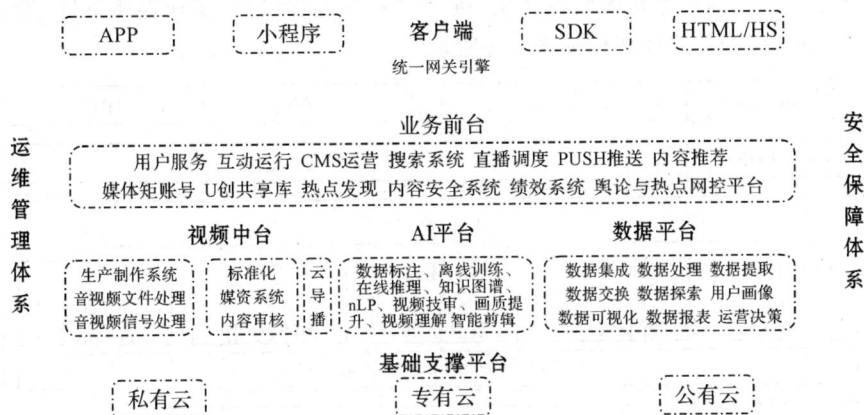

图 3-3 央视频 5G 新媒体平台架构

央视频 AI 中台是基于先进算法模型及强大处理能力的 AI 中台,构建了涵盖标注、训练、迁移、生产的闭环人工智能算法服务体系,在辅助内容安全审核、新媒体碎片化内容快速生产、精准的个性化内容推荐等方面提供了强大的技术支撑,有力支持了中央广播电视总台"2+6+N"媒体传播矩阵生产运营,向总台业务系统提供了丰富的、可自主调用的、可基于场景的和数据监控的人工智能能力和资源池以及多来源算法沉淀、数据集服务、能力迭代闭环和知识服务的开放平台。

2. 人民日报中央厨房

人民日报中央厨房包括全新的空间平台、技术平台和组织架构,以内容的生产传播为主线,是面向受众、面向国际、面向未来的新一代内容生产、传播和运营的媒体云生产运营系统。集中指挥、高效协调、采编调度、信息沟通这些才真正是"中央厨房"的基本功能,其实现了"一次采集、多元生成、多渠道传播"的工作格局,不仅服务于人民日报旗下的各个媒体,而且为整个媒体行业搭建了一个支撑优质内容生产的公共平台。

在整体架构中,调度中心是策、采、编、发网络的核心层,负责宣传任务统筹、重大选题策划、采访力量指挥。采编联动平台由采访中心、编辑中心和技术中心组成,负责执行指令、收集需求反馈,来自"报、网、端、微"各个部门人员组成统一工作团队,听从调度中心指挥,进行媒体新闻产品的生产加工。

3. 中国蓝云

中国蓝云是浙江广电集团面向融合媒体业态建设的媒体云,融合了"采、编、发、用、管、存"等媒体服务特质,按照租户的理念设计,实现媒体单位"拎包入住"的构想,其整体架构如图 3-4 所示。

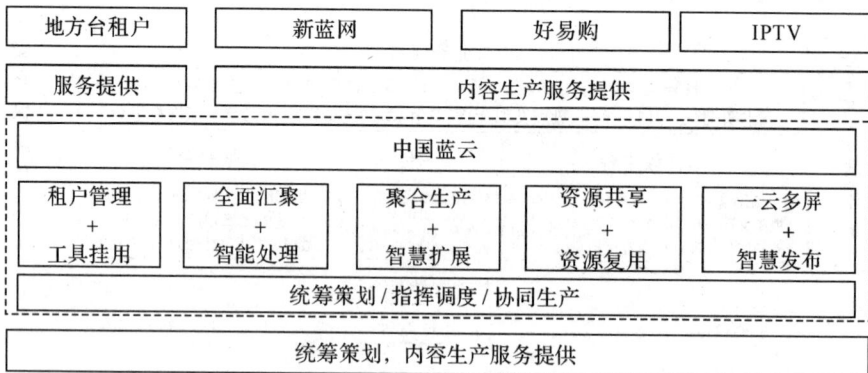

图 3-4　中国蓝云整体架构

中国蓝云具备全新闭环中央厨房式生产,基于多租户的资源控制与共享,大数据辅助业务,省市县联动聚合用户,省市县协作聚合内容资源,多工具、多服务统一融合,个性化定制业务等服务。目前,中国蓝云经过五年不断迭代,已经面向浙江省区县融媒体中心全面提供全媒体生产、全媒体运营、多渠道发布、全流程管理、智慧通联等业务功能和"拎包入住"租户模式。

4. 百度媒体云

百度基于业内领先的通用 AI 技术、精准的大数据服务、稳定的视频云服务和强大的百度生态体系,构架了百度媒体云,其整体架构如图 3-5 所示。

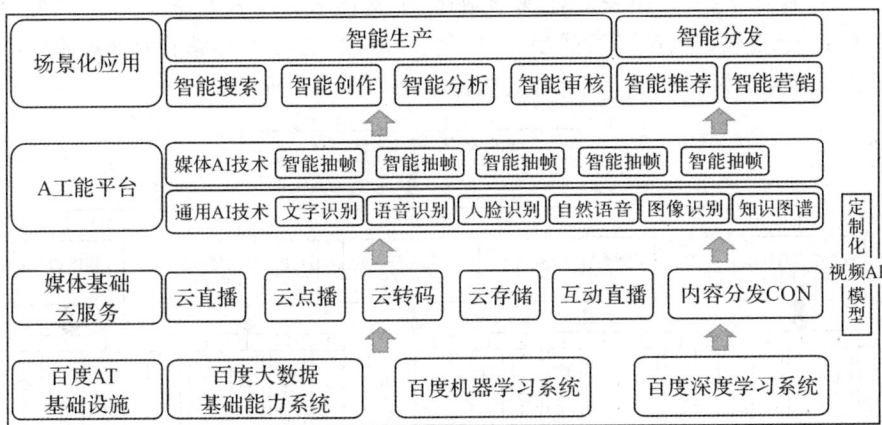

图 3-5　百度媒体云整体架构

百度媒体云全面整合百度搜索、手机百度、品牌专区和百度文库等流量及内容资源,具备输出内容分析、内容审核、多模态媒资检索、智能创作等能力,提供基于百度精准的数据抓取清洗、数据处理分析、数据建模评估应用,能够实现包括云直播、云点播、云转码在内的高性能、高可靠、高并发、清晰流畅、低时延、安全稳定的优质视频云一站式服务及精准引流服务。

第二节　传统影视传媒实践教学转型

影视传媒类专业是应用性很强的专业,传统影视传媒实践教学系统与媒体生产运营系统一脉相承,一般采用媒体的生产运营系统作为实践教学系统。影视传媒需要具有创新精神与意识、基础理论扎实、实践能力强的高素质人才,这就要不断建设与影视传媒同频共振的实践教学系统,构建媒体化实践教学模式。当前大部分高校的影视传媒人才实践教学体系还是按传统传媒的需求构建,与媒体融合发展存在一定的不适应。

一、传统影视传媒实验教学平台概述

2015 年以前,浙江传媒学院电视编辑与导播国家级实验教学示范中心通过资源整合、硬件投入与信息化建设,建成了由视频编辑与制作、音频编辑与制作、影视数字特技、电视导播现场制作、全媒体采编与发布等实验教学平台组成了"全流程、全方位、实战型、立体化、开放化"的典型的基于传统媒体生产运营的影视传媒实践教学平台,其整体架构如图 3-6 所示。

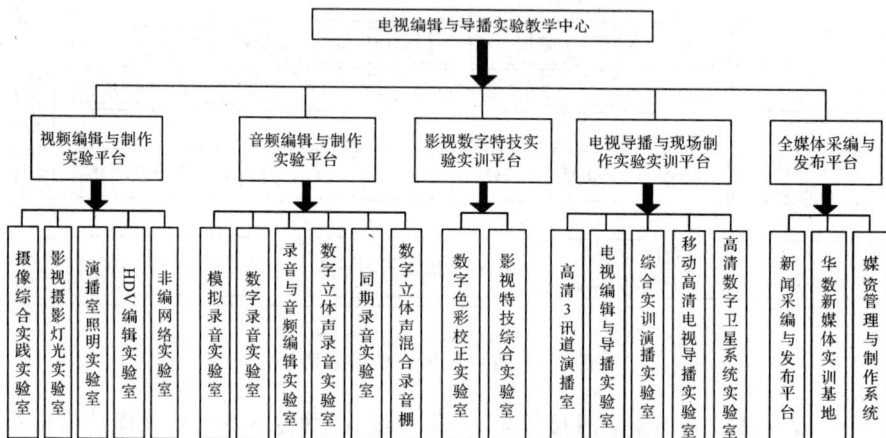

图 3-6　中心传媒影视传媒实验平台组成

1. 全流程实验操作平台

建设全流程实验教学平台、创设全覆盖实践教学环境是适应传媒行业采编播一体化发展的必然要求。中心根据不同的媒介、不同的制作方式,定制不同的生产流程。通过必修、选修,课内、课外等形式构成层次分明、门类齐全、涵盖广的"全流程"实验操作流程。通过全流程的综合训练,可以有效提升学生业务岗位的适应能力、迁移能力与融合创新能力。

2. 全方位的实践实习平台

媒体融合已经成为当今传媒业界的大势所趋,这就要求视听传媒从业者要从单一媒体向"全媒体"发展。为了培养"全媒体"背景下"全方位"实践动手能力,中心紧跟传媒技术的发展,建设和整合并举,为全媒体人才培养提供实践实习平台。

3. 实战型的实践教学平台

实战型的实践对设备、实践环境和师资提出很高要求,中心的实践设备系统基本与行业一线主流设备看齐,甚至略微超前。实战环境的获得必须通过加强中心与一线媒体的节目生产合作,在实战中学习提高。

4. 立体化的实践创新高台

中心既注重"授业"也注重"传道",既重视"术"也重视"学",既强调"外授"也强调"内修",建设了一个集师生实验实训、创作创新、科研开发等多职能于一体的立体化的实验教学中心。中心建设与学科发展、专业建设的互动促进,进一步整合资源优化配置,搭建集师生实验实训、创作创新、科研开发、社会服务于一体的"立体化"的实验研究的高台。

5. 开放化的服务辐射高台

中心的开放化主要体现在以下方面:一是投入机制的开放化,积极引入企业和其他社会力量的多元投入;二是中心外延的开放化,进一步深化行业单位的资源共享机制,实现中心与行业实体有序的拓展延伸;三是服务功能的开放化,除满足本校人才培养,积极向其他高校和行业提供人才培养(培训)、节目制作、课题研究等全方位合作,更好发挥实验示范中心的辐射作用。

二、传媒实践教学环境面临融合媒体发展的挑战

融合媒体的大发展对传统传媒人才培养模式下的传媒人才培养既带来了机遇,又形成了新的挑战。当前的传媒教育机构普遍面临以下挑战。

1. 教学环境与融合媒体生产运营环境脱节

学校所使用的实践教学业务系统大多数还停留在传统的非编单机、小网络或新闻网阶段,与行业主流的基于媒体云架构的融合媒体业务系统有较大的差距。

2. 媒体类专业媒体业务教学内容与融合媒体业务脱节

传媒类专业媒体业务课程内容和教学手段已经不能适配行业的实际需求,导致毕业生实际能力不能完全满足主流媒体需求,就业竞争力下降。

3. 传媒实践教学系统的孤岛化建设与融合媒体云化建设脱节

各个院系独立建设各类业务系统，导致资源投入成本高，利用率低，业务系统的维护困难，从一定程度上阻碍了媒体融合教学和实践在校内的开展。

4. 校园媒体本身的分散化建设

各个高校自身电视台、网络、报纸、电台等系统建设、生产、运营各自分散，无法为传媒类专业师生提供一个可用于实际业务运营的融合媒体生产运营平台。

此外，如果将现有专业媒体机构使用的媒体云直接用于传媒类专业产学研创业务上，会存在以下缺陷和不足：

（1）现有媒体云缺少产学研创一体化的资源动态分配的机制，没有从技术上打通产学研创等资源，无法实现"教室、实验室、图书馆"三种使用场景一体化的"校园即媒体"功能。

（2）现有的媒体云有固定的业务流程，无法根据人才培养的需要自主设置产学研创业务流程，与传媒实践创新人才培养的需求不匹配。

（3）现有媒体云按媒体融合的需求构建，仅能满足人才培养过程的生产、实习的需求，缺少线下实验室、设备的社交化使用管理系统。

因此上述挑战和媒体云用于高校产学研创业务存在的不足为传媒媒体云人才培养的生态系统的跨越式发展带来了巨大的机遇。

三、影视传媒实践教学体系需要转型

面对媒体技术、媒体产业迅猛发展及其在社会各个领域的广泛应用，影视传媒实践创新人才培养需要从实践教学平台、实践教学内容、师资培养、产教协同实践教学模式等方面进行系统性创新，急需构建能够有效提升与传媒职业素养、专业水平与实践创新所需能力匹配的实践教学体系，实现实践创新能力的培养与社会需求的同频共振。

1. 实践教学平台需要转型

影视传媒作为一门实践性很强的学科，离不开媒体技术的强力支撑和基于媒体云的软硬件系统支持。目前大多数影视传媒实践教学系统是按照传统媒体业务系统分别建立相应的实验室，传统传媒集团与传媒实践教学平台架构如图3-7所示，各个实践教学业务系统在空间和业务上互不相连，无法实现系统互联互通、业务交互和媒体化实践教学，呈现出鲜明的传统传媒特点，难

```
                    ┌─────────────────────┐
                    │  广播电视台(集团)    │
                    └─────────┬───────────┘
        ┌────────────┬────────┴────┬─────────────┐
  ┌─────────┐  ┌─────────┐  ┌────────┐  ┌──────────┐
  │ 广播中心 │  │ 电视中心 │  │  报纸  │  │ 新媒体中心 │
  └─────────┘  └─────────┘  └────────┘  └──────────┘
              ┌──────────────────────┐
              │   传媒实验教学平台     │
              └──────────┬───────────┘
 ┌───────────┬───────────┼───────────┬───────────┐
┌─────────┐ ┌─────────┐ ┌─────────┐ ┌──────────┐ ┌────────┐
│图片类实验室│ │电视类实验室│ │广播类实验室│ │多媒体实验室│ │媒体云平台│
└─────────┘ └─────────┘ └─────────┘ └──────────┘ └────────┘
```

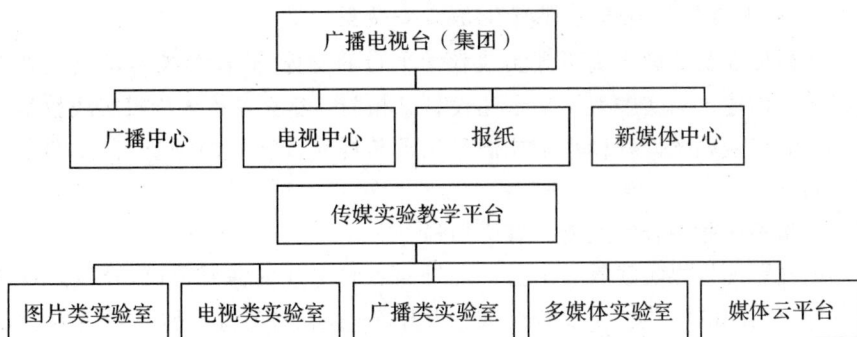

图 3-7　传统传媒集团与传媒实践教学平台架构

以满足当前传媒实践教学对教学平台的需要,同时还导致了实践教学物理空间的日益紧张。

当前媒体融合不断发展,各种新媒体技术和媒介平台层出不穷,各类媒体朝智能化、融合化发展已经逐步成为新常态。主流传媒集团采用以媒体云为基本业务架构,其业务架构如图 3-8 所示,智能技术已初步覆盖媒体内容采集、生产、分发、风控、反馈、版权保护、媒资与商业化等业务环节。随着媒体融合深入和新文科建设不断推进,影视传媒类专业融合创新也在不断推进,与此同时,通过云上实践教学系统和多场景、多业务、多专业融合的实验室(端)一体化建设,传媒实践教学平台逐渐向新型主流传媒集团业务平台转型。

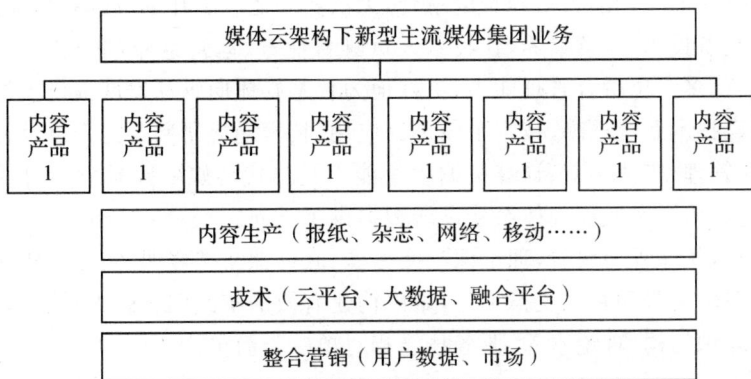

```
        ┌──────────────────────────────────────┐
        │      媒体云架构下新型主流媒体集团业务       │
        └──┬──┬──┬──┬──┬──┬──┬──┬──────────────┘
  ┌────┐┌────┐┌────┐┌────┐┌────┐┌────┐┌────┐┌────┐
  │内容 ││内容 ││内容 ││内容 ││内容 ││内容 ││内容 ││内容 │
  │产品 ││产品 ││产品 ││产品 ││产品 ││产品 ││产品 ││产品 │
  │ 1  ││ 1  ││ 1  ││ 1  ││ 1  ││ 1  ││ 1  ││ 1  │
  └────┘└────┘└────┘└────┘└────┘└────┘└────┘└────┘
  ┌──────────────────────────────────────┐
  │     内容生产(报纸、杂志、网络、移动……)     │
  └──────────────────────────────────────┘
  ┌──────────────────────────────────────┐
  │      技术(云平台、大数据、融合平台)         │
  └──────────────────────────────────────┘
  ┌──────────────────────────────────────┐
  │      整合营销(用户数据、市场)              │
  └──────────────────────────────────────┘
```

图 3-8　基于媒体云架构的新型传媒集团基本业务架构

2. 影视传媒实践教学课程体系需要转型

影视传媒实践教学离不开实践教学平台的支撑，同样影视传媒实践教学课程体系构建也与实践教学平台建设息息相关。建立在传统传媒实践教学平台之上的实践教学课程体系不能满足当前传媒实践教学的需要，存在的主要问题如下。

一是多业务融合实践能力有待加强。

传统影视传媒实践教学平台往往针对各自专业的需要建设，导致影视传媒各专业之间的实践教学没有打破相互壁垒，存在各专业实践教学各自为战现象。各专业对课程目标、类型、结构、评价缺乏综合设计，实践能力结构单一，甚至徘徊于传统传媒业态层面，缺乏当代影视传媒生产所需的多业务融合创新能力培养。

二是多媒介融合思维能力有待加强。

在当前媒体融合蓬勃发展的大环境下，传统影视传媒实践教学课程体系主要面向传统媒体业务内容体系，即使不断增加媒体融合业务内容理论部分也不能建立系统的媒体融合课程体系，导致传媒实践创新人才培养缺乏数字化和多媒介融合思维，表现为多媒介融合思维能力满足不了社会各领域对传媒实践创新人才的需要。

三是多岗位融合管理能力有待加强。

传统影视传媒实践教学课程体系围绕各自专业展开，导致技术、业务、运营等传媒业务管理能力培养难以融合，无法实现业务工作的"破圈"赋能，让业务人员具备技术、运营素养，让技术人员具备业务、运营素养，形成"业务＋技术＋运营"多岗位融合管理能力，更好地为智慧媒体向纵深发展提供支撑。

传媒技术系统选择、技术手段创新应用、技术趋势研判等能力以及智能生产、媒体管理、媒体运营、计算机编程等能力是当代传媒实践教学不可或缺的部分，这为传媒实践课程体系建设转型提供了方向。

另外，从课程模块看，理论课与实务课、必修课与选修课、实习与毕业设计之间的逻辑关联和相互支撑不足，难以构建有效的实践创新能力培养体系，致使学生知识结构、理论素养、业务技能相对单一与简单。

3. 实践师资需要转型

受高校人事制度的制约，一线媒体从业者较难进入高校从事实践教学任务，导致新闻传播专业师资主要来自高校，这些教师往往缺乏一线媒体从业的经验，对行业的急剧变化缺少最直接的认知。这样的结果是影视传媒实验教学大多按经验采用填鸭式进行,学生按实验步骤机械式完成实验,做不到真正举一反三,教学效果差强人意。加上多数影视传媒相关院系专职实践教学师资人数偏少,造成影视传媒人才实践创新能力培养越来越不能满足媒体融合发展的要求。

4. 影视传媒产教协同实践教学模式需要转型

近年来,部分高校与业界建立起紧密型融合型合作关系,在影视传媒协同育人和产学合作上迈出了强劲步伐。但仍有相当一部分影视传媒院系处在"关门办学"的状态,虽与一些传媒单位建立了合作关系,设立实践基地,但更多停留在一纸协议上,缺乏体制机制和经费保障,在开展产教协同的意识和能力上都明显不足。

在不同的传媒发展阶段上有不同的产教协同实践教学模式。当前不少传媒院系践行"实践就是实战"的实践教学理念,在此基础上形成了实战化的产教协同传媒实践教学模式,由此培养了学生影视传媒融合创新实践能力。

当前主流媒体依托新一代媒体信息技术重构了内容生产逻辑、传播形式、社会影响力的云端一体传媒生产运营生态系统,实现了媒体生产运营向产品思维、数据化运营转变,形成了融合化、场景化的生产运营模式。这就要求产教协同传媒实践教学模式必须适应主流媒体生产运营形态的需要,在云端一体的传媒实践教学生态系统基础上逐步建立起融合化、场景化产教协同传媒实践教学模式,实现传媒实践教学模式的转型。

四、媒体融合发展对影视传媒人才实践创新能力的新要求

面对媒体融合发展,影视传媒人才培养需从面向机构媒体培养人才转向面向多元共生的融合媒体生态系统培养人才,从面向内容生产培养人才转向面向泛内容、数据、产品、运营等传媒生产运营全过程培养人才,也就是要培养高素质全媒化复合型的卓越影视传媒人才。融合生产、社会连接、公共服务、团队合作这4项能力是影视传媒人才应该具备的核心能力,也是影视传媒人才实践创新能力培养的核心能力。

1. 融合生产能力

即以最佳方式呈现信息内容的能力,主要是采取图文、音视频、H5、短视频、游戏、直播等各种融合形态来呈现内容。融合生产能力可以划分为内容生产、内容包装、技术技能、广泛传播等四方面的能力。内容生产能力包括文字、

图片、视音频、游戏、直播、虚拟现实等影视内容的生产能力。内容包装能力包括内容审美和设计能力,加强内容的视觉、听觉呈现质量和技术效果。技术技能包括编程、新型生产运营工具、新技术应用等能力。广泛传播能力包括公共关系、广告、市场营销、网络传播、大数据、电商等能力。这四种能力互相交叉渗透,综合起来就是影视媒体融合生产能力,影视传媒人才必须具备这样的融合生产能力和思维意识。

2. 社会连接能力

即把影视传媒内容传播与社会公共议程相结合的能力。这种能力需要具有敏锐的思维和明辨是非的判断力以及能够把创作主题、具体事件、话题报道与社会公共议程相结合的能力。目前主流媒体都往媒体云为基础的平台型媒体发展,更需要影视传媒人才具备这种社会连接能力。在媒体融合日益深入的当下,影视传媒内容生产如果没有这种社会连接能力,就不可能激发社会关注、弘扬正能量和引发广泛传播。

3. 公共服务能力

即对影视传媒工作者专业精神的认同和坚守。影视传媒人才培养应具有坚守公共传播的专业伦理、树立服务人民、服务公共利益的意识和责任感,将继承和发扬社会主义文化价值贯穿影视传媒教育的全过程,为增强党的影视文化传播力、引导力、影响力和公信力提供强有力的人才支撑,通过传播社会主义核心价值观来凝聚社会共识、促进社会治理和社会主义精神文明建设。

4. 团队合作能力

注重发挥实践教学在立德树人、实践育人、团队合作方面不可替代的作用。在影视传媒实践创新人才培养中,需要培养学生自我学习、自我组织、自我管理和自我总结的能力;同时,要在实践教学过程中养成学生的团队意识、责任意识、制度意识和规范意识。在影视传媒实践教学过程中,不仅传授知识技能,更要强化影视传媒职业素养和影视传媒职业精神的要求。

五、媒体融合发展拓展了影视传媒高等教育空间

融合媒体的广度、高度和深度都远远超出传统媒体所能想象的范畴,由此为影视传媒人才培养和产学研创一体化发展腾挪出极大的开拓空间,尤其从影视传媒人才培养、学科建设与实践教学、校企合作与业务运营、产学研创一体化四个角度来看尤为突出。

1. 从影视传媒人才培养的角度来看

当代传媒需要相较传统媒体时代数量更多、能力更为全面、专业技能更高、涉及媒体业务更为广泛的复合型人才,迫切需要影视传媒教学内涵和外延扩大。

2. 从学科建设和实践教学的角度来看

在融合媒体大发展过程中,媒体新型业务模式和技术体系不断诞生,媒体内容渗透到社会生活的方方面面。这些都对影视传媒教育提出了更高要求,推动了传媒教育新文科建设,为影视传媒教育进入社会更多行业领域带来了大量的机会。

3. 从校企合作与业务运营的角度来看

融合媒体发展实现了对媒体业务和技术体系的重构,推动传媒实践教学积极提升其业务系统技术水平,实现与行业标杆主流媒体所用系统的能力一致。由此,传媒教育和主流媒体无论在技术平台还是业务流程上都更易实现互联互通,既能快速模拟主流媒体实际流程,也能方便地接入主流媒体实际业务工作流程,甚至直接参与主流媒体的生产运营实际工作。同时,影视传媒实践教学能够基于媒体云实践教学系统自主媒体生产运营,扩展影视传媒的实践教学空间。

4. 从产学研创一体化的角度来看

在媒体云基础上,通过顶层设计,打破学科、专业和产学研创壁垒,进行跨学科跨专业资源整合,进行媒体云、教学平台、科研平台、创新平台等资源的统一管理和共建共享自主构建实验室、媒体门户或云端使用媒体单位的媒体云能够实现"教室、实验室、图书馆"三种业务场景的融合和无缝转换,从而形成"校园即媒体"的智慧校园雏形。

第三节 浙传云概况和整体架构

为了提高新一代信息技术基础设施在传媒实践教学中的应用水平和适应媒体融合发展对传媒实践创新能力培养的需要,浙江传媒学院自 2016 年以来,以电视编辑与导播国家级实验教学示范中心和浙江省视听媒体虚拟仿真实验教学中心建设为实践教学抓手,进一步优化资源配置、改革实践教学模式、创新实践教学系统数字化建设、强化媒体生产运营特色优势,重点实施了基于媒体云的实践教学系统建设,开创了我国影视传媒高等教育实践教学的云化教学场景体系构建。

一、浙传云建设目标

根据媒体融合人才培养需求,在主流融媒体中心架构、功能、业务、流程基础上,进一步加强顶层设计和统筹谋划,紧紧抓住融合媒体的发展机遇,将内容、平台、终端、人才、资源进行深度整合,采用"大中台、小前台"建设理念,以共享、聚合、移动为目标,以"计算+云+大数据+5G+4K/8K+AI"等新技术为核心,构建由 App 客户端、前台、中台、基础支撑平台、实体实验室、公有云等组成的全媒体实践教学支撑平台,分期建设,逐步实现多业务系统、多技术平台、多数据中心从内容数据到用户数据的共享分享、互联互通,满足浙江传媒学院杭州钱塘、嘉兴桐乡两校区从实践教学、新闻宣传、创新创业到社会服务等传媒数字空间应用需求,最终达到校内外虚实空间融合、富媒体应用、全场景呈现、多终端互动的融合媒体实践教学生态系统(以下简称浙传云)建设总目标。浙传云具体的建设总体目标如下。

1. 建设统一媒体云服务基础架构

针对媒体融合业务对各类资源的要求,基于媒体云基础架构,建设满足全校统一进行融合媒体业务教学、生产、科研、创新活动所需的"通用+媒体"资源的统一管理、按需动态分配的服务平台,并通过混合云开放式架构,实现基础架构服务规模的弹性扩充,为浙江传媒学院后续产学研创等业务的开展提供基础服务。

2. 解决融合媒体信息汇聚的问题

利用融合媒体模式将多种渠道来源的海量信息进行分类、整合,使传统媒体与网络新兴媒体等多种媒体形态融合成一个庞大的媒体资源聚集地。

3. 建立校园新闻管理指挥调度系统

实现融媒体新闻资源统一调度、管理与展示对融媒体新闻的各渠道来源线索、互联网汇聚资源、采编设备等进行集中监控,实现新闻资源的统一调度;对全媒体实验创新中心的生产流程进行集中呈现,实现校园新闻生产多平台的统一管控。

4. 建设融合媒体生产平台

部署融合媒体应用微服务,建设一套集超高清节目的上载、收录、编辑、合成、转码、审查、播出以及科学的流程与人员管理为一体的融合媒体生产平台，同时积极引入新的理念与技术，实现网络化流程化超高清节目生产、共平台生产，满足浙江传媒学院电台、电视台、网站、报纸、微博、微信、短视频等多种平台的融合生产需求，提供一个真正面向社会的融合媒体业务实践平台。

5. 建设融合媒体统一发布平台

将公开 API(接口)的微信、微博、视频号、自媒体等直接接入平台，开放浙传云接口，可对接网站、App、广播、报纸、短视频等媒体，并可以在一个界面内对这些内容进行管理、内容编辑、编排，实现发布平台的统一，满足浙江传媒学院媒体融合发布需要，提供一个真正面向社会的融合媒体发布实践平台。

6. 实现媒体融合实践教学业务的云化

一是充分利用媒体已有的先进技术和平台架构，建设与传媒发展趋势相符合的各类融合媒体业务系统，按产学研创业务需求自定义业务流程，支撑学校媒体融合产学研创活动所涵盖的业务；二是通过对主流媒体流程的完全仿真和云端互联，进行真刀实枪的相关业务实践运营；三是与合作单位的媒体云互联互通，在校内即可参与其实际业务工作；四是确保实践教学业务能够持续更新以及与影视传媒主流生产运营系统功能一致，在此基础上叠加媒体融合业务的教学系统。

7. 实现实践教学业务管理的智能化

建立融合媒体业务教学监测系统，能够实时监控教学业务工作流程的各个环节、各个节点、各项工作内容和流程，加强媒体融合实践教学业务流程管理，为教学考核提供依据；大数据分析系统实现信息数据的运行监测分析和洞察反馈；建设基于微信企业号的实践教学管理智能系统实现实践教学的"最多跑一次"。

8. 实现产学研创业务创新一体化

通过媒体融合相关业务平台的建设和运行，支撑高校媒体融合相关学科及其产学研创业务系统建设，实现在传媒人才培养模式上的媒体化，从而逐渐建立起一套可持续发展的媒体融合人才培养的产学研创一体化机制。

9. 构建媒体融合实践教学模式

坚持以传媒人才培养为核心，增强媒体融合人才培养的个性化、多样化和媒体化，推进产学研创业务的多元化覆盖，扩大浙传在传媒人才实践创新能力培养方面的美誉度。同时，进一步增强与相关主流媒体的合作，提高科研成果的应用转化，切实提高浙传在媒体融合行业中的影响力，从而构建媒体融合实践教学模式——浙传模式。

二、浙传云设计原则

浙传云建设需要充分依据浙江传媒学院智慧校园统一技术发展规划,既要满足影视传媒产学研创业务的需求,又要考虑到未来发展和与校园其他业务之间的整合对接,以《中国建设白皮书》的理论基础为指导,整个设计坚持以下原则:

1. 遵照统一技术发展规划

遵照浙江传媒学院智慧校园统一技术发展规划,尽可能在原有智慧校园环境基础上进行横向拓展,避免非必要重复投资。

2. 采用混合云架构

采用云计算、分布式计算等云技术保障系统的高可用性,提高系统的效率、服务能力;同时必须遵循混合云架构分层建设模式,在各分层间逻辑独立和充分解耦的基础上,实现层与层间的对接联动与业务高效衔接。

3. 安全性原则

在平台设计中,安全稳定为第一要素。浙传云必须遵照《网络安全法》《信息安全技术网络安全等级保护基本要求》《信息安全技术网络安全等级保护安全设计技术要求》《广播电视安全播出管理规定》等相关法律、法规、标准、规定,建立配套网络安全防护体系和应急措施,保障浙传云产学研创业务的连续性和端到端安全,浙传云内相关软硬件应符合台内网络安全基线要求。

4. 系统先进成熟性原则

浙传云设计必须符合技术先进性原则,平台须具备一定前瞻性,考虑技术发展趋势,并对未来新业务形态、管理模式予以充分考虑,满足浙传云技术要更加先进、安全稳定性更高、功能更加齐全、操作方便快捷的要求。

5. 系统高效率原则

在浙传云建设中必须重视产学研创业务流程的优化,尽可能使用自动化处理,通过流程引擎驱动整个业务,完成高效率运转,根据各业务板块间数据交互要求,设计合适网络结构和数据交互技术方案。

6. 系统可扩展性原则

浙传云要充分考虑未来系统可扩展需求,将来产学研创业务规模增加时能够平滑进行系统扩展;同时软件系统在确保系统安全前提下根据教学实际需要进行升级和完善。

7. 系统开放性原则

采用开放式设计,保证各大厂商设备、系统的良好集成性能,必须支持将多种应用系统集成在统一应用平台上,能够提供包括 PC、手机、Pad 等多屏终端云端融合访问。

8. 系统实用性原则

浙传云设计要面向系统实际需求和应用,充分体现"以人为本"的设计思想,围绕浙江传媒学院智慧校园总体目标和功能需求,解决好实践教学、媒体内容管理、节目生产交换等关键问题,未来可以根据产学研创业务的发展进行快速、便捷调整。

三、浙传云设计思路

基于浙传云建设目标、原则和影视传媒教学实际情况,浙传云设计思路如下。

1. 融合媒体在影视传媒高等教育的落地和适配

浙传云是以传媒产学研创业务一体化为其核心目的,其建设和运营不能完全照搬主流媒体相关业务系统的建设和运营方式。在基础架构服务、业务功能流程、用户并发访问等各个方面,需针对影视传媒人才培养的实际需求进行改造适配。同时,为了保证影视传媒人才培养始终紧跟融合媒体发展的最新趋势,浙传云必须实现开放的架构,支持多种功能模块和业务流程的灵活调度。

在充分了解影视传媒教育产学研创业务需求的基础上,对融合媒体业务系统进行具有针对性的产学研创业务一体化改造,实现"通用＋媒体资源"的融合管控、实验室和工具软件的在线申请、在线使用等功能。将之前复杂安装部署、系统配置等工作简化为通过网页界面鼠标点击;将固化的系统业务流程改造为可通过流程模板导入不同主流媒体的业务流程;将需要高性能本地工作站的工具改造为直接通过云桌面访问的服务,提供相应教学实验环境的应用接入,实现在任意地点、任意时间对教学资源的访问。

2. 提供融合媒体业务教学所需的专业课程业务内容

浙传云需要实现技术体系与主流媒体融合接轨,保持与传媒发展趋势的同步。但面对社会对影视传媒人才培养的需求,只有先进的技术平台不足以实现对影视传媒业务能力的全面培养,影视传媒人才培养需要针对相关专业课程,特别是基于主流媒体业务所提炼出来的具有较强实用价值的教学业务。通过云端课程开发以及与各个主流媒体开展定向培训,需要提供针对前期摄制、编辑制作、内容管理、运营发布等多方面的课程内容。在浙传云建设和运行各个阶段能够提供有针对性的培训和课程,实现将主流媒体的先进理念和业务模式尽快转化为影视传媒人才培养所需专业课程内容。

3. 满足学校、院系、教师、学生的不同业务需求

浙传云作为一个面向全校的影视传媒教育产学研创一体化平台,必须满足来自产学研创各个方面的不同需求。从全校角度来看,需对资源进行集约化管理和使用,通过统一资源平台为各个院系提供相应的基础资源服务,从而降低成本、提高资源利用率;从不同学院来看,其对该平台需求不尽一致;从系统运维人员角度来看,需要该平台尽可能简单易用,尽量降低系统建设和维护的难度;而从学生角度来看,则需要该平台提供随时随地使用的各种工具和业务系统。

浙传云还必须对各类资源进行融合管控,采用云集成、云理念建设云资源统一管理封装和虚拟化资源池、媒体云桌面等技术为各类工具软件提供标准基础资源,实现快速安装部署;通过浏览器在各类终端上进行随时随地使用,满足产学研创业务的实际需求。

4. 建设与浙传云相适配的教学运行机制

作为一套全新的影视传媒人才培养的产学研创一体化业务系统,浙传云需要一套全新的业务运作模式和组织架构,才能充分发挥浙传云的能力和推动项目建设顺利进行。一是需要构建基于媒体云产学研创一体化传媒人才培养模式,以融合媒体思维和碎片化业务进行人才培养,还要通过人才培养效果来检验教学成果。二是需要融合校园内媒体单位全媒体化需求,将校园电视台、广播、报纸、网络门户等媒体进行融合,建立全媒体中心生产运营平台,既满足对外宣传需要又能作为教学实践基地。三是需要建立各院系对云端资源申请机制,实现业务系统和相关资源的即申请、即使用和使用完成后回收。同时也允许特定院系、实验室等实体保持一个相对独立的虚拟私有云系统及其所属的资源,赋予其相应资源调度权限,无需担心资源不足而影响其正常业务开展。

5. 符合融合媒体行业发展的主流方向和趋势

从设计、研发、实施到后续运营须符合行业发展趋势。通过对主流媒体系统的传媒人才培养产学研创一体化开发,推动传媒实践教学体系的改革创新,促进理论和实践教学和谐统一,增强影视传媒人才培养的就业竞争力。

四、浙传云整体架构

浙传云建设基于融合媒体思维,将影视传媒教学内容、平台、终端、人才、资源进行深度整合,搭建统一的融合支撑平台,在支撑平台基础上形成影视传媒教学系统从底层架构、数据库、业务流程、业务数据完全基于统一平台的架构,从而实现实践教学专业化、教学管理智能化、教学形态移动化。

1. 教学服务平台

教学服务平台承担着承上启下重要作用,要求向上衔接上层应用工具,向下衔接基础资源的调度应用。一方面要求能够将上层业务系统从繁琐的软件基本能力建设中解放出来,具备工具接入规范、资源库解耦、用户权限解耦、存储访问解耦、流程解耦、工具参数信息解耦等教学和媒体生产运营工具的解耦能力;另一方面需要具备应用工具接入平台的管理服务能力,工具解耦及业务环节所需的媒体处理服务能力,应用工具参数及内容元数据、对象、标签、索引、权限等系列服务能力。

2. 应用服务平台

应用服务平台要求以教学业务和校园新闻指挥调度为指导方向,能够实现教学业务以及校园新闻的选题策划、服务监控和通信指挥等功能,使得工具集和应用呈现出百花齐放的效应。综上所述,浙传云在媒体云架构基础上按影视传媒人才培养对产学研创业务流程进行定制开发,浙传云总体架构如图 3-9 所示。

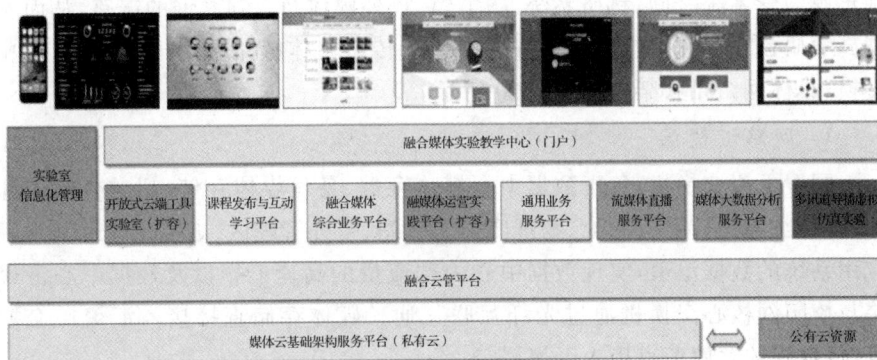

图 3-9 浙传云总体架构

由图 3-9 可见,浙传云总体架构是典型的媒体混合云架构,自下而上三个层次分别为基础资源层、教学服务层、业务应用层。

基础资源层通过计算资源池、存储资源池、网络资源池以及基础资源层云管理系统构建出企业级、安全、可靠、弹性的私有云基础资源层,实现私有云基础资源的统一管理,并将基础资源以标准服务的方式对外提供。

教学服务层起到向下对接资源,向上对接工具承上启下的重要作用,包含媒体及教学服务引擎、各类业务支持组件,面向浙传云校内用户以及校外用户的统一用户管理,媒体及教学内容库能够提供教学、媒体公共处理能力以及智能处理能力的各类服务集合。在此基础上,媒体服务层可以通过服务管理系统的统一管理和串联实现平台能力的统一管控、基于产学研创业务能力的自服务提供、基于大数据的数据分析与决策辅助、以内容和数据为核心的教学及媒体运营支撑。

业务应用层工具集需要提供满足影视传媒产学研创业务需求教学、媒体生产类工具以及汇聚发布类工具,满足教学运行以及媒体内容策划、生产、播出、发布的业务需求,提供云端良好的使用体验。

五、浙传云网络架构

浙传云采用以太网作为基础网络架构,在逻辑结构上服务器及存储系统承担了系统的核心数据交换,通过以太网通路连接成为一个整体。通过以融合媒体生产平台为核心打通浙江传媒学院杭州钱塘校区、嘉兴桐乡校区的影视传媒教学系统之间,科研系统、图书馆、校外媒体乃至互联网的链路,从而实现产学研创业务和融合媒体业务支撑。浙传云主体链路采用千兆接入、千兆交换,具体网络拓扑架构如图 3-10 所示。

1. 网路汇聚层

配置汇聚交换机,负责数据中心媒体存储、备份媒体存储、超融合媒体计算资源池、通用计算资源池、物理图形工作站、带外管理区、虚拟化管理网络等应用系统的数据汇聚,实现数据中心内部流量的高速汇聚以及数据中心汇聚层与校园网核心交换机通过光纤互联互通。媒体存储直接接入汇聚层交换机,每台媒体存储节点接入汇聚层。

2. 网络接入层

杭州钱塘校区和嘉兴桐乡校区所有融合媒体计算资源节点组成一个统一

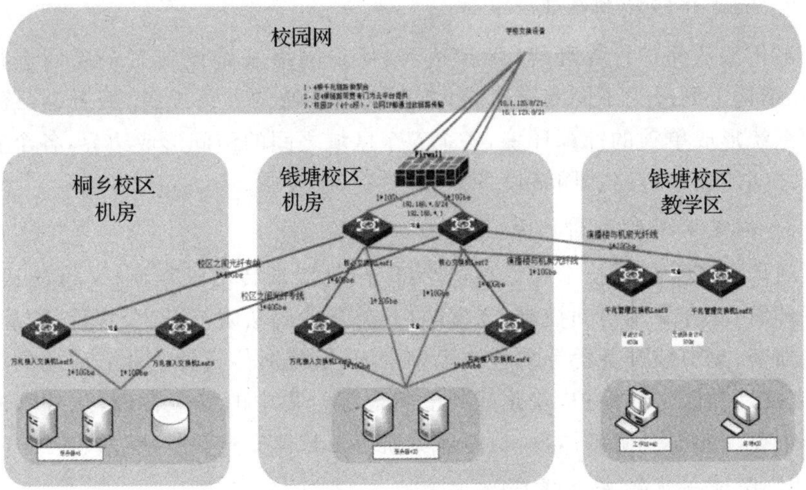

图 3-10　浙传云整体网络拓扑架构

的虚拟资源池，通过多台接入层交换机上行链路上联汇聚层交换机，计算资源池内部的存储网络、业务网络、管理网络，采用万兆网络互联互通。

　　分布于杭州钱塘校区和嘉兴桐乡校区的各种工作站、终端通过接入层接入交换机上行链路上联汇聚层交换机。虚拟化管理网络通过千兆网络连接接入层千兆交换，接入层交换机通过万兆口上行链路上联汇聚交换机。带外管理系统通过服务器的管理端口，实现对服务器远程管理。

六、浙传云软件安全要求

　　浙传云按照二级等保要求进行安全设计，根据信息系统、业务流程、业务对象划分工作站区、外部访问区、内部服务区、存储区、数据库区、安全管理区等工作区域。

　　1. 安全方案设计思路

　　严格参考等级保护二级的思路和标准，从多个层面进行建设，满足浙传云在物理层面、网络层面、系统层面、应用层面和管理层面的安全需求，建成后的安全保障体系将充分符合国家等级保护二级标准，能够为浙传云稳定运行提供有力保障。

2. 构建分域控制体系

浙传云从保护计算环境、保护边界、保护网络基础设施三个层面进行设计,在结构上划分为不同安全区域,各个安全区域的网络设备、服务器、终端、应用系统形成单独的计算环境,各个安全区域之间的访问形成边界,各个安全区域之间的连接链路和网络设备构成网络基础设施。

3. 构建纵深的防御体系

浙传云安全包括技术和管理两个部分,针对浙传云通信网络、区域边界、计算环境,综合采用访问控制、入侵防御、恶意代码法防范、安全审计、防病毒、传输加密、集中数据备份等多种技术和措施,实现浙传云各个业务应用的可用性、完整性和保密性保护,在此基础上实现综合集中的安全管理,从外到内形成一个纵深的安全防御体系,从而保障浙传云整体安全保护能力。

4. 保证一致性安全强度

浙传云采用分级保护,采取强度一致的安全措施、防护策略,使各安全措施在作用和功能上相互补充,从而形成动态的防护体系。浙传云采取"大平台"方式进行建设,在平台上实现各个级别信息系统的基本保护。

5. 实现集中的安全管理

信息安全管理的目标就是通过采取适当的控制措施来保障信息的保密性、完整性、可用性,从而确保信息系统内不发生安全事件,少发生安全事件,即使发生安全事件也能有效控制事件造成的影响。通过建设集中的安全管理平台,实现对信息资产、安全事件、安全风险、访问行为等的统一分析与监管,通过关联分析技术,使系统管理人员能够迅速发现问题、定位问题,有效应对安全事件的发生。

第四节　浙传云教学服务平台设计

教学服务平台包括数据管理引擎、计算引擎、业务引擎、基础管理服务、教学与融合业务统一内容库等部分组成,构建了一套融合媒体业务专属可用区及其影视传媒教学环境,同时与智慧校园环境连通,实现影视传媒教学资源的统一管理与动态伸缩。

一、数据管理引擎

浙传云采用关系型数据引擎、文档型数据引擎、内存数据库、平台日志数据采集等四种数据管理引擎,提供基础元数据、音视频数据、业务数据以及文档、图片、关系等泛媒体数据和教学数据的统一存储、编目、检索和管理,能够支持 OSS 集群、NoSQL 集群等海量数据存储,满足"大数据"存储和访问需求。

1. 关系型数据引擎

关系型数据引擎用于实现各个数据对象之间关联关系的存储,具有非常高的可用性,能够保证业务不断增长时数据的安全和扩展。关系型数据引擎设计支持集群同步复制、分布式部署、多节点冗余、多主服务器的拓扑结构、在任意节点上进行读写、自动剔除故障节点、自动加入新节点、行级别的并发复制等功能。

2. 文档型数据引擎

文档型数据引擎 NoSQL 数据库用于存储复杂的数据类型,实现类似于关系型数据库表单查询功能,能够提供支持面向集合存储、无模式结构存储、完全索引、强大的聚合工具、丰富的查询操作、复制和数据恢复、自动处理分片、云计算层次的扩展、通过网络访问等功能。

3. 内存数据库

内存数据库支持数据接口快速缓存,以缓存热点数据来响应频繁的查询请求,减轻关系和非关系型数据库的查询压力;同时可作为服务回话数据的共享存储区,在出现服务切换后服务能保持切换前的状态继续查询。

4. 平台日志数据采集

平台日志数据采用日志收集处理框架,把分散的、多样化的日志收集起来,提供统一的日志规范。同时把浙传云中各类应用的日志按照规范生成数据,实现浙传云日志数据的收集、处理、分析、索引、查询和统一存储。

二、计算引擎

浙传云采用分布式全文检索引擎、流程引擎、分布式集群管理、消息队列、业务引擎等五种计算引擎,为浙传云提供标准化计算引擎管理服务,实现计算规模灵活扩展。

1. 分布式全文检索引擎

分布式全文检索引擎将浙传云中定义的各类资源通过平台提供给 WEB 页面或接口，完成全文索引创建和维护。资源入库后后台自动根据配置索引提取相关信息形成全文检索的索引。资源元数据发生变动后，后台服务也自动快速同步索引，保证用户通过全文检索的结果与实际数据的一致性。

2. 流程引擎

流程引擎提供浙传云各种业务模板的流转，根据流程引擎在业务处理中打标签进行业务流程推动。

3. 分布式集群管理

分布式集群管理支持恢复和同步两种机制协议，为浙传云各类生产支撑服务提供集群管理，保证各个 Server 之间同步，为浙传云提供负载均衡、故障漂移、平台配置和服务状态统一管理。

4. 消息队列

消息队列选择适合消息机制，建立快速、可扩展的、高吞吐量的分布式发布订阅消息系统，从而实现浙传云各种服务之间的消息传递。

三、业务引擎

业务引擎为浙传云提供灵活的扩充业务能力，支持浙传云业务流程灵活定制和配置。媒体服务核心引擎作为具备媒体特性的媒体服务平台提供针对业务数据的逻辑封装。业务引擎满足各种工具服务的部署接入能力，根据不同业务所需调用浙传云其他核心引擎。

1. 微服务化与容器管理

微服务化通过服务细粒度化拆分，把服务运行环境和服务本身用容器打包方式管理起来，使业务逻辑变成一个个可独立调试、分发、部署、升级的微服务。教学服务层需要将业务功能分解为各个离散的服务以实现对系统的解耦。

2. 标准开放接口和软件开发工具包

采用 Docker 容器技术封装微服务能够实现应用与教学服务层解耦以及应用和能力的灵活部署和管理，支持容器调度、容器集群管理、弹性伸缩、负载均衡、容器健康检查等功能。

四、基础管理服务

浙传云基础管理服务主要包括用户管理服务、数据引擎管理、系统接入配置、可视化管理、融合媒体统一内容库、管理功能等基础管理服务业务系统。

1. 用户管理服务

用户管理服务通过标准的 API 供上层应用程序调用提供用户管理和统一认证,实现对用户信息的统一管理、组织结构管理、用户组管理、根据 XML 导入用户及部门信息和自行修改登录密码等功能。

2. 数据引擎管理

数据引擎管理提供数据引擎管理工具,实现对平台内各类数据库运行使用情况的监控,并可以进行集中管理。

3. 系统接入配置

系统接入配置面向媒体业务接口规范和数据规范提供多种方式接入不同厂家不同工具和服务的能力。

4. 可视化管理

可视化管理针对众多教学服务及接口定义提供可视化的服务状态查看、配置管理及接口定义查询。

五、教学和融合媒体统一内容库

包括统一门户、内容检索、管理功能、工具接口对接、生产工具挂接设计、生产处理能力设计等部分。

1. 统一门户

统一门户是浙传云内容库中极其重要的环节,是浙传云的入口。统一门户提供统一登陆认证服务、快捷工具条工具集、服务 IM 工具,支持集成桌面、自定义多个功能区,具备统一登陆认证、IM 消息管理、通知、推送等服务。

2. 内容检索

教学和融合媒体统一内容库实现对海量汇聚内容、发布内容进行个性化聚合检索,满足内容个性化、工具化的使用需求,具备个性化内容聚合检索方式、不同类别和维度聚合检索和全文检索功能。

3. 管理功能

包含内容管理、配置管理、权限管理、生命周期管理等功能。

内容管理支撑多种渠道来源的内容汇聚、视频内容管理、视频转码、节目分类入库、操作日志和审计功能等功能。

配置管理提供浙传云统一的配置管理界面,实现对浙传云资源的管理维护以及所有业务集中式查看和管理。

权限管理对用户进行分级授权管理,通过对用户任意操作进行自动记录、查询和日志管理功能,可定义用户组权限和对每个业务进行添加、删除、编辑、审核,实现对组织结构管理和权限分配管理。

生命周期管理满足一定的生命周期管理需求,可基于不同的文件类型进行不同的生命周期管理。

4. 工具接口对接

教学和融合媒体统一内容库接口是开放性的,为浙传云提供统一工具接入标准,支持内容编辑工具、汇聚工具、审核工具、教学工具等工具按照规范进行挂接。

5. 媒体生产处理

满足浙传云副媒体业务合成、转码服务,加速媒体生产效率,为浙传云媒体内容分析、转换和交换提供必要支撑。

第五节　浙传云应用服务平台设计

浙传云应用服务平台包括融合媒体基础平台、融合媒体生产平台、融合新闻生产平台、融合媒体发布与运营平台、课程发布与学习平台、媒体直播服务平台、大数据分析服务平台、虚拟仿真实验教学平台、智慧实验业务管理系统等部分。

一、融合媒体基础平台

融合媒体基础平台包括校内私有云、公有云、专属云资源,实现各种云资源的集中使用、维护和弹性扩展,采用开放式混合云架构,纳入各个厂商的基础 IT 设备进行资源池化,向应用服务统一提供"通用＋媒体＋教学"资源。

1. 主要媒体业务

融合媒体基础平台提供统一工作台,完成文稿、图片、H5、富媒体内容、音视频和影视传媒教学等内容的统一管理,通过浙传云私有云与外部各互联网渠道对接,实现"一次生产、多平台分发",所有业务内容按照统一标准进行转换处理与分发,满足浙江传媒学院影视传媒产学研创业务汇聚、管存、分发、交换等需求,支撑 3000 名业务用户的访问使用和最高 400 人并发需求。

2. 总体技术要求

采用前后端分离设计架构,前端注重界面表现、速度流畅、交互友好,后端完成业务逻辑和数据处理,以实现平台的前端静态化、后端数据化,能够适配未来运营、功能扩展以及快速迭代需求。在架构标准上要求表现层、业务逻辑层和数据层的分离,实现分布式架构,保证应用层和数据层的可扩展与可重用性。

3. 计算资源

选择主流厂商的 2U 机架式服务器作为承载云端"通用＋媒体＋教学"资源服务虚拟主机,构建一套浙传云支撑环境,支持多租户管理能力,与公有云完全一致的云管理平台实现专属可用区与公有云资源统一纳管。

4. 存储资源

采用基于对象存储对非结构化的数据管理系统,方便进行基于存储容量与带宽的更高扩展型。在浙传云平台内部除使用虚拟化平台对物理服务器计算资源进行整合外,还需要对存储资源进行集中处理,以达到数据级别的资源整合。根据服务规模要求,在基础平台层主要使用云存储作为共享存储系统提供数据存储服务。整个存储系统采用分布式存储结构,通过软件算法进行数据并行读写调度,提供基于块的元数据冗余。

5. 网络资源

按照网络管理自动化、网络资源虚拟化、网络控制集中化要求进行网络资源设计,实现网络吞吐、兼容性、安全隔离、租户限制、QoS、虚拟机迁移、可管理性等功能。根据位置和连接资源不同,网络系统设计为接入网络、后端网络、前端网络、互联网络和边缘网络等五个部分,满足浙传云网络通信需求。

6. 云桌面平台

将影视传媒教学常用桌面应用与数据等集中托管在数据中心,实现在任何时间、任何地点使用不同类型设备访问托管的桌面应用与数据。

7. 主被动安全防护

在数据信息平台项目安全域划分的基础上,对网络和系统安全防护进行统一设计和统一配置,实现数据信息平台高效、可靠的网络安全防护。

融合媒体基础平台基于云集成云理念和开放的架构,采用虚拟化资源池、媒体云桌面等技术为各类工具软件提供标准的基础资源,能够有效对各类资源进行融合管控与部署,为影视传媒教学场景融合奠定了技术平台基础。

二、融合媒体生产平台

融合媒体生产平台是融合媒体生产及影视传媒实践教学的主要服务平台,核心功能是提供了一套支持多元产品生产的融合媒体生产工具集。浙传云融合媒体生产平台安装了文稿撰写类、图片编辑类、视频剪辑类、新媒体内容制作类和编辑剪辑类等五个方面媒体生产工具。

1. 文稿撰写类工具

主要包括智能写作、文章裂变、智能校对、文章采集等智能化工具。

智能写作工具提供热点发现服务,支持微信、头条、微博等主流热度榜单,师生可以根据热点话题自动创作爆点资讯,支持热点汇聚、分类行业资讯聚类热点展现、选择热度榜单或者最新资讯、点击智能写作生成热点底稿等业务应用。

文章裂变提供文章裂变写作服务,可基于一篇文章进行裂变写作,输出多篇中心思想一致但内容不同的新稿件,实现多平台内容需求搞定,提升业务人员写稿效率。

智能校对提供智能校对服务,具备查错功能,以及政治问题检查,领导人姓名、职务错误检查等功能。

文章采集工具根据多种网页采集策略与配套资源能够采集不同网站文章进行自定义配置、组合运用、自动化处理,无需人工干预,即可得到所需格式、内容的数据。

2. 图片编辑类工具

主要包括智能抠像、图片编辑、图片模板、智能拼图、图片美化、智能长图、图片剪切等图片制作工具。

智能抠像工具依托浙传云统一门户提供智能抠像工具服务,提高图片抠像生产效率,支持标记主体、替换背景、添加阴影、预设比例裁剪等应用。

图片编辑工具依托浙传云统一门户提供在线图片编辑工具服务,支持进行图片标记、图片编辑调整和裁剪、批量修改水印、在线图片编辑等应用需要。

图片模板工具依托浙传云统一门户提供图片编辑丰富模板素材服务,提升快捷模板化图片编辑能力与效率,支持多种场景、多行业根据图片模板进行快捷编辑创作需求。

在线 PS 工具依托浙传云统一门户提供 PS 在线图片编辑器,实现随时随地轻量化快速专业化图片编辑,支持多格式照片处理、在线 PS 照片合成、抠图、裁切、添加文字、添加特效、美化照片、调整大小等 PS 功能。

智能拼图工具依托浙传云统一门户提供模板化拼图工具服务,支持多长图片按模板或自定义拼图、基于模板的批量上传图片拼图、文字和背景编辑等功能。

图片美化工具依托浙传云统一门户提供图片美化工具服务,增加图片创意性,支持对图片进行贴纸、动效等美化功能。

智能长图工具依托浙传云统一门户提供视频截图服务,支持自动生成长图、对视频关键信息截图、用户选择图片尺寸来适应不同场景下需求等视频截图功能。

图片剪切工具依托浙传云统一门户提供图片剪切编辑服务,支持对各种图片进行自定义剪裁等操作。

3. 视频剪辑类工具

主要包括数据新闻、动态字幕、模板视频、音频提取、音频编辑、智能剪切等视音频类工具。

数据新闻工具依托浙传云统一门户提供预制柱状图、折线图、饼状图、排名图、指标图、热词云、地图等数据新闻模板,实现数据表格转变为数据视频业务需求。

动态字幕工具依托浙传云统一门户提供动态字幕快速生成工具服务,支持根据文字自动生成文字新闻、动态字幕样式、文字报道资讯一键转视频、生成字幕以及自定义上传角标、片头、片尾、背景音等动态字幕功能。

模板视频工具依托浙传云统一门户提供预制媒体、教育、政企、产业带货等行业场景模板,支持根据视频模板自动生成模板新闻、模板视频可视化编辑、叠加文本素材以及插入视频、图片等素材等模板视频功能。

音频提取工具依托浙传云统一门户提供快捷提取视频中音频的工具服务,支持提取视频中的音频、对视频文件中的音频进行选段提取等功能。

音频编辑工具依托浙传云统一门户提供专业化音频编辑工具服务,支持拖拽音频文件上线到音频轨、DB 波形图显示、根据 DB 波形图进行剪切编辑、按照帧模式进行步进、保存时间线以及对时间线上 clip 打出入点、剪切、拼接、复制、粘贴、删除等操作。

智能剪切工具依托浙传云统一门户提供对视频文件通过语音识别、文字识别等方式进行智能化剪切，支持根据视频提取文字、分段选择文字重新生成视频以及通过简单的选择根据语音、场景、人物等关键信息即可完成一个片段化节目制作等功能。

4. 新媒体内容制作类工具

主要包括 H5 制作工具、富文本编辑器、视频转 GIF、GIF 编辑动态文案、多图合成 GIF、在线录屏、App 建设打包、微信小程序建设打包等新媒体类工具。

H5 制作工具包含 H5 专业版编辑器、H5 简约版编辑器、H5 模板编辑器、专题编辑器等 H5 编辑器套件，提供融合图片、图表、视频等编辑能力和交互图文编辑能力，满足新媒体功能编辑需求。

富文本编辑器提供包括各种格式的支持以及各个插件的内容编排功能，支持所见即所得、稿件编辑过程中插素材、上传素材进行稿件编辑、新闻引用、对接第三方软件等功能，满足更多使用场景需要。

视频转 GIF 服务提供在线制作并截取视频的高效工具，支持在线制作并截取视频的高效工具、各类视频格式、导出适合微信公众号的素材使用尺寸、上传主流格式视频以及画质、尺寸可选等功能。

GIF 编辑动态文案服务于新媒体及融媒稿件的内容生产，支持在线编辑和处理 gif 动态图、调整 gif、添加多行文字、添加贴纸、添加滤镜等功能。

多图合成 GIF 可以在线将多张静态图片(jpg/png/jpeg)等格式合成为 gif 动图，可以满足新媒体、融媒稿件等各类动图制作需求。

在线录屏提供在线录屏工具服务，通过分享电脑屏幕、指定应用程序或指定网页和录制屏幕播放内容实现快速录制电脑屏幕呈现内容并进行二次创作修改。

App 建设打包能够实现图文、组图、专题、直播、视频、链接等丰富资讯内容发布、视频点直播发布、图文直播发布、LBS 导航内容发布。

微信小程序建设打包实现图文、视频、链接等丰富资讯内容发布，支持小程序模板化搭建、小程序管理、绑定体验者等功能。

5. 编辑剪辑类工具

主要包括流收录、视频快编、视频拆条、云非编工具等编辑剪辑类工具。

流收录工具提供流媒体收录服务,与内容库进行无缝对接能够完成视频信号收录、音频信号收录、转码收录等功能。

视频快编工具提供基于 B/S 的轻量化编辑工具,满足融合媒体业务中编辑需求快速、简单、专业的编辑能力,支持 4K 编辑,支持智能化辅助编辑能力等功能。

视频拆条工具提供快速便捷的视频拆条工具服务,支持按照信源拆条、任务类型拆条、低码拆条高码合成、多种特效等功能。

云非编工具通过云桌面内容提供随时随地远程开展非编业务服务,支持 PS、PR、AE、剪映上云功能。

三、融合新闻生产与发布平台

融合新闻生产与发布平台是浙传云为浙江传媒学院校园媒体矩阵提供的新闻统一生产、管理和指挥系统,实现了对新闻类课程教学任务、生产实践、校内媒体融合发布的统一策划、分发、业务状态管理与全程监控,可以通过大屏进行融合可视化数据呈现。

1. 平台主要功能

多渠道内容与线索汇聚:网媒热点发现、新闻线索发现、视频线索发现、微博热点发现、社交媒体热点发现等渠道资源汇聚,用于选题策划调度。

新闻选题策划调度:选题管理、采访资源调度、设备管理、车辆管理等模块,用于根据汇聚线索指定报道选题,选题后为选题配备相关生产资源。

新闻融合生产监看:用于实时监控融合新闻生产系统下新闻生产流程、互联网生产流程进度情况。

新闻发布反馈:用于反馈发布的新闻点击率、新闻互动反馈、新闻多渠道反馈信息等相关数据。

2. 指挥报道系统功能设计

线索管理以日常报道中的新闻日历、舆情系统产生的热点、影响力分析系统产生的结果数据、融合报道指挥管理系统产生的师生评论及线索信息四大类数据为新闻线索进行指挥策划。

报道策划包括新闻策划、Web 即时通信、事件管理、预案管理、报题选题、任务管理等功能。新闻策划支持围绕事件具体内容和主题的在线策划讨论交流,实现围绕报道组成员的组群管理、报道组成员间的快捷沟通与交流。Web

即时通信支持在网页进行即时通信,与报道指挥客户端进行跨平台的即时沟通,支持文字、语音、视频、图片的即时消息,支持文件传输、文件共享,支持群组管理。

事件管理是事件的全生命周期管理,支持事件的创建、策划、跟踪、维护、查询、修改、关闭等操作。预案管理涵盖预案创建、预案查询、预案启动等流程。报题选题提供选题的新建删除、修改查询功能,支持基于事件的选题填报。任务管理支持任务的创建、分配、调整、终止、查询以及任务的跟踪和监控、发送任务提醒消息等功能。

3．报道执行

指挥管理包括移动指挥与采集、事件监控、指挥地图、师生状态监控、应急指挥调度、调度传输方式、应急指挥调度运作方式、远程会商与部门联动、设备和车辆调度、视频管理等业务模块。

资源管理主要涉及采访报道过程中会用到的所有资源,包括人员、采访车辆、便携卫星站、海事卫星、直播车、3G/4G 背包等。负责人会根据事件的实际情况,结合各种资源当前的使用情况和未来的预定情况,申请相关的资源设备。

指挥中心接收到来自各节点传输的高质量视频文件,统一存储到数据中心,经统一加工处理后启动转码流程。

4．发布总结

针对系统发布出去的稿件,系统还需进行一定的发布总结以及反馈总结。通过对融合新闻平台产生的数据内容进行管理,包括报道指挥客户端产生的稿件和即时消息、采集的素材、师生反馈的内容、生产的 HTML 页面等,进一步掌握报道的效果。

5．电子批注

当新闻产品制作完成后,通过电子批注台通知领导审核签发产品,使用电子批注台对新闻产品进行批注,批注后的新闻产品再通过电子批注台直接退到编辑那里,领导的批注痕迹保留,编辑按照领导的指示对新闻产品进行修改。

6．消息推送

为了实现更加移动化的指挥监控效果,需要将指挥中心的指挥消息或反馈消息推送到各种移动终端,支持 Android 4.0、iOS 6 及以上平台,支持 2G/3G/4G 和 Wifi 网络,支持大规模消息推送时间小于 1 秒。

7. 中心业务流程设计

日常新闻报道通过热点内容汇聚进行选题策划；通过 GIS 信息进行采录制，将新闻节目编辑完成后，进行相关审核，按照策划的发布方式进行多平台发布。在发布过程中，实时监控相关反馈和互动，指导后续报道的策划、生产和发布运营。

针对重大活动，实时跟踪热点信息，通过互联网、微信、微博等平台，获取关注焦点，以此策划新闻报道专题，将相关内容采集汇聚后，多平台进行报道，通过互联网获取观众反馈，指导后续报道方向，对舆论进行相应引导。

通过天气预报、GIS 等功能模块，获取当前天气情况、人员分布等信息，对突发事件，安排就近的采访小组，指挥台内人员实时制作相关内容，第一时间通过多平台发布，按照师生反馈，指导后续深入报道。

指挥中心可通过媒体云桌面或浏览器，以管理员或特定权限访问相应业务系统，进行相关流程运行，既可提供随时可用的专业技术服务，也能在不影响教学的情况下，进行相关业务流程演示。

融合新闻生产与发布平台实现了对融合新闻、互动运营发布等多种业务、多种场景实践和教学活动的全流程生产、演示和监控，通过大屏幕实时监控融合媒体云平台从硬件、软件、教学到产学研用业务系统的运营情况。

四、融合媒体发布与运营平台

融合媒体发布与运营平台能够实现学校报纸、电台、电视台、微博、微信、网络平台等各种媒介的多渠道发布、多终端传播、多平台运营。

1. 系统组成

融合媒体发布与运营平台支持对融合媒体内容进行创新加工，支持媒体内容的存取、版本追踪、素材引用、智能分析处理及智能推荐等功能，由内容汇聚、内容生产、内容管理、内容发布、互动运营、生产管理等子模块构成。

多来源内容汇聚模块：实现素材灵活高效的传输、采集、汇聚，使其作为生产发布平台的内容来源和发布终端。

共平台内容生产模块：提供多种视音频编辑系统，能够使用流程驱动引擎将生产流程逐步明确、细化、模板化，通过协同工作平台完成节目策划、选题、制作等协同工作。

内容管理模块：采用开放插件式的体系架构和丰富的插件体系，为融合媒体协同生产提供共享和管理平台,主要包括云编目、云检索、云转码等部分。

融合内容发布模块:基于云计算架构,由 CMS 内容管理、VMS 视频管理、移动 App 和微信客户端等子模块组成,为校园媒体的互动发布提供服务平台。

互动运营模块:包括网站、App 和微信等多终端的互动运营子模块,基于 App 运营有摇一摇、积分、互动游戏等,基于微信的运营有微新闻、微互动、微爆料等。

生产管理模块:主要监控各项生产发布任务的分配、执行和完成状态,推动上下游各个环节,高效率完成工作任务。

2. 终端门户

终端门户是网站、App、微信对外呈现等多终端门户,按照大型传媒机构的标准进行定制研发。

网站界面:定制网站界面,打通接口与网站内容管理系统,通过云桌面中的"网站"进行网站端内容的发布和管理。

App 界面:开发 App 界面,添加摇活动、互动游戏、积分体系等互动运营模块,支持使用定制化模板,通过接口与移动端内容管理系统连接进行内容发布和管理。

微信界面:能够自由设置微信菜单,打通接口与微信端内容管理系统,借助云桌面中微信管理进行微信端内容发布和管理。

3. 生产发布业务流程

根据实际业务需要设计生产发布流程,电视台、电台、报纸、社交平台作为融合媒体发布与运营平台的内容来源,通过统一选题、报题、审核,将任务分发给制作人员,使用云端编辑工具进行多平台发布的内容制作。经审核向网站、App、微信、微博等平台进行内容推送与发布,根据反馈和大数据分析,进行下一轮深度报道工作。

五、课程发布与学习平台

课程发布与学习平台用于浙江传媒学院所属的各个二级院系,进行课程视音频内容的采集汇聚、编辑制作、多平台发布管理、内容点播直播和在线互动学习的服务平台。教师通过该平台提供的云端采集和非编制作工具,快速生产出高质量的视音频课程,并通过简单易用的后台管理软件,将课程内容推送到网站、手机 App、微信等多种平台供学生在线学习和考试。学生通过多种终端设备，随时访问平台进行碎片化、互动式的主动学习，还可以与老师和同学开展丰富的在线问答、知识分享、考试评测等活动。

1. 平台主要功能

课程拍摄：进行课程拍摄的多格式采集，按课程制作需要转码生成应多种发布平台需要的内容格式。

课程内容编辑制作：进行课程实时流媒体或素材文件快速剪切，添加字幕，特效编辑等，通过后台转码服务快速生成制作完成的课程内容。

多平台课程发布：基于媒体资产管理系统对课程视音频内容进行点播、直播流程管理，提供节目单编排、播放器个性化设置、多格式码率转换、网站与移动 App 应用等功能，支持多种流媒体协议，实现 PC、平板、手机、电视等多终端内容发布。

线上学习与互动：提供网络门户和移动 App 应用，让学生随时管理自己的学习进度，进行在线点评，电子笔记，教师答疑，同学交流等功能。

各院系门户频道：为浙江传媒学院各个二级学院创建其独有的课程发布频道，由其管理人员自主管理和运营其独有频道。

2. 平台主要创新

一是服务智能化。平台依托大数据、云计算、人工智能等技术，通过快捷搜索、智能推荐等方式，为学习者提供多种符合个性化学习要求的智慧服务，优化了用户体验。

二是数据精准化。平台对课程信息及学习数据进行实时采集、计算、分析，为教师教学与学生学习提供定制化、精准化分析服务。

三是管理全量化。将所有在线课程平台的学分课程纳入管理范围，可集中反映我国在线课程发展全貌，具备门户的汇聚集中能力、开关控制能力，实现"平台管平台"。

六、媒体直播服务平台

依托公有云上部署的直播管理、流媒体推送、CDN 加速等服务，进行校内外的流媒体直播服务，实现至少 1000 人并发，支持 iOS、Android 等手机 App、微信、网站、OTT 等多种终端的接入观看。

1. 直播平台核心需求

一是提升校内网用户观看互联网直播的体验，提供将内网流量与公网流量进行分流,避免内网到公网的出口带宽瓶颈。二是采用面向全网直播、面向校内直播两种直播模式,实现校园个人、小型校园活动、大型校园活动、教学活动以及校外活动的云端融合直播场景。

2. 直播服务平台功能模块

为了满足浙传云校园直播平台核心需求以及多种多样的业务场景需求,直播服务平台需包括以下功能模块。

一是校内直播云桥。由于学校的互联网出口带宽有限,导致校内师生观看互联网直播内容的体验较差,影响了互联网直播服务的实际应用,需要提供将内网流量与公网流量进行分流,解决内网到公网的出口带宽瓶颈的问题。内网直播控制端需要实现接收云服务的直播流同步指令,调用内网流媒体,实现直播流同步;接收云服务的媒体同步指令,完成云媒体库与本地媒体库的文件同步;心跳检测内网流媒体状态,定时上报状态信息至云服;提供内网流媒体信息查询接口,实现云端实时查看内网流媒体状态等功能。直播内网同步服务需要满足将需要同步的直播流地址、媒体库文件等通知到对应的内网直播控制端。

二是手机直播 App。根据在直播过程中扮演的不同角色设置租户管理员、房间管理员、切换台管理员、摄像员、导播等五种角色,不同的角色采用权限分级制度,不同权限的角色只能使用与之权限对应的功能。在手机上使用直播平台实现一对多模式、个人快速直播、多机位快速直播、直播房间管理、视频点播下载、画面适配等功能。

三是直播云导播台。广云导播台是基于云端的视频导播台,具有多种类型信号输入能力、全面的切换控制和多种类型信号输出能力,支持包括手机、专业摄像机、无人机、编码器、手机等终端信号,能够实现多通道切换、预监、通话、监听、画中画等功能。

四是直播云教室。云直播教室提供包含视频、课件、互动交流等一体化直播教学功能,满足两校区之间、学校对外直播公开课的需求。

七、大数据分析服务平台

依托于阿里云的大数据分析服务平台建设了一站式大数据开发、分析及应用平台支持,提供科学的舆情分析、先进的明日头条预测、精准的栏目传播分析、全面的自有渠道运营分析等大数据舆情分析服务。

1. 大数据分析平台功能模块

一是全网舆情分析与监控。深度挖掘互联网上偏文本的内容,来对全网最热新闻话题的挖掘和对全网中与栏目话题的相关评价,对新闻发稿和栏目制作做参考,达到报道分析热点的抓取、节目生产、实践教学、社会服务等产学研用业务改进的助攻。可以根据不同课题业务需要设置与课题业务相关的关键词,获取该关键词组下热门的话题和舆情趋势;通过对全网最热话题的挖掘和对全网中与话题的相关评价,实时掌握最热新闻、最新动态的数据用于产学研用业务。

二是明日头条预测。根据热门话题的热度关键词、情感指数、传播范围等多种信息的趋势分析,以自有的数据分析算法,预测未来 12、24、72 小时内的热点话题,为舆情引导、新闻报道、节目生产、实践教学提供面向未来的预测服务。

三是全网微博传播分析。可以设定关心的重点微博,通过大数据平台创建官微传播分析,根据微博曝光数和官微数据挖掘话题的兴趣图谱、普通用户与大 V 的关系网络。其次整合标签做多维透视,深度刻画人群画像,为官微提供分析平台,帮助师生掌握重点微博传播路径和热度分析,以达到掌握传播效果和粉丝心理的实践教学目的。

2. 大数据分析系统的特点要求

一是舆情快速感知。舆情系统的采集模块对于高优先级源站不超过 2 分钟获取数据,常规源站平均不超过 10 分钟获取数据,利用对等计算框架、多租户隔离方案、多站点下载动态均衡技术、智能反爬策略动态调整等技术手段,结合上千台服务器的爬虫能力,采集模块可以保障数据在不被反爬的情况下及时快速获取。

二是源站覆盖全面。通过爬虫、神马搜索引擎接口、微博推送及其他关联方数据应用接口对全网公开发布数据进行采集,后台将自动完成网页监控功能,保障信息渠道的全面覆盖。

三是算法精准高效。通过机器学习算法、NLP 自然语言处理算法、文本处理的协同处理,通过用户参与模型训练或者社会化标准提供的数据语料,实现实时聚类一条信息与百万级数据匹配、情感分析交叉验证和交叉判定的高准确率。

四是海量舆情智能化分析。舆情智能分析是在完成数据采集和计算的基础上对舆情信息进行展现、分析、统计,提供传播路径分析、热点事件分析、情感分析、热词云、标签分析、智能模板过滤。

五是极速信息检索引擎。舆情数据累积趋势是几何式，极速信息检索引擎对获取数据信息创建索引，采用分级化管理和内存、高速区、普通区多级管理，实现更多更好的信息检索体验。

六是负载均衡以及集群架构。为了避免单点故障以及性能瓶颈，采用负载均衡策略，为系统可靠性提供更为高效的保障机制。

八、多讯道虚拟仿真实验

多讯道虚拟仿真实验依托浙传云，对导播实验教学进行系统设计，通过三维动画虚拟仿真演播室、软件定义导播台虚拟实体导播系统、实拍高品质多机位素材虚拟多机位信号，虚拟仿真了在重装备、复杂、低并发演播环境中进行业务学习、操作训练、导播作品创作实践过程，任何一台安装了导播 App 多媒体终端就能进行虚实结合导播实验教学，满足了高并发、重技能、多场景导播实验教学要求，达到知识传授、技能训练、艺术熏陶、能力培养的教学目的。

1. 实验目的

本实验项目为 3 个课时，以虚拟导播台为核心，通过演播室虚拟环境漫游、虚拟导播台操作、导播素材库信号源预览、导播作品创作与分析，达到熟悉演播室及其主要系统使用，掌握导播作品创作技能，培养学生多讯道电视节目创作能力。

2. 系统组成

本项目基于浙传云构建而成，分为后台服务及前台应用，多讯道导播虚拟仿真实验系统架构，如图 3-11 所示。

多讯道虚拟仿真实验技术系统由虚拟导播环境仿真、虚拟导播台、虚拟导播源仿真、浙传云等部分组成，其核心部件是虚拟导播台。

虚拟导播环境采用三维建模技术虚拟仿真了一个 8 信道演播室、导播间等物理环境，同时利用软件定义技术仿真演播室里的主要设备，实现了 360 度全景在线学习演播室的组成、功能及主要设备的使用。

虚拟导播台由"浙传云软硬件资源＋导播软件"即开即用虚拟生成，集成了矩阵、切换、特技、字幕、在线包装、监视、监听、通话等演播室子系统，支持 8 路信号输入预览，在线完成画中画、转场特效、调音、滚动字幕、台标、时钟等效果添加，能够以简单、快捷、灵活、虚实结合的方式实现多讯道导播综合实验。

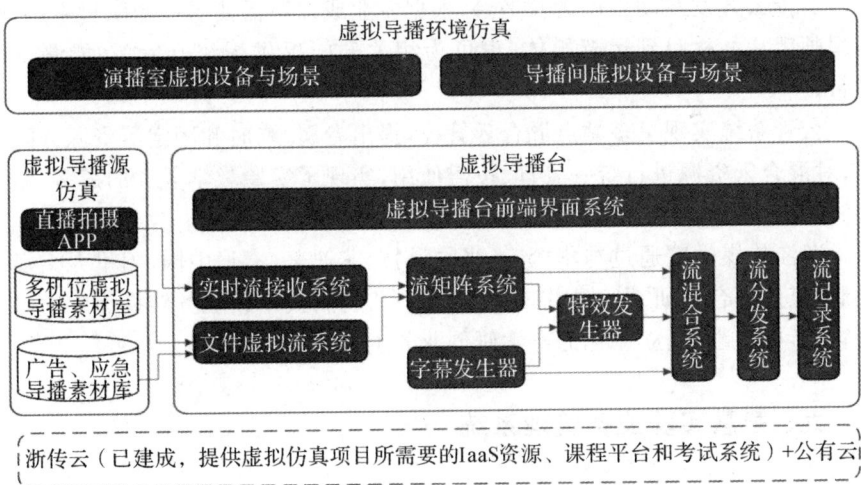

图 3-11　多讯道导播虚拟仿真实验系统架构

同时配套集直播、播控、管理等功能客户端 App,支持横竖屏切换拍摄、定义分辨率、多机位选择、直播及播控管理、信号监看、直播物理变焦、语音通话、前后摄像头切换、主播美颜等功能,实现导播实验及直播活动。

虚拟导播源仿真在浙传云上构建本项目素材库,建立典型应用场景的多机位同时录制素材作为导播信号源,如新闻、综艺、体育等多机位信号源及应急垫片、广告素材。

3. 系统特点

浙江传媒学院与华栖云、当虹科技等公司联合攻关,开发了国内高校第一混合云的媒体产学研创系统——浙传云,形成了云端教学、业务融合、虚拟仿真、生产实践、智慧管理、生态共建等六大特色。

浙传云构建了课程发布与学习平台,打通教务、学工、实验等系统数据链路,将涉及的业务在云端无缝对接,在传媒实践教学中首次实现"视频＋测试＋实训＋实践考试"的自主实践教学模式,形成"校园即媒体"的云端教学模式。

浙传云对接打通校内外已有业务资源,开发校园智慧 App,实现校园业务与云端系统的融合;开发虚拟导播台,实现多点多地多人的互动网络课堂教学;搭建混合云,实现互联网、校园网业务、生产实践的融合。

浙传云部署生产、发布、指挥、管理等子平台,实现了对典型媒体生产业务场景的无缝仿真;承接合作单位生产业务,实现在线顶岗实习、订单式培养。

浙传云开发互动生产运营平台,根据专业或课题需要组成团队自主运营,实现师生从办栏目到运营媒体,也可为相关部门提供系统开发、功能测试的平台。

云管系统实现了多站点混合云管控,提出专属、临时和固定等资源分配模式;对混合云资源进行统一管理、按需使用,实现了实验教学业务的最多"跑一次"。

浙江传媒学院通过与华栖云、当虹科技、艾迪普、索尼中国、阿里大文娱等企业、媒体联合共研、共建、共享、互通、联营,将新技术新业务转换为产学研创内容,形成多维度、立体化的产学研创业务生态系统。

九、智慧实验业务管理系统

为了践行实践教学"最多跑一次"改革,中心在浙传云平台上开发了智能实验教学管理系统,有效提升了实验教学管理的水平,实现了全校所有实验室及相关设备使用的"最多跑一次"。现在该系统已经在"校务服务办事大厅—实验室与设备管理处—实验室与设备预约"上线运行。

1. 原有实验室管理系统存在的问题

随着信息技术的发展,国内高校基本上构建了统一身份认证的教务、人事、学工、科研、图书馆、实验室管理等不同管理功能的校园信息化管理系统,极大地提高了实验室信息化程度,但是这些系统基本构建于 PC 端之上,而且是一个个信息孤岛,还存在着各种各样的问题,本系统主要解决了实验室管理系统存在的以下问题。

一是数据共享困难。实验室信息具有多维性、多样性和关联性,教师、实验员、管理员和学生关注的是不同的实验室信息,比如实验室人员、实验项目、仪器设备、实验室房间等资源,或者实验室、教务、学工、科研等信息存在于不同的信息化系统中和下沙桐乡两个校区,造成系统之间的数据没有被充分挖掘实现共享和再利用,制约了实验室信息化管理水平。

二是实验设备配置缺乏数据支撑。传媒实验系统拥有大量以 IT 设备为主的实验室,在实际运行中因各自的隶属关系不同而基本处于独立运行状态,造成实验室运行的相关数据不透明,导致各部门在设备购置中缺乏相互沟通和数据支撑,形成设备利用率低的现状。

三是管理手段落后,管理效率不高。学校之前虽然建立了基于 PC 机的实验室管理系统,但是此类系统侧重于各实验室调度、运行、信息统计等传统管理功能,未增加相应的实验室智能化管理模块,造成实验设备在购买、入库、使用、运维、报废等方面数字化、精细化、智能化程度偏低。

四是移动化应用水平低。在移动互联网技术迅猛发展和移动智能设备已经成为人们生活中不可或缺一部分的今天,实验室管理系统如何在技术应用和管理模式上顺应、融入甚至引领现代化发展趋势,对实验室管理系统来说不仅是一种技术上的创新,更是一种认识和理念的创新。

浙传云开发了以微信企业号为依托的实验教学管理系统,实现实验室综合管理、实验教学管理、实验设备管理和日常办公管理等业务的网络化、智能化、协同化。

2. 系统设计总体思路

一是移动优先,构建移动 App。微信企业号提供了企业移动应用入口,可以帮助企业建立员工、上下游供应链与企业 IT 系统间的连接,企业可以快速、低成本地实现高质量的企业移动轻应用,实现生产、管理、协作、运营的移动化。为了解决实验设备管理和日常办公管理等实验教学业务的网络化、智能化、协同化,实现实验教学业务的"最多跑一次",在浙传云上开发了基于浙传微信企业号的实验室管理系统,有效提升了浙江传媒学院实验教学业务管理的水平。

二是明确权限、对接校园其他信息系统。实验室管理系统对实验设备管理业务全部通过手机端操作完成,根据教师、管理员、学生等不同角色进行不同权限层层划分,还原实际实验教学环境中的角色分配,对接门禁、校园卡、OA、教务系统、智能设备自提系统,打通了产学研创的各业务流程数据,随时随地通过 App、PC、微信实现实验教学业务申请、审核、实施的移动化使用和管理。同时,实验室管理系统的设计在原有的标准化流程里面可以根据实验教学和业务流程进行快速、便捷调整,从而为各个二级学院、部门进行特有流程做定制化应用。

3. 实验管理系统架构

系统采用基于微服务构架实现了离散式、耦合少、易排查、易开发、易升级、易扩展、弹性部署,由基础环境层、数据支撑层、底层服务支撑、应用层等四部分组成。

系统可以部署在私有云、公有云、混合云上,既可以提供多项目自主服务能力,也可以使用阿里云、腾讯云等提供基本标准服务能力。

用户系统、设备对接、数据统计等业务均提供开放的 API 以及测试 SDK,

各种应用与服务能够十分方便接入。

4. 系统组成与主要功能

实验室管理系统主要由系统设置、用户管理、设备管理、实验室管理、借用管理、实践课程管理、智能设备管理、我的审核、个人中心、可视化大屏等模块组成,与校园其他信息系统通过系统间数据的传递与交换,实现了实验设备在日常管理、使用、维护等各方面的网络化、智能化、协同化管理。

系统采用多级审批＋自定义人员＋会签的自定义审批流程模式。根据学校不同二级学院或部门对审核要求的不同可以自定义审批人员和流程。满足不同环境下的审批需求,随时可以替换审批人员,方便实验室、设备借用,提高了工作效率。同时设置时间段,设备和实验室申请在设置的时间段内才能发起申请。

通过建立黑名单库,在黑名单库的人员不能借用实验室或设备。可以设置是否使用黑名单。对于使用黑名单的实验室,在黑名单上的人员不能借用该实验室或设备。管理员根据使用情况决定是否把使用者加入黑名单库。

系统初始角色默认有系统管理员、实验室管理员、教师和学生,角色列表是对系统中用户的权限分配,其中系统管理员定义为一个功能,具有查看所有功能的权限,但是不能进行审批,不展示在角色列表中。另外三个角色可以进行添加用户、重新分配权限,但是不能删除,可以新增角色,新增的角色可以添加用户,重新分配权限,也可以删除。

设备列表模块具有新增、更新、查看和删除等设备管理功能,支持 excel 导入。点击"新增设备",跳转到新增设备页面;选择所属实验室、设备借用方式;必填设备名称、设备型号和设备编号。

实验室列表主要功能是管理实验室,实验室架构数据与设备处实验室管理系统对接,实现了数据的实时同步。

实验室使用统计与实验室订单统计,主要统计所有实验室使用情况,列表显示实验室名称、所属学院、实验大室、实验室分室、室号、状态、操作显示详情以及每个实验室借用开始时间、借用结束时间、状态、申请人、借用方式、操作详情。

对可借用设施进行借用申请。根据开放对象和开放时间,显示实验室是否可借用。对正常的设备进行借用申请。根据开放对象和开放时间,若设备可借,列表在右侧显示"借用"按钮。

自提柜列表可完成查看所有自提柜的信息。柜口列表是自提柜上的所有格口的信息列表,可以查看到该格口的状态及具体的设备,也可以查看柜口详情。操作日志是对自提柜一系列操作的日志记录,包括记录自提柜名称、格口号、格口类型、操作、存放设备类型、存放设备编号、申请单号、操作时间。

可视化大屏提供设备管理系统数据的详细展示,汇聚了系统所有的订单、操作数据和日志,能够分析师生借用行为和审批情况。系统还建立了预警系统,当自提柜柜口数量过低则自动提醒管理员,实时监控访问情况和订单生成情况,还可以根据学校需求人工控制数据展示。

系统可以在微信、钉钉和 App 上使用,用户可以随时随地申请借用和审批,实现对教学资源的移动化使用和管理。

第六节 浙传云典型应用场景

浙传云实现了媒体内容生产的云端化、技术研发的平台化、业务创新的生态化、人才培养的全媒体化、业务管理的智慧化,典型应用场景涵盖产学研创业务的方方面面。

一、实践教学媒体化场景

实践教学媒体化场景有传媒技艺性课程、专业性课程、选拔性课程师生组队运营媒体、夏季双选会观场报道实践五种典型的教学场景,在媒体化的实践教学中培养学生传媒实践创新能力。

1. 传媒技艺性(线上线下结合)课程

该类课程面向全校传媒类专业公选课,学生通过自有终端登录课程学习平台,选择相应课程,访问所需工具、资源、实验项目,实现线上实践教学。目前开设了《节目制作应用与实践》《数据新闻报道》等课程。

2. 专业性(使用云工具)课程

专业性课程是面向传媒类专业的实践性课程,采用线上线下结合的教学方式完成。线上部分由学生课余在线上完成,线下部分在教师的指导下完成实践教学内容。目前开设了《全景新闻拍摄》《全媒体新闻发布》等课程。

3. 选拔性课程

选拔性课程主要是在大型生产系统和融合媒体云平台上共同开设的综合性、系统性实践课程,通过选拔组成教学班级。线上部分主要通过虚拟仿真实验项目完成,线下部分在教师组织下完成具体节目生产。目前开设的品牌课程有《高清节目转播》《全景节目制作》等课程,这些课程呈现一课难求的局面。

4. 师生组队运营媒体

海棠 TV 有媒体融合综合业务系统,通过这套系统师生组队可以进行包括媒体融合新闻业务的策划、汇聚、生产、管理、发布、互动、指挥控制、业务调度的全流程生产、发布与运营等媒体化实践教学。

5. 夏季双选会现场报道实践

每年浙传夏季招聘会在桐乡举行,师生组队做全媒体融合报道。在桐乡设 7 个手机机位,在下沙中央厨房进行报道调度指挥和演播室访谈,与桐乡现场联动,负责编辑新闻的同学实时发布微信微博,提供招聘会最新情况。

二、校园媒体生产运营场景

全媒体实验创新中心是集新闻宣传、媒体运营、人才培养、社会服务于一体的校园媒体机构,设有总编室、新闻部、节目部、技术部四个部门,常驻学生记者 1200 余人,校内媒体生产运营环境、生产运营场景逐渐迁移到浙传云上,在真真切切的生产实践中培养了学生传媒实践创新能力。与此同时,通过"产学研创"一体化运行,与新华社、人民日报、央视、光明日报、浙江日报、今日头条等媒体战略合作,全天候运营了下沙高教园区实验广播电视台、浙传在线、央视频浙传号、钱塘新区官抖以及学校官信、微博、官抖、头条号,形成了"产教融合"的媒体化全媒体实践教学运行模式。

1. 实验电视台(下沙高教园区广播电视台)

实验电视台融专业实践实训、节目采制播出和对外宣传报道于一体,是经浙江省广电局审批建立的两个高校有线电视台之一,播出信号覆盖下沙高教园区。电视台拥有自办频道一个,全天 8 小时播出,设有《浙里漫谈》《青春影像》《E-channel》《大学讲坛》等 10 档自办节目。在历年的全国优秀教育电视新闻和高校优秀电视节目评比中都斩获佳绩,近五年来共获中国高校电视奖一等奖 31 次、二等奖 25 次,被全国高校电视专业委员会评为"中国高校电视工作先进单位"。

2. 未来之星广播电台

未来之星广播电台面向全球进行实时网络直播、收听率稳居全国高校直播流之首,是唯一一家实现全天 24 小时线性直播的高校电台。日均在线收听直播总人次为 7 万,居全国高校第 1 位,最好成绩全国所有电台排名第 112 位。开设 30 余档网络点播节目,专注互联网 UGC 内容开发。在"网易云音乐""蜻蜓 FM""酷 FM""喜马拉雅 FM""企鹅 FM"等平台,电台节目点击量总和超过 3000 万。打造有全国高校首档偶像专题节目《偶像电台 IDOLAND》、全国高校首档原创音乐和音乐人专访节目《高校原创榜样》。

3. 浙江传媒学院官网

浙江传媒学院官网作为浙江传媒学院网上宣传"金名片",被教育部中国大学生在线评为"全国高校百佳网站",浙传资讯,尽在"网"里,重点打造传媒要闻、特色传媒、浙传试听、党建思政、学术交流、媒体聚焦等栏目,每年发布新闻稿件 8000 余条。

4. 浙江传媒学院官方微信

校级主流新媒体,以贴近师生的态度、鲜活动人的语言不断丰富传播形式,积极发布融媒体系列图文视听产品,提升用户体验,强化传播效果。官方微信关注用户超过 35 万余人,常年跻身中国青年报社推出的"全国普通高校微信公号排行榜"百强榜单,最好成绩达到周排行全国第二名,浙江省第一名,荣获"中国大学新媒体百强之 50 强优胜高校""浙江省高校新媒体综合力十强"荣誉称号。

5. 浙江传媒学院官方微博

浙江传媒学院官方微博立足专业特色,打造超级话题,开展粉丝互动。以内容打动人、以互动吸引人、以精神鼓舞人。有态度有情怀,传递网络正能量,不断提升学校形象和粉丝黏度。官方微博拥有粉丝超过 68 万余人,每周总阅读量 100 万+,常年跻身全国高校官博影响力前 50 名,"浙江传媒学院"超级话题热度始终保持在全国前 100 名。

三、影视传媒技术开发场景

媒体技术开发平台立足于"人工智能＋媒体"的相关理论与技术研究,从 4K/8K 智能编解码、数字影视特效技术、媒体内容安全和融合媒体技术等方向展开相关研究,承担了一批省部级课题的研究。

1. 传媒人工智能开源开放创新服务平台开发及应用

该项目是浙江省重大科技招标项目,以 TensorFlow、PyTorch 等人工智能开源程序为基础,开发一个以视听媒体智能服务为核心的传媒人工智能开源开放创新服务平台 iMedia，为影视传媒以及互联网新兴媒体行业提供创新服务。

2. 电视数字新闻自动化制作技术研究

该项目是浙江省重大科技招标项目，项目结合目前主流新闻生产流程，基于机器人写稿、数据可视化和智能语音合成等技术，在云平台上搭建一个具有自主知识产权的新闻智能生产平台，实现多渠道数据采集、数据分析、新闻文案生成、新闻图表生成、音视频合成等功能智能化。

3. 多屏融合环境下的全媒体新闻出版关键技术研究

该项目是浙江省重大科技招标项目，利用云计算、大数据和人工智能等现代化技术，在融合媒体环境下对新闻内容的生产、发布、管理及消费的流程和模式进行规划设计，搭建全媒体新闻生产、发布和管理服务平台及新闻大数据系统，研制个性化、智能化新闻"消费"终端软件，开发数字内容版权保护系统，建立系统化、多元化、智能化阅读服务的全新传播方式。

四、智慧实验业务管理系统使用场景

具备通过手机登录浙传"企业微信"进行设备申请、通过订单二维码现场领取设备、使用取件码在自提柜领取设备等使用场景，实现了实验设施借用的"最多跑一次"。

1. 设备借用场景

根据学生、教师、实验室管理员、设备管理员等多种权限进行层层划分，还原实际环境中的角色分配，申请、审核随时随地都能进行，让流程更加便利，让多层级审核与查询一步到位，以前有师生借用找不到借用人、审核人的情况，如今直接通过我们的系统让他们一目了然自己的借用步骤与详情，减少在实体操作中很多费事费时的冗杂过程。对于正在维修或者损坏的设备，设备管理员或者系统管理员可以直接编辑其检修状态。

2. 实验室预约

根据学生、老师、实验室管理员、设备管理员等多种权限进行层层划分，还原实际环境中的角色分配，申请、审核随时随地都能进行，现实生活中存在申请的条理化不清晰、途经的过程冗杂、浪费过多的时间、内容不能做到及时整合的状况，我们的层级审批自动发送给对应的审核人，审核结果实时查看，也让申请人能够及时查询到需借用时段是否闲置，不用查询审核老师办公位置与辗转多个层级等待审核。对于正在维修的实验室,实验室管理员或者系统管理员可以直接编辑其状态,调整预约信息。

3. 自提柜提取

为了解决实验室综合管理、实验教学管理、实验设备管理和日常办公管理等实验教学业务的网络化、智能化、协同化,实现实验教学业务的"最多跑一次",本中心在浙传云上开发了基于浙传微信企业号的实验室管理系统,有效提升了浙江传媒学院实验教学业务管理的水平。

五、虚拟仿真实验课程场景应用

在浙传云上搭设影视传媒虚拟实验教学平台,为浙江传媒学院国家、省、学校各级虚拟仿真实验项目提供云上服务。

1. 摄影用光造型虚拟仿真实验

摄影用光造型虚拟仿真实验项目是基于 3DSMax 建模,Photoshop 图像处理,Unity3D 游戏引擎,Visual Studio 软件编程的开发,可以在多平台运用的软件。主要用于弥补现有教学环境和实验操作的不足。通过模拟训练不同照相设备和附件的使用特征,不同闪光灯及其附件的照明特征,不同商业摄影题材、拍摄环境的表现特征,让学生更为形象准确地掌握摄影用光技巧,以综合提升学生摄影创作表现能力。

2. 影视分镜头画面(空间与人物造型)虚拟仿真实验

影视分镜头画面(空间与人物造型)虚拟仿真实验项目是基于 3DSMax、服装一体化设计仿真教学系统(含 3D 虚拟设计、3D 面料仿真、3D 动态试衣、3D 动态走秀、3D 面料素材库)、Photoshop 图像处理、Unity3D 游戏引擎、Visual Studio 软件编程的开发,可以在多平台运用的软件,主要用于弥补现有教学环境和实验操作的不足。通过将平面设计图呈现为立体空间造型,将割裂的空间场景和人物造型融合到一个视觉画面中,完全按照影视剧拍摄的镜头画面来进行视觉呈现,能够最大化地让学生通过生成的视觉效果修整设计方案,提升学生的综合设计水平和创新能力。

3. 摄影工艺制作虚拟仿真实验

摄影工艺制作虚拟仿真实验项目基于 Maya 建模、Unity3D 游戏引擎、3DStudio Max 计算机图形软件,打造可以在多平台运用的虚拟体验平台。本虚拟仿真实验按照古典摄影工艺制作的实际操作流程设计,模拟训练专业工作环境的准备、药液的制作和准备、感光底片制作、曝光过程、显影过程、定影过程、不同制作条件下的照片表现特征,提升学生的综合实验能力和创作能力。

六、数字化无接触智慧迎新场景

基于浙传云的迎新工作系统提供了一个集成、智能、共享的服务平台,减少工作现场和现场工作人员,充分满足学生个性化需求,提升迎新工作效率和迎新服务质量。

1. 迎新报到智慧化服务

迎新工作系统线上报到和个性化预约为新生提供系统化咨询服务、个性化接站服务、多元化运营商选择、精准化绿色通道保障、精细化志愿服务、特色化快递物流服务,学生可以点对点针对自己想知道的问题进行咨询,对想办理的业务进行定制和办理。

2. 迎新服务高效快捷

利用浙传学工公众号、资讯官方企业号打造开学报道信息化一网服务生态圈。系统能够提供全天 24 小时新生自助服务,打通入学前、报到时、入校后全时域应用。通过延展服务空间、集成身份核验系统、校外移动服务商、物流快递服务商,校内绿色通道办理等服务功能和设立长百事通问答机器人、精准抓取新生基础信息等举措,为新生入校后学习生活提供帮助。

七、"科研安"监督系统

在浙传云上构建"一舱三阀四模块"多跨协同科研监督系统,实现了科研管理监督云端一体的数字化、智能化监督场景。

"一舱"就是数字驾驶舱,以"数据一屏展示""监督一屏透视""处置一屏闭环",来实现清单式可视化的实时监督、动态呈现。"三阀"就是"红—黄—蓝"三色预警阀,红、黄、蓝分别表示调查处置、纠正偏差、提醒建议。建设预警阀最重要的基础就是打通数据壁垒,实现数据集成。"四模块"就是事前、事中、事后监督以及问题处置成效 4 个功能模块。

1. 事前监督应用场景

主要内容为科创管理申报异常预警,目前主要针对限制申报行为、一般违规行为进行预警和处置,以"蓝色""黄色"预警呈现,要体现"严"。

2. 事中监督应用场景

主要内容为加强科创项目推进的实时动态监管,目前主要针对科创人员经费预算执行异常、劳务费发放异常进行预警和处置,预警以"蓝色""黄色""红色"预警呈现,要体现"早"。

3. 事后监督应用场景

主要内容为针对问题整改完成情况开展监督预警,实现问题处置整改闭环,以"蓝色""黄色"预警呈现,要体现"全"。

4. 问题处置成效应用场景

主要内容为学校处置科创相关问题的成效情况,具体包括发现问题数、立案数、处理人数、党纪政务处分人数、挽回经济损失、制度成效等6个方面。

2019年7月19日,中国广播电影电视社会组织联合会技术委员会在北京组织召开了浙传云项目技术鉴定会。专家鉴定委员会主任由广电总局总工王效杰担任,成员来自中央广播电视总台、总局广科院、规划院、设计院、中广联合会、科技委等单位,专家鉴定委员会听取了项目的工作报告、技术报告、检测报告、查新报告和用户报告,审阅了相关鉴定材料,一致认为浙传云具有以下技术与业务创新:

1. 构建了面向传媒人才培养的融媒体教学实践平台,实现了混合云架构下的多校区云基础资源管理、生产实践、课程教学、科研创新活动、教学实验设备及业务管理,满足了媒体融合发展形势下对传媒人才培养模式创新的需求。

2. 采用媒体混合云架构,具备媒体"CPU＋GPU"云渲染、高带宽媒体存储、高性能专业媒体云计算能力,实现了多数据中心互联、多业务统一部署的多资源混合管理。

3. 通过弹性的"产学研创"融媒体云平台,结合教学课程表、科研计划表、生产计划表,面向多种应用场景,动态、弹性分配资源,实现智能管理与调度,为"产学研创"应用需求提供即申请即用的多租户融媒体云实验室。

4. 提出了"在线课程＋在线云工具"双在线新型传媒专业教学理念,解决了高校在线课程之外的在线实验/实训/实操的传统难题。通过融合"产学研创"融合场景,实现了人才培养的媒体化、内容生产的云端化、技术开发的平台化、业务创新的生态化。

5. 采用了大数据、物联网等技术,创新了实验室设备自动管理模式,通过实验室设备管理系统与校内系统信息互联互通,实现了实验教学业务、平台资源管理的网络化、智能化、协同化,实验数据的可视化。

浙传云经过 6 年建设与迭代,在实践教学平台、虚拟仿真项目、实践教学模式和开放共享等方面取得进展,多讯道导播虚拟仿真项目成为 2018 年度国家级新闻传播类虚拟仿真实验项目,初步形成了基于浙传云产学研创一体化的全媒体人才培养实践教学模式——"浙传模式"。

第四章　初心与使命：聚焦新时代
影视传媒卓越人才培养①

　　媒体融合时代传媒业界对卓越传媒人才的需求不断扩大，而传统的高校人才培养体系存在着人才培养模式难以适应现代传媒发展的新要求、专业实践平台难于满足学生实践能力的培养、高校与传媒业界缺乏协同育人的长效机制等问题。为了培养适应媒体融合发展的卓越传媒人才，需要通过推进教育教学改革、创新办学体制机制、优化人才培养体系、强化学生能力培养、推进"政产学研用"深度融合、构建卓越传媒人才培养新模式等举措，积极进行改革实践探索。同时，产教融合、协同育人是解决当前高等教育人才培养供给侧和产业需求侧不适应问题的重要途径。需要从高校人才培养全过程出发，深入分析高校与产业融合发展中的教学资源建设问题，协同共商应用型人才培养目标与标准体系、协同共构培养模式与课程体系、协同共享师资队伍与教学能力、协同共创实践与创新创业教学生态、协同共建质量保障与人才评价认证体系，服务卓越人才培养。

第一节　新时代影视传媒卓越人才培养的探索创新

　　随着数字与网络技术的飞速发展，新兴媒体快速崛起，媒体融合成为传媒业界发展的新趋势。这种快速变革使得传媒业界对人才的需求产生了巨大变化，对新型专业化的卓越传媒人才需求不断扩大。作为传媒人才培养的主阵地，我国高校传媒人才培养与传媒业界日新月异的变革形成了一定的反差，传

　　①　本章主要内容曾发表于《积极探索卓越传媒人才培养的新模式》，载《中国广播电视学刊》2011年第11期；《媒体融合时代卓越传媒人才培养的创新实践》，载《中国广播电视学刊》2019年第2期；《应用型人才教学资源的产教融合协同建设》，载《齐齐哈尔大学学报》（哲学社会科学版）2018年第8期；《"三区联动"与高校人才培养机制创新》，载《教育与职业》2010年第2期；《推进产学合作教育培养高素质应用型传媒人才》，载《中国高等教育》2011年第19期。

媒教育的滞后性致使高校传统的人才培养体系难于适应现代传媒发展对人才培养的新要求。媒体融合发展为高校传媒人才培养带来了前所未有的机遇与挑战。传媒教育应进行教育教学改革,培养与传媒发展相适应的高素质传媒人才已经成为普遍共识。如何改、怎么培养卓越传媒人才,是高校需要认真思考与研究的课题。

一、高校卓越传媒人才培养所面临的主要问题

1. 传统人才培养模式难于适应现代传媒发展的新要求

传媒业界日新月异的媒体融合发展形势促进高校传媒人才培养也在不断变革,但总体而言与传媒业界需求还存在很大的滞后性,传统的专业设置、课程体系、教学模式、考核评价等方面都存在问题,难于适应现代传媒发展对人才培养的新要求。大部分高校的传媒类专业都是围绕着传统媒体设置的,课程体系围绕传统媒体建构。同时,由于师资和其他办学条件的制约,没有与时俱进开设与媒体发展趋势高度融合的课程;传统教学模式以教师为中心,课堂教学以教师单向讲授为主,重课本知识轻实践能力的现象仍然比较普遍;对学生的考核评价也是以学生掌握的知识甚至是课堂知识为主,缺乏对学生创新实践能力的考核。在这种模式下培养出来的学生自然难于满足现代传媒业界的人才需求。

2. 专业实践平台难以满足对学生实践应用能力的培养要求

传媒业界媒体融合发展对学生的实践应用能力提出了更高的要求,既有扎实的理论知识又有较强实践能力的传媒人才才能够真正受到业界的欢迎。对学生实践能力培养而言,科学的实践培养体系是关键,专业实践平台是基础。专业实践平台难于满足学生要求的原因是多方面的。一是教育理念存在偏差。有些高校过分强调理论学习,对学生实践能力培养缺乏足够的认识,实践教学只是理论学习的补充或者验证。二是受办学条件制约。专业实践平台的建设需要加大投入,调动各种资源,特别是建设能满足大批学生实验实训的大型先进实践平台更是如此,而培养学生成本最低的方式就是课堂教学,教师投入也是最少的。所以在很多大学办的传媒类专业,当这些学科专业不是学校的主流学科时,自然就难于投入大量资源建设专业实践平台,学生的实验实训机会少,实践能力的培养就会受到严重影响。

3. 高校与传媒业界缺乏协同育人的长效机制

培养能适应媒体融合发展的高素质传媒人才是高校追求的目标,而传媒

业界共同参与人才培养、协同育人是实现这个目标的重要举措之一。从目前的实际情况看，由于高校管理体制、机制等多方面原因，现在高校教师水平的衡量标准主要是学术水平，教师的来源大多也是从高校到高校，很难得到业界实习或锻炼的机会，真正从业界来学校任教的专家很少，教师中既有较高学术水平又有较强实践能力的"双师型"教师也很少，教师愿意把更多的精力放在学术研究和课堂教学上，对传媒业界缺乏深入了解。传媒业界的诉求更多体现在对人才的使用与需求上，更多着眼于经济效益，而政府对传媒教育协同育人没有强制性的约束和要求，相关政策法规和制度也不健全，这使得高校的人才培养与业界的人才需求缺乏互动机制，各行其道，难于匹配。

二、浙江传媒学院卓越传媒人才培养的实践探索

作为一所省部共建的传媒类院校，浙江传媒学院在传媒类学科专业建设方面具有独到的优势和特色，在传媒教育方面有着良好教育生态环境，多年的行业办学历史也使学校与传媒业界有着天然的联系。为顺应媒体融合发展趋势，学校发挥行业办学与区位优势，整合校内外各种资源，以培养适应于媒体融合发展的卓越传媒人才为目标，通过推进教育教学改革、创新办学体制机制等举措，积极进行改革实践探索，取得显著成效。

1. 抓好顶层设计，构建卓越传媒人才培养体系

什么样的人才是卓越传媒人才？如何培养卓越传媒人才？这是学校人才培养中面临的两个最重要问题。围绕卓越传媒人才的培养，学校展开教育理念专题讨论，深入传媒一线充分调研，根据传媒发展趋势达成共识：卓越传媒人才就是适应传媒行业发展最新要求的优秀人才，并且具备成长为行业卓越人才的潜质。从这个意义上，培养卓越传媒人才应该是培养适应并最终能引领传媒行业各种领域、各个方面前沿发展的拔尖性人才。[①] 基于培养适应媒体融合发展的卓越传媒人才新要求，学校于 2013 年全面启动了新一轮教育教学改革，以全面修订本科人才培养方案为契机，明确了培养"知识、能力、素质协调发展的，具有较强社会责任感、良好职业素养和具有一定国际视野的，基础实、素质高、能力强、具个性的应用型、复合型、创新型人才"三型合一的卓越传媒人才培养目标，[②]以此目标为要求全面优化人才培养体系。

---

①　王渊明.积极探索卓越传媒人才培养的新模式[J].中国广播电视学刊,2011(11).
②　浙江传媒学院.关于制订 2013 版本科专业人才培养方案的指导性意见[R].2013,10.

在教学体系的构建上,除常规的理论教学体系和实践教学体系之外,根据对卓越人才培养的新要求,将创新创业教学体系全面纳入人才培养体系。理论教学体系主要包括各类课程、讲座等理论教学环节,是卓越传媒人才培养的基础。实践教学体系涵盖各种课程实验、实训实习、专业实践、社会实践、毕业论文(毕业作品创作)等实践教学环节,是卓越传媒人才培养的核心。创新创业教学体系是推动培养卓越传媒人才改革的突破口,在设计上要将学生的第二课堂有机融入第一课堂教学,将学生的创新创业教育与专业教育、思想政治教育有机结合起来,将学生创新创业教育与社会需求有机结合起来。创新创业教学体系主要包括素质拓展、创新实践和创业训练三个模块,从课程体系、教学模式、实验实训方式、师资队伍建设等方面进行综合改革,要求每个学生至少完成 10 个学分,是卓越传媒人才培养的关键。三大教学体系在促进学生知识、能力、素质协调发展,培养应用型、复合型、创新型高素质传媒人才的目标上,既相互结合又发挥各自独特的作用。精心设计三大教育体系,科学制定人才培养方案,为培养卓越传媒人才打下坚实的基础。

2. 聚焦核心能力,优化课程体系结构

学校积极探索适应媒体融合背景下卓越人才培养的课程体系建设。按照"通识课程—学科课程—专业课程"相互衔接递进,聚焦学生核心能力的培养,强化学生知识、传媒基本素质和核心能力与课程体系设置的相互对应关系。在通识教育中除思政、外语等必修课程外,还设置"人文素质教育""科学素质教育""艺体素质教育"等系列课程,涵盖艺、文、工、管、经等多个学科门类,[1]注重扩展学生的知识面和基本文化素养,使学生具有跨媒体、跨学科的能力,构建学生复合型的知识体系结构,适应于媒体的融合发展。同时,扩大选修课的比重,让学生既能打好基础,又能根据自己的兴趣爱好及发展方向,跨学科选择基础课程,提高学生视野及思辨能力,为培养学生终身学习能力奠定基础。在学科课程设置中打破传统单一专业领域,让学生修读大类平台课程,巩固学科基础,拓宽专业口径,以应对传媒业界快速的变革,加强对学生传媒职业素养的培养,为学生的专业学习和可持续发展奠定基础。在专业课程设置上,着眼于培养学生的专业能力、职业发展与创新能力,同时对传媒业界的发展趋势保持高度敏感性,紧贴传媒发展前沿增设相关课程,使学生掌握传媒学科发展的最新理论和知识,了解传媒一线对学生知识与能力的要求,让学生的学业与就业、校园与社会实现无缝对接。

---

[1] 浙江传媒学院.关于制订 2013 版本科专业人才培养方案的指导性意见[R].2013,10.

3. 推进教学改革,提升学生的自主学习能力

课程和课堂是人才培养的主阵地,教学对卓越传媒人才培养的重要性不言而喻。传统教学中存在的突出问题是教学以教师为中心,教学方式以知识讲授为主,缺少教学互动,总体而言重教轻学,未能激发学生学习的积极性和主动性,严重影响学习效果。学校推进教学改革从三个目标入手:实现从以教师为中心到以学生的发展为中心、从学生的被动接受到学生的主动学习、从学习课本知识为主到提升学生自主学习能力为主的三个转变。教学模式是师生之间传授与学习的主要方式,教学模式改革是教学改革的首要任务,学校以"课程教学模式创新实验区"为依托,鼓励教师积极探索案例式、项目式、混合式、翻转课堂等现代教学方法,积极推广小班化教学,加快智慧教室建设。在推进教学模式改革的同时,还鼓励教师与时俱进更新教学内容,推进知识、能力考核并重的多元化学生学业评价体系改革,强化对学生学业过程的监控、评价、考核与反馈机制,完善笔试、作品、口试等多种考核形式。加强对毕业论文(毕业作品创作)的全过程管理,提高毕业论文(毕业作品创作)质量。近年来,共有 36 个项目被立项为省级课堂教学改革项目,136 个项目为校级课程教学改革项目,形成了一批新的适合传媒人才培养的教学模式,如媒体行业走岗式、演播棚实战体验式、作品创作式等,取得显著成效。

让学生拥有更多的优质课程资源是学校教育教学改革的目标之一。学校把握政策导向、加大投入,建立了国家级、省级、校级三个层次的优质课程,包括国家级双语示范课程、省级精品课程、校级重点课程、校精品在线开放课程等。加大对慕课(MOOC,大规模开放在线课程)、微课等新型课程的建设力度,构建学生线上线下相结合的学习模式,建立学分认定与优质教学资源共享机制,满足学生学习的网络化、多样化需求。对于学生第二课堂的学习,如"读百部书看百部电影""学术讲座"等,学校也积极与相关公司合作开发学习平台,并将其与讲座管理、第二课堂学分管理等平台无缝对接。

教学改革的实施、优质教学资源的建设与共享,使学生成为最大受益者,也为学生的课外学习、多形式学习、自主学习打下良好基础,激发了学生求知欲望和主动学习的激情,提高了学生学习的参与度、积极性和学习效率,达到了提升学生自主学习能力的目标。

4. 强化实践教学,提升学生的实践应用能力

对卓越传媒人才的培养而言,学生实践教学体系的建设是基础,实践应用能力的培养是关键。学校围绕学生实践应用能力的培养,着力推进实践教学

的综合改革,坚持把实践教学贯穿到学生四年本科阶段的整个学习过程。2013年,学校以实行三学期制为契机,进一步推进人才培养模式的改革,强化实践育人在培养学生综合能力中的作用。三学期制即将一个学年分为"两长一短"的三个学期,在保持总的教学周数基本不变的情况下,从两个长学期中分别抽出时间构成为期三周的夏季短学期,主要用于开展集中性、综合性的实践教学活动。三学期制的实施增加了实践教学在整个人才培养方案中的比重,各专业实践教学的学分占总学分的比例普遍提高到30%以上,综合性、集中性、设计性的实验实训项目所占比例也大幅度增加,推动了以学生能力为核心的实践教学体系建设,强化了对学生实践能力和综合素质的培养。同时,三学期制实际上压缩了课堂教学的教学时数,推动了整个育人模式的转变,包括精简教学内容、改革教学方法、改革学生学业评价方式、调整与三学期制相应的教学管理制度、优化教学资源配置等,有力促进了学校教育教学的综合改革。

学校出台相关政策,积极鼓励支持各二级学院根据自身学科专业特点和人才培养目标,开设丰富多样的小学期集中教学实践活动。如播音主持艺术学院"走岗式"实践教学模式,就是在专业教师带领下组成实习小分队,分别到中央电视台、浙江广电集团等一线媒体进行定点集中实习,通过"学生"与"岗位"的对接,让"课程教学内容"与"岗位能力要求"对接,提升学生的实践应用能力。各种形式的小学期集中实践活动让学生走出校园,深入媒体(企业)一线,了解社会、了解媒体,了解岗位对专业知识与能力的要求,了解自身能力与一线媒体要求的差距,学到许多书本上学不到的实践知识。通过小学期集中教学实践,学生学习目的更加明确,学习的兴趣增加了,学习的主动性增强了,为实现学业与就业的无缝对接打下良好的基础。

5. 加强实践平台建设,提升学生的跨界实战能力

传媒业界对应用性的现实要求是高校学生难于实现校园与业界无缝对接的重要原因,普遍而言,目前高校的实验实训环境与业界的实战要求还存在巨大的差距,学生实践能力难于满足传媒业界发展的需要。学校根据媒体融合的发展趋势,加大实践教学投入,搭建实验室、导师工作室、校外实践教学基地等各种类型的实践教学平台。学校与全国传媒业界合作,积极构建学生实验实训及创新创业的平台,建立340余家实践教学基地。为了实现"实验即实战"的实践教学理念,学校利用自身传媒院校的整体优势,打破专业壁垒,重组实践教学资源,建设了面向全校师生的媒体融合云平台和全媒体中心,为学生提供"全媒体、实战化"的实验实训平台,形成了自己独特的优势和特色。

媒体融合云平台依托国家级实验教学示范中心和省级虚拟仿真示范中心而建设,是全国高校建设的首个媒体融合云平台。平台采用云计算和大数据技术,融合电视、广播、微信等媒介资源,实现了对各类媒体的全覆盖,集师生课程教学、实验实训、创作研究、媒介开发等多功能为一体。结合先进的媒体融合云平台建设,学校通过"五个结合"的实验教学流程,即结合设备讲系统、结合系统讲操作、结合操作讲作品、结合作品讲实战、结合实战讲理念,实施"实践—理论—实践"的螺旋式知行合一的实践教学改革。[①] 平台着眼于培养学生媒体融合环境下的跨界、实战、综合和创新能力,为卓越传媒人才的培养奠定基础。

为了给学生提供一个完全真实的融合媒体实验实训环境,学校整合实验电视台、"未来之星"广播电台、《未来传播(浙江传媒学院学报)》、官网、官方微信等校园主流媒体,成立了全媒体中心。全媒体中心既是人才培养的一个基地,也是学校对外新闻宣传和社会服务的一个窗口。实验电视台覆盖下沙高教园区的 14 所高校 30 多万人口,而"未来之星"广播电台则是全国第一家也是唯一一家全天 24 小时播出的高校电台,收听率在全国高校名列前茅。在专业教师的指导下,由学生负责全媒体中心各种媒介的采编播传及媒体的实际运作,让学生在一个完全真实的媒体环境下学习、实习、实践和工作,对学生的实践应用及创新能力培养发挥重要作用。全媒体中心已成为学校培养全媒体应用型复合人才的重要基地。

6. 创新协同育人机制,探索建立卓越传媒人才培养新模式

为了使学校的传媒人才培养真正与传媒业界实现无缝对接,学校加大开放办学的步伐,积极整合调动政府、传媒业界和研究机构的各种资源,采取联合办学、项目合作、实践基地合作、教学合作等多种方式,建立"政产学研用"一体化协同育人机制,探索建立卓越传媒人才培养新模式。2015 年 3 月,学校开创全国本科教育"混合所有制"联合办学改革试点的先河,与浙江省新闻出版广电局、桐乡市人民政府、浙江华策影视股份有限公司共同组建浙江传媒学院华策电影学院,形成了学校、政府、企业(行业)共建共管、协作培养的一体化办学模式,实现优质教育资源共享机制,有力推进了"政产学研用"的深度融合。多方合作联合办学使得华策电影学院的人才培养模式发生了革命性的变化,学院拥有多方的优质教育资源,从专业设置、人才培养目标及课程体系、教

---

① 姚争,负伍.以培养卓越传媒人才为核心建设国家实验教学示范中心[J].实验技术与管理,2016(6).

学内容、教学模式、教学评价等人才培养的各个环节都能与行业一线紧密对接，将优质资源转化为教育教学内容，着眼于培养理论基础扎实、实践能力突出、具有国际视野、能适应传媒发展需要的高素质人才。

学校还分别与浙江广电集团、浙江出版联合集团等多家媒体单位签订合作协议，共同创办了"卓越新闻传播人才实验班——飘萍班""天娱创意精英班""新华书店班"等，在人才培养体系、课程内容、教学模式、创新创业创作等方面开展合作，形成了不同的卓越传媒人才培养模式。"卓越新闻传播人才实验班——飘萍班"在全校选拔优秀学生组成"虚拟班"，设立"出镜记者"与"数据新闻"两个专业方向，由学校和浙江广电集团共同组建教学团队联合教学。项目除了专业教师担任学业导师外，还由一线专家担任专业导师，教学内容从了解和解决媒体实践前沿问题入手，提高学生实践应用能力，着力培养卓越新闻传播人才。"天娱创意精英班"则是学校与在业界具有较大影响力的天娱公司合作，共同实施"青春天娱成长计划"，培养卓越媒体人才。项目对课程体系和实践教学体系进行大胆改革，教学采用合作式、案例式等教学方式，教学内容与媒体一线要求完全对接，同时为学生提供参与策划、录制大型综艺类节目的机会，很多学生参与了《燃烧吧少年》等栏目的节目制作、宣传发行等实际工作，项目毕业学生大多都在各省级广电集团工作，很多人现在已经是台里的骨干。项目的实施为协同育人培养卓越传媒人才建立了一种新模式。

第二节　融合背景下影视传媒人才产教融合体系的构建

2017 年 12 月，国务院办公厅发布了《关于深化产教融合的若干意见》（国办发〔2017〕95 号）。文件认为我国"人才培养供给侧和产业需求侧在结构、质量、水平上还不能完全适应，'两张皮'问题仍然存在"，并提出了"推进产教协同育人、健全高等教育学术人才和应用人才分类培养体系、加强产教融合师资队伍建设"[①]等具体要求。实际上，早在 2015 年 10 月，教育部等三部委曾经发布《关于引导部分地方普通本科高校向应用型转变的指导意见》（教发〔2015〕7 号），文件提出"各地各高校要从适应和引领经济发展新常态、服务创

---

① 　国务院办公厅关于深化产教融合的若干意见［EB/OL］.（2017-12-19）［2018-7-03］. http：//www. gov. cn/zhengce/content/2017-12/19/content_5248564. htm.

新驱动发展的大局出发,……推动部分普通本科高校转型发展。"①为此,需要从指导意见出发,全面研究应用型人才培养目标与标准设计、培养过程、软硬件资源建设、质量保障与学生学业评价等完整育人环节,系统构建应用型人才培养资源建设的产教融合协同体系,分析各项举措的相互关系、作用、地位,力求描绘产教融合应用型人才培养条件资源建设的基本路径,为地方高校、行业特色高校转型发展提供具体的方法指导。

一、协同共商人才培养目标——人才质量标准是前提

产教融合背景下,高校人才培养目标需要切实转变,根据经济社会发展切实需求,对接行业产业发展,明确人才培养的种类、方向;同时,高校要深入了解、研究乃至参与制定专业人才质量标准,对培养出的毕业生规格做到胸有成竹,将质量标准贯彻到人才培养全过程。

1. 人才培养目标

我国高等教育有本科、专科之分,2000 年之前,学界基本将本科人才视为研究型、学术性人才,专科人才则为技能型、技术性人才。这一人才划分模式,并不适应当前高等教育大众化发展阶段,西方学者认为我国"高等教育机构的教学方法、课程内容、课程结构与知识结构也需要不断更新。学校所教的内容与中国人的社会与工作实际并没有联系起来"②。新时期高等教育,要满足社会与市场的需要,就必须更多地注意到理论与社会生产的紧密联系,在研究型、技能型人才之外,培养应用型人才。而应用型人才层次水平高,单纯依靠行业培训无法胜任,高等教育必须承担必要的培育责任,产业界、教育界有着天然的融合需求。

具体来说,产教融合应用型人才培养目标,应该有如下三特征:(1)目标明确性,(2)职业发展性,(3)能力标准化。目标明确性,是人才培养目标需要明确培养人才面向行业、服务领域,培养出哪一类人才;职业发展性则侧重学生发展成长,进一步描述培养出的人才未来的发展路径和成长方向;能力标准

---

① 教育部.国家发展改革委.财政部关于引导部分地方普通本科高校向应用型转变的指导意见[EB/OL].(2015-10-23)[2018-7-03].http://www.moe.edu.cn/srcsite/A03/moe_1892/moe_630/201511/t20151113_218942.html.

② 戴维·查普曼.发展中国家的高等教育:环境变迁与大学的回应[M].北京:北京大学出版社,2009:204.

化,则是人才培养目标需要符合行业人才质量标准。

人才培养目标有必要纳入人才质量标准内容,并进一步细化学生的知识、能力、素质要求。将行业制定的人才质量标准纳入高校人才培养目标中,形成人才培养目标—人才质量标准体系是产教融合协同育人的前提。

2. 人才质量标准

人才培养目标是高校根据自身发展、社会需求自行决定的,具有个性化特征,是"培养什么人"的问题;人才质量标准是行业、产业发展对人才提出的基本的标准化需求,具有共性化特征,是"人才应该是什么样的"的问题。这两者看似各行其是,却有内在统一性。人才培养目标具体能力、素质、知识要求,需要在共性基础上体现个性,高校必须在行业产业的人才标准规范基础上进行扩展,两者合一才能真正明确"培养什么样的人"。

人才质量标准可分为国家、行业、学校等三个层次,涉及知识、素质、能力三个方面要求。例如,教育部中国工程院关于印发《卓越工程师教育培养计划通用标准》的通知(教高函〔2013〕15号)提出了卓越工程师国家通用标准。[①] 这一通用标准是工程师培养的国家标准,而各行业还需要继续完善制定各自的标准,例如电子工程、机械工程、网络工程、土木工程等不同行业。最后各学校还需要依据行业资源、本校特色优势,制定各学校的标准,形成国家、行业、学校三个层面标准。教育界不仅应该努力参与国家标准、行业标准的制定,在学校标准制定过程中还需要广泛吸纳政府、行业、产业代表,协同构建学校标准。

2018年1月教育部发布的《普通高等学校本科专业类教学质量国家标准》也是国家层面的质量标准,对各专业类的本科人才培养目标、培养规格、课程体系、师资队伍、教学条件、质量保障等各方面提出了明确的标准和要求,而其中最为重要的就是确保人才培养质量标准。以新闻传播学类教育质量国家标准为例,其中明确要求了政治素质、道德素质、专业素质、身体素质等4项素质要求,5项能力要求,8项知识要求。

应用型人才培养目标确定的重要工作之一,就是深入分析并明确人才的能力、素质、知识的标准与要求,这一分析过程与结果,有着承上启下、枢纽性、贯穿始终的重要意义。分析质量标准、细化人才目标,明确了人才培养规格,

---

① 中华人民共和国教育部. 教育部中国工程院关于印发《卓越工程师教育培养计划通用标准》的通知[EB/OL]. (2013-11-28)[2018-7-03]. http:// old. moe. gov. cn/publicfiles/business/htmlfiles/moe/s7915/201312/160923. html.

不仅是对人才培养目标的进一步充实与丰富,更是从起点上沟通产学,达成共识。可以说,人才培养目标—质量标准体系是确保人才质量的前提,对人才培养方案、课程体系设计、教学方法都有决定性的重要作用。

二、协同共构人才培养模式——课程体系资源是基础

人才培养目标、质量标准确立后,产教融合还需要建立科学的人才培养方案,以文件的形式确立科学的培养过程、培养要求等,明确"怎样培养人"。而人才培养方案设计中最为重要的两个方面就是人才培养模式、课程体系。

1. 人才培养模式

应用型人才培养模式本质就是高校与产业、企业共同参与人才培养过程的模式。从时间上看,可以分为 2+2、3+1 模式。从学生毕业去向看,可以分为订单式、双元制等模式。从职业认证上看,可分为双证书式、继续教育式培养模式。无论哪种培养模式,应用型人才培养都需要产教融合,协同参与培养过程,突出应用型人才的实践能力培养。

产教融合的应用型人才培养,并不是简单的教学场所更替、教学师资组合或是课程内容叠加,双方应该从人才培养目标、标准出发,开展深度融合。高校并非简单地把培养实践能力的责任转嫁给企业,而是要设计全过程、全方位、递进式的实践能力培养体系。从课程类型上看,要设计理论课程实验环节、独立设置的实验课程、综合实习实践环节、毕业设计环节,逐步深入培养学生综合实践能力。从学制设计上看,很多高校设立了 1 个月左右的专门用于实践的短学期,四学年共计四个短学期,从参观见习、岗位实习、综合设计、毕业设计等环节上逐步深入。从实验实践环节上看,把课内实验、企业实践与课外科技竞赛、创新创业比赛等融合起来,配备校内校外导师,综合培养学生的理论知识、实践能力、专业素养、创新思维。

2. 核心课程体系与资源建设

理论知识、实践能力、专业素养、创新思维的培养需要相应的课程体系的支撑。人才培养方案的重要内容就是要对应人才标准与各类要求,设计相应的课程体系。课程体系应当包括理论课程、实践教学环节和毕业论文(作品)。例如《新闻传播学类教学质量国家标准》对应 4 项素质、5 项能力、8 项知识要求,提出了"理论课程、实践教学环节和毕业论文(作品)的课程体系,其中理论

课程主要包含通识类课程、公共基础课程、专业基础课程、专业类课程。"[①]

除了课程体系设计之外，产教融合共同建设课程资源，也是课程建设的重要内容。企业完全可以把行业发展的最新技术、产品、工具引入课程，设置独立的实验课程，充实进入理论课程，加入实践实训环节。也可以围绕行业各岗位职业需求，围绕生产过程更新教学内容。以新闻出版专业为例，"通过选择新闻出版典型产品的典型生产过程，将典型生产过程分解为多个典型任务，将其转化为可实施的项目，重构'项目载体、任务驱动'式教学内容"[②]。这种课程能够让学生了解行业发展前沿，适应行业企业一线队的人才要求，展现"上手快""来之能用"的职业素养。更能够"在日常教学环境中模拟和打造职场情境，让学生亲身体验职业要求、职业标准，培养职业素质，从而有针对性地做好职业规划，有利于学生零距离就业"[③]。

三、协同共享师资队伍——教学能力是核心

学校办学以教师为本，师资队伍的人才培养能力是决定应用型人才培养成败的关键。目前高校都十分重视"双师双能型"师资队伍建设，积极引进来自企业行业的专业人员，努力打造来自高校、来自企业的双师型师资队伍。传统学术型人才培养的师资往往学科专业知识掌握系统牢固，而行业教师往往行业实践能力强，两类师资最需要的是对应用型人才培养的教育理论、教学方法等教学能力的培养，培养其科学设计教学过程、合理运用教学方法的能力。

应用型高校教师教学能力的培养重点在于：（1）依据质量标准、学生特征、教学内容，科学设计教学目标、教学方法、教学过程的能力；（2）掌握多种教学方法，并在教学中合理运用的能力。为此，教师教学能力培训中要同时针对高校、企业两类师资开展培训，掌握从教学目标、教学标准出发的"逆向教学设计"方法。逆向教学设计（backward design），是威金兹与麦克泰格两位学者2005年开发的一种教学设计模式，"帮助教师从教学结果开始思考教学，首先明确教学目标细节，即希望完成所有教学步骤后学生知道、理解、能够做到什么"。该方法中，教师首先用需要理解、知道、能够做到什么的模式与学生分享

---

①② 教育部高等学校教学指导委员会.普通高等学校本科专业类教学质量国家标准[M].北京：高等教育出版社，2018：97.

③ 陈桃珍.高职传媒类专业群产教融合课程建设"部门+项目"教学组织设计[J].当代教育论坛，2017（3）：77.

教学目标。随后通过分析教学目标，计划显性教学活动（explicit instruction），让学生开展练习、运用知识与技能，使用不同的教学模式与教学策略，让每一位学生都有机会学习、练习以及运用新知与技能。[①]

应用型人才培养的关键核心在于教师的教学能力、知识储备、行业背景等。通过"双师双能型"师资队伍建设，教师的学科知识、行业背景都有一定的保障，基本建立了协同建设、协同培训、协同共享师资的机制。但是对于师资教学能力、教学方法培训还存在较多的不足，而这恰恰是应用型人才培养的核心问题。当前，大部分教师教学方法上以教师讲授、演示为主，教学内容以传授学科知识、演示操作技能为主，培养过程与应用型人才培养目标存在较大差异。这些问题都严重制约了应用型人才的培养质量，要解决这些问题根本在于教师队伍的教学能力培训，需要通过教学的理论、教学设计方法的学习，让教师系统掌握教学设计方法、具备应用型人才培养基本手段，大胆开展教学创新，形成适合应用型人才培养的师资队伍与教学体系。

四、协同共创实践——创新教学场景是关键

目前实践教学、创新创业教育体系建设中，主要存在以下三个方面的问题：一是软硬不平衡。产教融合中重视各类硬件建设，在软件资源与机制建设上缺乏成熟积极的探索。二是关系不紧密。产教融合共建项目上缺乏系统设计规划，无法对应用型人才培养形成合力。三是运用不到位。很多实验室、项目、平台在一定程度上存在重建设轻使用的问题，高水平、高价值的设备仪器很难发挥应用的作用，设备淘汰较快，实验室平台无法完全开放给师生使用，学生只能走马观花，见习为主，难以发挥应用型人才实践能力培养的作用。

产教融合应用型人才培养，需要高校与企事业单位深入融合，系统创建实践—创新教学场景。从横向上看，场景中应该包括"课程、平台、师资、项目"等，形成完整生态。课程应该包括理论课程、实验课程、实践课程、实习实训课程、创新创业课程等内容体系，形成完善的实践能力培养课程体系。平台建设上，需要建设校内实验室、校内实习实践基地，以及校外实践基地、创业孵化基地，各类平台从基础的学科、专业实验室，到专门的实践基地，形成层级、梯队。同时各类课程、平台需要配齐各类教师、开发各类实验实践项目，服务学生课

---

① Thomas H. Estes, Susan L. Mintz. Instruction A Models Approach[M]. New Jersey: Pearson Education, 2016: 17,29.

外实践创新项目、各类竞赛、作品创作研发等,为学生第二课堂学习提供有效辅导,使各类平台使用效率最大化。

从纵向上,实践创新教学场景还需要在内容上形成实验、实践、创新、创业连贯的完整体系。实验教学,要求学生熟悉基本实践操作规范,掌握实践相关原理、方法等,掌握单项操作能力。实践教学在校内外实践基地中开展,培养学生了解企事业单位生产全过程,组合运用实验课程中掌握的能力、方法,进一步加深对理论的理解和培养实践能力。在综合实践阶段,学生可以深入参与企业的生产管理、销售服务等过程,从单项操作、简单工作过渡到负责综合真实的工作任务,在实际工作中锻炼实践能力。在综合实践基础上,学生需要参加各类科技创新大赛、竞赛,申报并完成各类创新项目,把理论学习、实践学习、课外研究所得进行综合创新,针对企业生产实践的实际需求进行创新,甚至还可以通过企事业单位的研发项目锻炼创新实践能力。

实验、实践、创新基础之上是创业教育。没有创新的创业是低附加值、低技术含量并且低成功率的,只有真正的技术创新才是高水平应用型人才创业的主要方向。通过创业课程帮助学生掌握创业知识、概念,通过各类项目培养创业能力、意识,通过实际参与企事业单位的创业工作培养创业精神、理念,逐层递进,最终通过辅助孵化,自主开展创业活动。

从实验实践到创新创业,是一个完整的、连贯的、不断递进的系统,应用型的人才培养需要在学生入校初就开始设计进行,真正让学生在实践—创新场景中,通过产教融合、校内外培养,获得实践能力、创新能力、创业精神的培养。

五、协同共建质量保障——评价认证体系是保障

产教融合应用型人才培养的质量保障—评价认证体系包括两个部分,一是人才培养质量保障体系,用以保障人才培养过程与教学条件,通过定量评价确保各类资源建设符合应用型人才标准的数量质量要求,通过定性评价确保人才培养过程契合人才质量标准、培养目标,并针对问题进行反馈调整。二是人才质量评价,如通过对学生的知识、能力、素质评价,开展学生职业能力的评定,判别学生是否达到了标准、目标,发放相关资格证书。

1. 质量保障体系

应用型人才培养质量保障体系,应该贯穿人才培养全过程、全环节,覆盖人才培养全要素。其中相对容易进行监控保障的是资源投入部分,该部分通常都有硬性的定量要求,可以通过加大投入、加强建设等工作完成。但是更重

要的是培养过程中,人才培养标准、目标是否达成,人才培养模式是否合适有效,课程教师质量是否满足要求,实验实践创新创业教学是否形成完整体系等。这些环节都需要进行定性的评估监控,对于发现的问题还需要进行反馈,不断改进提高,形成完整的闭环体系。

从标准、目标制定来说,产教融合应用型人才培养保障的主体主要应该包括两个部分,学校与行业协会。学校主要从教育的角度开展自我监控。行业从第三方的独立角度,严格按照标准、目标体系进行评估,完善质量保障体系建设。当然,社会、政府、学生家长等相关人员都是质量评估的主体,但是从专业性、严格性角度看,质量保障的最终还是需要以学校自我质量保障体系与第三方评价体系结合才能发挥最佳效果,才能形成长期有效的质量保障体系。"要对培养模式的合理性、有效性进行全面追溯,也要求培养模式建构思路要更为清晰、逻辑性更强,教育培养全程质量观因此得以联动贯彻和实施。新型培养质量调查反馈环节的健全与完善,对形成系统闭环的人才培养模式内在良性互动机制发挥着至关重要的作用。"①

2. 学生学业评价

应用型人才评价分为培养过程中的形成性评价以及培养结束后的终结性评价。形成性评价是为了促进学生发展而开展的评价,促进学生不断提高、达到质量标准要求,满足人才培养目标;同时也促进教师不断调整教学方法、人才培养模式,发现最佳教学方案的重要手段。终结性评价是学生在完成学业前进行评价,比如校内的毕业资格审核、行业的职业资格认证等都属于终结性评价,用于鉴定、鉴别学生是否达到培养目标和质量标准,最终用于毕业、就业、职业资格审核。

我国目前在学生学业评价上还以单一的学校评价为主,用人单位、行业协会、第三方评价等评价相对较少。而在发达国家,工程、医疗领域的学生终结性评价中,各类行业协会、第三方评价认证则相对完善,并有较强的权威性。在日本工程教育认证委员会(Japan Accreditation Board for Engineering Education,缩写为:JABEE)的工程认证中,相关高校与产业界紧密协作、产教融合,共同构建了完整的质量保障—评价认证体系。评价专家的人员组成上,行业产业界专家与高校专家教授占有绝对的比例。"JABEE 所实施的专业评价则是侧重于对工学专业教学质量与教学成效的直接评价,由于这种评价认

---

① 戴跃伟等.基于培养质量跟踪评价反馈的人才培养模式优化研究[J].江苏科技大学学报(社会科学版),2016(3):100.

证不仅关注课程设置、人员配备等投入面(Input),而且也强调被评价大学的产出面(Outcomes),即重视毕业生的就业质量、用人单位的评价反馈等,这种评价认证无疑更能有效保证工学专业毕业生的人才培养质量。"①

　　把产业界引入高校,产教融合共同建设大学、共同培养人才从理念走向现实,进而走向兴盛,需要的不仅是政策、资源,还需要高校与产业界共同转变思想、形成共识,还需要教师和教学管理人员把产教融合的思想和理念落实到人才培养全过程、全环节中,从目标—质量、培养模式—课程、师资队伍—教学能力、实验实践—创新创业教学、质量保障—评价认证等人才培养等方面进行全方位的改革创新,才能真正培养出符合社会主义现代化强国需要的应用型人才。

---

① 叶磊.日本工程应用型人才培养质量保障机制研究——基于 JABEE 评价认证的视角[J].盐城工学院学报(社会科学版),2015(3):88.

第五章　机遇与挑战："双一流"驱动下
影视传媒专业建设[①]

专业是人才培养的基本单元。优化专业结构是实现高等教育内涵式发展、建设一流本科教育、提高人才培养质量的必然要求，是推进新一轮高等教育改革和"质量革命"的题中应有之义，也是不同类型的高校做特做优做强的生存发展之道。当前，我国高等教育正处于内涵发展、质量提升、改革攻坚的关键时期和全面提高人才培养能力、建设高等教育强国的关键阶段。这是对我国高等教育历史方位的新判断。党的十九大将党的十八大关于"推动高等教育内涵式发展"的要求提升到"实现高等教育内涵发展"的新高度。为此，国家召开了新时代全国普通高校本科教育大会和全国教育大会，并先后作出了"双一流"建设和加强一流本科教育的战略部署。而"专业是人才培养的基本单元，是建设高水平本科教育、培养一流人才的'四梁八柱'"，所有教育目标的达成都要以专业为基本组织架构得以实现。因此，可以说，调整优化专业结构布局，提高专业建设水平是实现高等教育内涵发展、提升人才培养质量、推进新一轮教育教学改革的必然要求和题中应有之义。

第一节　影视传媒专业结构整体调整策略

专业结构优化通过专业与系统中其他对象之间的关系来触发，对象就是这些关系的本质，"事物具有其固有属性，这取决于事物本身（而不是其他事

① 本章主要内容曾发表于《传媒院校专业结构调整优化的探究与实践》，载《未来传播》2022 年第 6 期；《智能语音技术视域下播音与主持专业应变策略研究》，载《吉林艺术学院学报》2020 年第 4 期；《融媒体时代高校影视制作人才培养教学模式探究》，载《浙江传媒学院学报》2018 年第 3 期；《智能化时代的播音主持专业国际化人才培养探讨》，载《未来传播》2019 年第 6 期；《高素质动漫人才培养的协同创新机制研究》，载《中国广播电视学刊》2013 年第 2 期。

物)的存在方式"①。因此,专业结构优化至关重要的是,既要强调专业自身内部结构的合理性,也要考虑其他对象的性质。换言之,专业结构优化不仅要根据本专业的发展情况来决定,而且还要考虑其所处环境和行业发展需求。必须将专业结构优化深深地植根于外部环境的土壤中,在专业与外部环境,如高等教育国际化、经济社会发展、高校专业结构布局、考生家长期待等因素相互作用的境域下,形成特定跨越时空互动的路径,以降低专业发展与外部环境的既存张力。

一、专业结构优化的理性思考:从必然到应然

从系统论的视角来看,任何事物都是由大小系统构成或以系统的方式存在的,并由一系列相互联系、相互作用的要素或部分组成,具有特定的结构和功能,系统的结构越合理,其整体功能的显现或发挥就越大。作为学术研究的组织,高校是由各个学科门类以及一、二级学科组成的。作为承担人才培养主要职能的机构,高校是由各类不同的专业构成的体系。所以,高校的学科专业布局,内部要素结构是否合理,在同类院校同类专业中能否具有特色和优势,直接决定或彰显高校的办学水平和核心竞争力。在新的时代条件下,在高等教育发展的新阶段,高校内部的专业结构优化就成了实现内涵式发展的新课题。比如,浙江大学将原有的 130 个专业调整优化到 90 多个专业,中山大学从 120 多个专业压缩到 70 多个专业,可见调整力度之大。专业结构优化是外驱力和内驱力相互作用的结果,调整优化专业结构是高校新一轮教育教学改革的大势所趋。那么,调整优化专业结构的基本原则或依据是什么?笔者认为,至少应该遵循以下四个导向。

1. 专业结构优化的目标导向

目标是一个国家、社会或组织、团体及个人的理想追求和发展愿景,对群体或个体发展具有指引、导向和激励作用。高校的使命和宗旨仍是当今教育系统的基本问题,但确定高校的使命与宗旨要敏捷地反映时代发展要求,响应国家发展战略。专业建设是沟通师生、链接微观与宏观内涵建设的重要桥梁,开展专业评估认证,调整优化结构,能够对教师提出明确要求,对学生发展提出明确目标,让师生做到心中有数、找到差距、看到方向,促进学校内部各方面思路有机统一,制度有序衔接,运行有效进行,氛围有度营造,人才目标有力达成。

---

① Lewis,D. Extrinsic Properties[J]. Philosophical Studies,1983,44 (2):197-200.

　　从我国高等教育所处的国际大环境和建设高等教育强国的战略目标看，高校专业建设与改革必须与时代同步，与国际接轨。在"世界处于百年未有之大变局"的历史关头，习近平总书记指出："新科技革命和产业变革的时代浪潮奔腾而至，如果我们不应变、不求变，将错失发展机遇，甚至错过整个时代。"①在全面建成小康社会，开启中华民族伟大复兴新征程的历史关口，我们对高等教育的需要比以往任何时候都更加迫切，对科学知识和卓越人才的渴求比以往任何时候都更加强烈。②为顺应科技革命和产业变革的发展时代潮流，培养一流人才，增强国家核心竞争力，国家作出了加快建设世界一流大学和一流学科的战略决策。中国高等教育要走向世界，从跟跑、并跑直至在某些方面的领跑，当然首先要与国际接轨，适应并融入国际化发展趋势。2013年，我国被接纳为《华盛顿协议》预备成员，2016年，我国成为《华盛顿协议》正式成员。以"学生为中心，产出导向，持续改进"的三大理念及专业认证模式，已经成为衡量高等教育质量的国际标准，对于引导和促进世界各个国家高校的专业建设、保障人才培养质量提供了通行规则。建设高教强国的时代要求和高等教育的国际化趋势，向我们提出了如何积极应变、主动求变的问题。近几年来，教育部围绕一流大学建设、一流人才培养目标，陆续出台了"六卓越一拔尖人才培养计划2.0"（卓越工程师、医生、教师，卓越农林、法治、新闻传播人才和基础学科拔尖学生教育培养计划）、"四新建设"（新工科、新医科、新农科、新文科）和"双万计划"（一流专业、一流课程）等一系列"组合拳"，其核心和落脚点是专业建设。这些战略举措既是实现高等教育内涵式发展的实质性内容，同时对高校优化学科专业结构提出了更为迫切更加具体的任务。

　　从学校办学定位和人才培养目标看，高校需要构建符合自身发展定位的学科专业布局。高校专业设置与优化不仅要适应高等教育国际化发展的大趋势，符合国家高等教育发展的大战略，还要契合学校办学定位和发展目标。浙江传媒学院是20世纪80年代由国家广电部举办和直接管理的三所传媒院校之一，前身为浙江广播电视高等专科学校，2004年升为本科院校，后又经历了划归地方政府管辖，再到省部共建的发展过程，学校具有鲜明的"广电传媒基因"。在40多年的办学历史中，浙江传媒学院始终秉持"立足浙江，面向全国，紧贴传媒，服务社会"的办学宗旨，确立了"培养基础实、素质高、能力强、具个

---

　　①　习近平.同舟共济创造美好未来——在亚太经合组织工商领导人峰会上的主旨演讲[EB/OL]. http://cpc.people.com.cn/n1/2018/1117/c64094-30406239.html. 2018-11-17.

　　②　习近平.全国高校思想政治工作会议上的讲话[N].人民日报，2016-12-9.

性的复合型、应用型、创新型传媒人才的培养目标",构建并不断完善了传媒特色的学科专业体系,为国家经济社会发展和广播影视行业培养了大批专业人才,形成了"北有中传,南有浙传"的知名度和美誉度。在高等教育蓬勃发展"百舸争流"的新时期,学校步入了向更高水平更高层次发展的新阶段。2019年初,学校第三次党代会确定了"建设国内一流,国际知名的高水平传媒大学"的新目标,提出了"高水平师资队伍,高水平人才培养"和"学科优势强,专业特色强"的"两高两强"首位战略,它将引领学校进入新一轮发展的快车道。因此,调整优化学科专业结构、推进专业内涵建设是落实浙江传媒学院党代会制定的新目标、新战略,提升学校办学水平和层次,提高核心竞争力的题中应有之义,也是办学实践中的一项基础性、先导性工程。

　　2. 专业结构优化的需求导向

　　作为人才培养的基本单元,专业建设直接反映并适应社会发展需要和考生需求。当社会和考生需求发生变化时,专业结构也应随之调整。教育部在开展本科教学工作审核评估和专业认证时明确了"五度"标准:专业培养目标与培养效果的达成度,专业定位与社会需求的适应度,教师及教学资源的支撑度,质量保障体系运行的有效度,学生和用人单位的满意度。笔者的理解是:在"五度"标准中,其中的"专业定位与社会需求的适应度",应该是更为核心更为关键的指标,是实现其他"四度"要求的基本前提。

　　专业结构优化必须以服务社会需求为导向。结构优化强调的是专业发展过程中专业与社会要素之间不可避免的交织和相互依存。社会结构"由若干要素组成,在不影响变化的情况下,任何要素发生变化必然导致其他要素也随之变化"[①]。高校人才培养"在任何时候都要把服务国家战略和区域经济社会发展作为重要责任和使命,在为人民服务、为中国共产党治国理政服务、为巩固和发展中国特色社会主义服务、为改革开放和社会主义现代化建设服务过程中实现自身的价值追求"[②]。培养本地区经济社会发展需要的人才,应是地方性院校的根本职责。随着高等教育的普及化,区域性校园数量的增长使人们对高校在促进地区福祉中所扮演角色的兴趣日益浓厚,同时人们对高校作为区域经济发展驱动力的重要性有了更加广泛的认知。浙江地处经济社会文化最发达的"长三角"地区,在建设经济强省的同时,历届省委、省政府高度重

---

　　① Lévi-Strauss C. Structural Anthropology[M]. Harmondsworth: Penguin, 1963.
　　② 杜玉波.着眼世界水平着力中国特色——对办好中国特色社会主义高校的再认识[J].中国高校教学,2018(11).

视文化建设,按照"八八战略"描绘的蓝图,先后制定和实施了建设"文化大省""文化强省"的战略举措。党的十九大之后,浙江省又制定颁发了《关于推进文化浙江建设的意见》,提出了今后5年要重点建设的"文化浙江十大工程",其中关于"文化人才和文化名家培育工程"提到,要"发挥浙江大学、中国美术学院、浙江传媒学院、浙江音乐学院等高校作用,深入开展校企合作和校际合作,创新产学研合作,加强文化人才培养"①。浙江传媒学院是一所以培养新闻传播、影视艺术和文化创意人才为主的地方院校,为国家和区域经济社会发展,为文化浙江建设培养急需的人才,是其义不容辞的使命担当。学校在开展校企合作、产教融合,推进政、产、学、研、创一体化发展,探索创新办学模式、人才培养模式等方面也取得了许多骄人的成绩,为浙江文化产业发展作出了不俗的贡献。

专业结构优化必须以服务学生需求为导向。我国高等教育已从精英化经过大众化向普及化阶段迈进。在满足人民群众普遍获得高等教育机会的同时,人们对专业教育、就业发展的需求也日益显现出个性化、多样化特点。在此过程中,必然会导致学生越来越想通过接受高等教育以改变自己命运的期望与专业发展的不平衡不充分之间的矛盾。学生需求与社会需要是相互关联相互作用的,学生需求是社会需要的反映,但同时还有学生个人兴趣爱好和就业创业发展的价值追求。高校之间的竞争除了综合办学实力、历史文化传统、所在地区差异等因素,其专业特色和优势,影响力和知名度也成为考生填报志愿的重要考量。近几年的高校招生录取数据显示,有不少院校,包括部分"985""211"高校的专业"遇冷",未能在相应批次完成录取计划,甚至大幅度降分,除了地域、行业等因素,与专业的社会适应性和对考生就业的适用性直接相关。因此,调整优化专业结构也是高校增强对考生吸引力和竞争力的需要。《教育部关于加快建设高水平本科教育全面提高人才培养能力的意见》(以下简称新高教40条)指出,要动态调整专业结构,深化高校本科专业供给侧改革,建立健全专业动态调整机制,做好存量升级、增量优化、余量消减。

3. 专业结构优化的特色导向

客观世界的存在因其矛盾的特殊性和多样性而呈现出丰富多彩的样态。经过改革开放以来40多年的快速发展,中国普通本科院校数量目前已达到1200多所,同时也出现了严重的办学"同质化"现象,突出表现在大量的专业重复设置,导致出现"千校一面"的局面。"质量求生存,特色求发展"是许多高校都提倡的办学理念,但如何在高校林立的新一轮竞争格局中"突围",真正实

---

① 中共浙江省委浙江省人民政府关于推进文化浙江建设的意见[N].浙江日报,2018-3-22.

现差异化发展,寻求具有自身办学特色和优势的生存发展之路,是我们共同面临的课题。

在宏观层面,国家提出了高校分类建设、特色发展的指导意见。在全国教育大会上,习近平总书记指出:不能把高校分为三六九等,要鼓励高校办出特色,在不同学科不同方面争创一流;要根据建设社会主义现代化强国的需求,调整优化高校区域布局、学科结构、专业设置,促进高等学校科学定位、差异化发展。李克强总理同时强调:高校要找准定位、发挥优势,坚持分类发展、错位发展、特色发展,各美其美、美美与共;要着眼培养适应就业、能够创业、勇于创新的现代化建设需要的人才,统筹不同层次、不同类型人才培养。新高教40条要求:推动高校分类发展,引导各类高校发挥办学优势,在不同领域各展所长,建设优势特色专业,提高创新型、复合型、应用型人才培养质量,形成全局性改革成果。

为落实国家关于推进一流本科教育要求,适应地方经济文化发展需要,浙江省教育主管部门一方面提出,要把加强内涵建设、实现专业升级转型作为全省高教工作的重要任务,把本科教育放到更加突出的位置,集中资源支持本科教育、服务本科教育、做强本科教育;另一方面也强调,要树立特色办学理念和有限专业理念,加强专业设置的科学论证和规划,下决心调减重复率高、就业率低、与学校发展目标和社会需求不相适应的专业,加强服务新兴产业、数字经济发展以及民生急需相关的专业建设,对传统专业进行改造升级,发挥优势特色学科对专业建设的支撑作用,打造一批"名专业"。以上论述中的关键词都聚焦于"分类发展""特色发展",这些都是我们进一步调整优化专业结构布局的基本依据。

在学校层面,浙江传媒学院依然要坚持走特色发展之路。一个学校的办学特色和优势集中体现在其学科专业的特色和优势上。许多国际、国内知名高校,不仅具有悠久的办学历史、文化积淀和综合实力,且以其一流的特色优势专业著称于世,深受世界各地考生学子的青睐。经多年的办学,浙江传媒学院逐步形成了自己的"传媒本色"和"行业特色",并有一批"特色鲜明,优势明显"的专业跻身省级、国家级一流专业的行列。习近平总书记在浙江工作期间曾莅临浙江传媒学院考察,对学校提出了"紧跟时代,突出特色"的殷切期望。在新的时代背景下,如何与时俱进,继往开来,进一步凝聚和彰显办学特色和优势,调整和优化学科专业结构布局既是势之必然,也是事之应然。

4. 专业结构优化的问题导向

现有专业如果不能与时代发展和经济社会发展相适应,不能与学校办学定位和人才培养目标相契合，不能与考生需求相呼应，本身就是问题所在。问题是改革的出发点，其目的是使专业结构切合社会实践的需求，并重新定义自己结构的"范式变化"，以引发回应和分析问题，捕获解决方案和行动策略。专业建设越来越多的注意力集中在专业结构对既存问题回应的满意程度。

从总体上看，高校学科专业普遍存在盲目布点、重复设置、"多而散"的专业结构失衡现象。概括起来说，主要问题有：一是重复设置。在高等教育外延扩张阶段，许多高校为了做大规模，贪大求全，盲目增设一些师资、设备以及办学条件尚不具备，又缺乏学科基础支撑的专业，在后来的建设中由于投入不足，可持续发展乏力，在同类专业竞争中成为"鸡肋"。二是老旧过时。一些传统专业由于缺乏社会适应性和市场敏感度，与社会需求脱节，不适应新技术、新产业发展要求，学校尤其是二级学院和专业教师往往从本位主义出发，不愿舍弃停办，抱残守缺，又不能及时改造、转型升级。对此，教育部高教司司长吴岩在高等学校专业设置与教学指导委员会第一次会议上讲话时开出了"药方"：高校专业结构优化要从四个方面着力：一是要着力解决脱节的问题，即专业设置跟社会脱节、跟经济脱节、跟创新脱节；二是要着力解决融合的问题，要着力解决科教融合、产教融合、校企结合、校地结合等方面的问题；三是要着力解决支撑的问题，高等教育培养的专业人才支撑着社会经济发展，支撑不了就解决不了"底座的问题"，就没法办好；四是要着力解决引领的问题，高等教育对经济社会发展要发挥火车头的引领作用。[①] 这些分析判断是深刻中肯的，为我们调整优化高校专业结构明晰了路径要求。

二、专业结构优化的实践探索：从认知到行动

既存问题对专业建设和发展提出了要求，专业必须阐明所处位置以及如何实际利用或回应这些问题，并将专业结构与特定的交互环境联系起来，是专业结构优化必须反思的"可变的多个系统"，构成了专业结构优化的依据和实践。解决了认识层面的问题，关键是实践和行动。近些年来，基于前述问题的理性认识和对校内专业结构现状的分析，浙江传媒学院分期分批对专业进行较大幅度的调整优化。

---

① 吴岩. 在高等学校专业设置与教学指导委员会第一次会议上的讲话[EB/OL]. http://gjs. njit. edu. cn/info/1064/1599. htm,2019-6-27.

1. 厘清学科专业发展思路

理清思路，做好顶层设计是活动展开的逻辑前提和实践基础。2016 年，浙江传媒学院制定的《"十三五"专业建设与人才培养规划》就提出了"稳定规模、优化结构、强化特色、提高水平"的专业建设总体目标。经过五年的发展，先后两轮的校内专业评估认证和教育部本科教学工作审核评估，使学校专业建设发展的基本思路更加明晰：立足学校办学定位，围绕"两高两强"首位战略，树立学科专业一体化意识；强化学科支撑，理顺学科、学院、专业关系，以一流学科带动一流专业建设；坚持有所为有所不为，突出办学特色优势，通过合并、停办、改造、增设等举措，优化专业结构布局，形成相互支撑、协调发展、全链融合的学科专业生态群。2019 年，浙江传媒学院以新一轮校内机构改革为契机，首先理顺了学科、学院、专业关系，进一步调整学科发展布局，为后面的专业结构优化奠定了基础。浙江传媒学院将原先分布在 8 个学院的戏剧与影视学科调整归并至 5 个学院；将分布在 3 个学院的新闻传播学科调整归并至 2 个学院；调整合并工学门类的 2 个学院，组建跨学科的媒体工程学院，实现信息与通信工程、计算机科学与技术、软件工程 3 个工学学科的交叉；国际文化传播学院和大学外语部合并重组，强化外国语言文学学科建设。将所有学科分为 3 大类：优势学科、培育学科和储备学科，形成以戏剧与影视学、新闻传播学两大优势学科为核心，以马克思主义理论、中国语言文学、外国语言文学、艺术学理论，教育学（传媒高等教育方向）、数学、经济学 7 大储备学科为支撑，带动信息与通信工程、计算机科学与技术、软件工程、音乐与舞蹈学、设计学、工商管理 6 大培育学科的可持续发展。

2. 健全动态调整长效机制

动态调整是专业结构在交互环境中可观察到的结果，是关系模式的系统化显现，体现着一定专业结构的层次性变迁。早在 2012 年，浙江传媒学院就开展了首轮校内专业评估认证。2017 年，浙江传媒学院在迎接教育部审核评估的自评自建中，组织开展了新一轮校内专业评估认证工作，并初步构建了"校内生源质量评价、就业质量评价、校外专家评价、校外第三方评价"四位一体的专业认证模式，为建立完善的专业动态调整机制积累了经验。2019 年，浙江传媒学院根据教育部审核评估的"五度"要求，对照国家专业教学质量标准，制定了《浙江传媒学院本科专业监测预警及动态调整实施办法》（试行），提出了学校专业监测预警和动态调整的适应性、特色性、兼顾性、动态性等 5 大原则，设立了相应的量化监测指标体系——专业招生、转专业、毕业生就业、毕业生对专业及教学工作满意度、第三方专业评价数据等 5 个一级指标 9 个二级指标。根据专业年度监测考评数据，按艺术类和文史理工类进行排名，排名位于后 5%～10% 的专业被列入预警专业名单。第一次列入预警名单的专业，减少招生计划，两次列入预警名单的专业，暂停招生或予以撤销。动态调整机制重视专业建设的"产出导向"、人才培养的结果导向，为专业建设的可持续发展带来不竭动力，解决了单靠"底线"不能解决的专业建设动力不足等问题。

3. 推进调整优化实践

专业结构优化重在实践，特别是在内涵建设时期，必须重视专业调整实践，以帮助专业获得自身正确定位，实现可持续发展。传统上，专业建设是自在地从专业面临环境的角度来形成专业建设理念、专业建设举措与路径，专业结构优化的实践则改变了这种短期、线性的专业建设思路，使专业重新定位自己的序列，建构自己的专业发展规划，提升专业建设的自为性。在 2017 年的浙江传媒学院校内专业评估中，根据评估结果，学校果断暂停信息管理与信息系统、公共关系学、环境设计、数字出版等 4 个专业招生，合并 8 个专业方向，实行 3 个专业大类招生。2019 年，依照《浙江传媒学院本科专业监测预警及动态调整实施办法》，经过校院两级充分论证协商，决定再暂停通信工程、汉语国际教育等 2 个专业招生，增设 2 个招生专业方向。两轮调整下来，共计暂停 6 个招生专业，合并（取消）8 个专业方向，增设 2 个专业方向，调整比例占专业及专业方向总数的 28.57%。浙江传媒学院专业结构布局更加优化，特色优势更加鲜明。

三、专业结构优化的经验启示

每一个通过反复实验的行为往往会构成特定的经验，既存的经验往往以实践及成效为前提。经验是具有广泛的时空延伸的社会实践，换言之，经验存在于实践时空之中，因为社会中大多数成员都遵循并认可经验。经验往往成为专业结构优化在多数情况下理解和使用的通用程序。① 在专业动态调整优化实践中，浙江传媒学院也获得了一些经验启示。

1. 决策层的统筹谋划和决心意志是前提

学科专业建设是一个系统工程。专业结构调整不是"拍脑袋"的行为，其

---

① Giddens A. The Constitution of Society[M]. Cambridge：Polity Press，1984.

涉及学科专业的总体布局、办学资源和教学设施的分配优化，以及师资队伍的引进培养等。因此，需要决策层对学校发展现状、基础有清醒认识，对学校发展形势、环境有科学研判，对学校发展目标、战略有前瞻把握。既要遵循历史与现实相统一的逻辑，又要着眼于未来发展，分析长板、短板、优势、劣势，做好统筹谋划，稳步推进。由于学科专业调整必然是有减有增，有分有合，关系到相关学院和教师的切身利益和人员机构的变动，自然会遇到抵触和排斥。所以在科学论证的前提下，还需要决策层有敢于担当，破旧立新，"壮士断腕"的决心和勇气。事实证明，这些问题我们在实践中也遭遇了，并得到了合理有效的解决。

2. 科学规范的制度安排和组织实施是保障

首先，科学的决策要落实到有效的执行，离不开科学的制度设计和规范的操作程序。在先后两轮的校内专业评估认证时，浙江传媒学院均制定了专业评估实施方案和指标体系，作为评估工作的基本依据。特别是在 2017 年，浙江传媒学院以迎接教育部审核评估为契机，以《普通高等学校本科教学工作审核评估范围》为基准，在制定评估方案时，结合该校实际，将生源质量、就业质量、第三方专业评价作为核心指标列入评估指标体系，用数据说话，强化了评估结果的客观性和说服力。其次，是发挥校外专家的权威作用，在两轮的专业评估中，浙江传媒学院都邀请了三分之二的学界业界知名专家组成专家组，对学校所有专业和专业方向进行全面深入的评估，体现了评估工作的权威性和公信力。在总结前期专业评估经验的基础上，浙江传媒学院于 2019 年制定了《浙江传媒学院本科专业监测预警及动态调整实施办法》（试行），形成了专业调整优化的长效机制。

3. 基层教学组织和专业教师的同心协力是基础

如前所述，专业结构调整优化的工作主体是二级学院和专业教师。专业结构的调整优化，不仅需要学校决策层的统筹谋划、制度设计和规范组织，还需要相关学院和教师的支持、配合和参与，他们的认可度和参与度直接关系到实践的执行力和有效性。由于会触动他们的"奶酪"和"饭碗"，他们往往会消极对待或讨价还价。因此，需要做好深入细致的宣传解释和疏导工作，解决他们的思想认识问题。特别是要树立"利益共同体"意识，明确专业结构调整不仅是学校可持续发展的需要，也关系到二级学院的生存和发展，关系到教师的事业发展和长远利益。这样，全校上下才能统一共识，形成合力，实现预期的调整优化目标。

第二节　智能化视域下播音主持专业改革的路径

自麦克卢汉以降,传播学者对基于技术迭代的媒介演进与人类社会的关系一直存在两种截然相反的观点:悲观主义观点和乐观主义观点。前者以尼尔·波兹曼为代表,对新技术带来的大众文化充满忧虑,认为媒介"技术垄断"将使人类进入"娱乐至死"的年代,导致"童年的消失";后者的代表人物保罗·莱文森则认为,媒介技术的进化具有人性化趋势,后续媒介总是在遵从这种逻辑补救前面的媒介。智能技术的发展让人们陷入这样的焦虑:我们会被机器人取代吗?当智能播音员主持人敲响直播室的大门,中国高等院校的播音与主持艺术专业(以下简称播音专业)固有的问题被几何倍数放大了。我国的播音专业自 20 世纪 60 年代到今天,经历了"从无到有、从有到多"的发展,逐渐成长为一个独立的专业,具有自己独特的理论框架、明确的研究范畴,具备学科的边缘交叉特性,招生人数众多,影响广泛,特色鲜明,揭示了播音主持的本质和规律,形成了具有中国特色的播音专业高等教育教学体系。人工智能时代,播音专业要实现"从多到强"的转变,改革不仅需要而且迫在眉睫。这一点从首批申报国家播音一流专业的 15 所院校的相关数据分析可以得到验证,从识变到应变,从应变到求变,应变策略的研究是该专业一流专业建设的应有之义。

一、智能语音场景:现实和潜在的替代性分析

智能语音技术是现代科技的产物,是人工智能技术(AI)一个重要的分支领域,目前已经被认为是实现人机交互的基础性技术。通过与语音要素分析、大数据、云计算等现代技术结合,进行从语音采集、语料设计到语音深度加工等数据处理,实现文本之间的高效转换,即时生成靶向语言。2017 年杭州西湖之声和科大讯飞联合打造了国内首个广播电台智能主播"小西",如今智能语音播报成为播音主持实践工作中的重要应用场景,对传统播音岗位的现实和潜在替代性越来越显现。

1. 智能语音场景的出现——从技术到应用的现实

智能语音技术发展态势良好,已经形成比较成熟的商业模式和多种经典应用场景,其价值和意义已从概念引领转变为形成生产力,机器换人的势头初

步显现。

腾讯研究院报告显示,截至 2017 年 6 月,我国共有 592 家人工智能企业,其中智能语音企业数量为 92 家,占比约为 15.54%,该比例仅次于计算机视觉和智能机器人领域企业占比。① 目前智能语音技术应用在与播音主持的相关场景主要有,一是各类节目播报或者主持,比如 2019 年两会期间,新华社开设智能机器人栏目"小新聊两会",东方卫视新闻直播节目《小冰摇摇吧》;二是普通话水平测试和普通话语音矫正,科大讯飞公司研制的"机辅测试"通过对单音节、多音节、朗读(此文暂不对"朗读"项现行软件标准是否符合测试目的做评判)等 3 个测试项的计算机自动辅助评分,从 2007 年起在全国逐步推开。其意义不但大大降低了普通话水平测试的人力成本,而且为普通话教学、语音的矫正提供了新办法。如果说在最初引进使用智能播音员、主持人的出发点时多半是出于新奇好玩、吸引眼球,那么现在则更多地考虑其实际的使用价值。在 2018 年全国"两会"期间,智能语音识别和机器人写作为新华社采编团队节省了 586 个小时的工作时间,最大程度弥补由于人力不足、设备匮乏和技术力量短缺所带来的问题。② 有人曾经预计,到 2020 年前后,90% 以上的新闻报道都将由机器来完成,③这显然有危言耸听之嫌,但是产业流水线上正在上演的"机器换人",在播音主持行业也会成为现实。

2. 初级智能技术的尴尬——从恐惧到理性的分析

尽管智能语音技术应用从总体看还处于"机械"模仿阶段,但是,这类播音产品数量之多,语音构成之特别,就听众而言已经成为一种播音样式。

目前的智能语音合成总体还处在"弱智能技术"时期,属于初级智能技术,尚停留于声音样本中基本音符的拆解与重新拼接,如果遇到像纪录片配音这样句式复杂、语义多变、逻辑性强的语音合成则很难完全像实际人声那样给人以流畅感和自如感。《创新中国》的"沐肆洲"团队也承认其语音制作团队工作量极其庞大,并不是真正意义的完全智能。由于在日常生活中人们使用智能语音的机会越来越多,而初级读屏式播报顿挫的声音与人们通常印象中机器人的概念比较契合,受众也就越来越习惯。因此,是不是可以这样说:智能语音合成技术对播音主持最大的"贡献"是催生了"见字出声"的"机器人腔"。这

---

① 安晖,冯晓辉,王哲.国内外智能语音产业的格局与趋势[J].人工智能,2018(1):5-18.

② 樊凡.智媒体探索"智能+智慧+智库"[N/OL].中国新闻出版广电报,(2018-12-25)[2020-3-10].http://www.xinhuanet.com/zgjx/2018-12/26/c_137699520.htm.

③ 李颖,蒋启迪.新时代 AI 与播音主持的融合创新[J].传媒,2019(18):34-37.

种播音新样式通常类似于见字读字的"读字器"。语音准确，但是有可能意义不准确；语速平稳，但是可能语流不畅；忠于文字，但是可能词不达意。传统播音吐字的基本要求是准确清晰、圆润动听、朴实大方、富于变化，这一切都基于"准确理解""具体感受"的，而 AI 主播却不会"理解"也无法"感受"。同样的字词在不同的稿件中负载的含义不同，情感色彩不一，播音员和主持人的有声语言表达会随之千变万化，这些变化也都是有依据的，并非简单的"字音准确"所能达到的。这需要播音员、主持人在二度创作中"从稿件的内容和形式出发，在'理解稿件—具体感受—形之于声—及于听众'的过程中，达到正确理解与准确表达的统一，达到思想感情与尽可能完美的语言技巧的统一，达到语言形式与体裁风格的统一，准确、鲜明、生动地传达出稿件的精神实质"①。所以我们的有声语言是有态度分寸的，有意义层次的，有语法逻辑的，有情感分量的。这是目前 AI 主播暂时不懂，恐怕也永远不会懂、也做不到的道理。

在主持岗位中，机械的串联报幕可能被替代，而需要深入分析的调查类节目、需要审美愉悦的体验类节目、需要关怀温度的情感类节目等，是 AI 主播暂时不能替代，恐怕也永远不能替代的。

3. 高端主播岗位的呼唤——从替代到人力的解放

智能技术拥有强大的集成能力，真正对传媒业产生颠覆性影响的不是基于单一功能的应用，比如机器人写作、机器人播报、机器人传播效果评价，而是包括且不限于这些的全部功能应用。

人工智能主播没有工作强度和工作时间的限制，而且在技术上完全能够做到集"采、编、播"为一体，人工智能技术与新闻采编深度融合，通过短时间内对信息的搜集、整理和二次加工，以 MGC（机器生产内容）促进传受关系的智能进化。总之，媒介技术的不断迭代会使得 AI 主播越来越接近人类，甚至在某些方面超越人类，具备一定的替代性，但是它们始终都不是创造者，而仅仅是模仿者、复刻者，只是人类编辑程序的执行者，体现的是工具理性而不是价值理性。

由此，我们推论智能语音技术可以有效缓解传媒机构对播音主持"低端人才"的需求，对那些简单的、规律性强的语言读报、信息处理加工等岗位有较强的替代性，比如气象播报、信息播报、卡通游戏配音等。但是，即兴应变、风格气质、语感能力等高阶技能目前尚不具备 AI 替代性，那些复杂的、工作要求抽象的、基于合作沟通、为人提供个性服务的岗位不仅难以被取代，用人数量

---

① 张颂.播音创作基础[M].3 版.北京:中国传媒大学出版社,2011:18.

还有可能呈上升趋势。反观现实的播音与主持艺术人才培养，有些内容恰恰是在人工智能时代最容易被替代的，智能语音技术放大、凸现了一些原本已经存在的问题。

二、专业建设现状：国家级一流本科专业评选分析

人工智能语音场景开始应用的时期，恰逢国家教育主管部门开始了新一轮的高等教育评估——"双万计划"。播音与主持艺术专业作为 92 个本科专业大类中的一个专业表现得却并不理想。

总体看，本轮入围播音专业国家级一流专业的候选建设点整体实力较弱。虽然不排除个别有竞争力的专业点未在首轮校级或省级层面与其他专业的竞争脱颖而出，但是客观分析，这一结果有合理的因素，除少数学校外，本专业在戏剧与影视学科的各个专业中建设水平较低是普遍性问题。

1. 师资队伍参差不齐

办好高等教育最关键的是师资，"所谓大学者，非谓有大楼之谓也，有大师之谓也"，但本轮 15 所院校的师资队伍参差不齐。

（1）整体数量不足

由于教师在高等学校中的重要地位，生师比是学校教学工作中的重要数据，是本科教学评估中用来衡量高校办学水平是否合格的重要指标。它在一定程度上体现学校教育规模的大小、高校人力资源利用效率，也从一个侧面反映了高校的办学质量。但在 15 所院校中，以院校为单位的生师比没有一家达到教育部规定的艺术类 11：1 的标准，部分院校甚至超过 20：1；以专业为单位的生师比除少数院校外，整体也是偏高的。过高的生师比使每名教师需要教授更多的学生，承担更多的教学任务，另外有些高校多校区办学，更迫使教师把大量的时间花费在路途的奔波上，余下用来备课、写教案的时间就更加捉襟见肘，无法保证教学质量。

（2）教师成果偏少

在高等教育评价体系中，教师的教学成果、教学团队等是各个专业实力的代表。在入围"国家一流"的 15 所播音高校评选中，10 多所高校近年来没有一项国家级教学成果奖，省级教学成果奖、名师、团队等政府奖项也寥寥无几；国家级特色专业只有中国传媒大学和浙江传媒学院 2 所；取得过省级教学成果奖的只有 5 所：中国传媒大学、浙江传媒学院、河北传媒学院、四川传媒学院和兰州城市学院；获评过省级优势专业、示范专业的只有 3 所：浙江传媒学院、

山西传媒学院和四川电影电视学院,获得过省级教学团队称号的只有浙江传媒学院1所。可见,入围的播音高校中获得高层次标志性成果的院校占比偏少。

2. 招生规模差别较大

招生规模应该适合本学校的办学定位和教学资源,过高无法保证生源质量和教学效果,过低会造成教育资源的浪费。在招生数量方面,不论在校生数量还是年均招生数量,这15所院校的差别都比较大。在公办学校中,招生规模最小的是山西传媒学院,最大的是中原工学院;在民办学校中,招生规模最小的是河北大学工商学院,最大的是四川传媒学院。中国传媒大学、山西传媒学院、河北大学工商学院、四川电影电视学院在校生都不足万人、年均招生2500人以下。地方学院的招生限于诸多因素数量少是常见的,但作为中央赛道的"大学",中国传媒大学严控招生数量可见其对生源质量要求之严格。四川传媒学院和中原工学院的两项学生数量明显多于其他院校,是中国传媒大学的两倍多,这也直接导致了它们的生师比偏高。

3. 考研升学率普遍不高

艺术类专业的考研升学率普遍不高是不争的事实。在本次评选的所有院校中,考研升学率超过10%的院校只有3所:浙江传媒学院13.4%位列第一,中国传媒大学12.4%,中国传媒大学南广学院12.8%,可见这三所学校对考研工作是比较重视的。考研升学率可以折射出一个学校的本科教育整体的质量水平,行业内用人单位对这三所院校播音专业毕业生质量的评价也比较高。即便如此,只有十分之一左右的考研升学率,在目前我国高等教育的本科专业中也是偏低的。多所学校考研升学率不足5%,有的甚至低至1%——过低的升学率是播音专业在本轮评选失利的重要原因。

4. 办学层次有高有低

研究生培养点的设置在一定程度上反映了本科教育的实力,也影响着本科教育。学校在从本科培养点申报研究生培养点的过程中也需要经历一系列审核。如果该学校有研究生培养点,也会影响其本科的教育,其本科生在做相关研究、申报大学生课题的时候会有得天独厚的条件,在考研、保研方面也更有优势。

中国传媒大学于1999年将播音专业作为广播电视艺术学博士点的广播电视语言艺术方向开始招收博士研究生,2000年获得博士学位授予权。广西民族大学、浙江传媒学院、河北传媒学院拥有播音专业的硕士生的培养点,其余的 11 所院校则只有播音专业的学士学位授予权。这反映出播音专业高层次办学点整体偏少的现状。

5. 办学历史有长有短

内涵式发展需要一定的办学历史作为基础。15 所院校中播音专业开设较早的是三所原国家广播电视部直属高校,专业开设历史都可以追溯到 20 世纪,其中最早的是中国传媒大学——近 60 年的历史再次彰显了其"国家一流"专业高校的实力,其次是浙江传媒学院——1986 年开办播音专业。其他绝大部分院校都是在本世纪初期开办了播音专业,延续至今也有 10 多年的办学历史了。个别院校专业开始时间较晚,尚无本科毕业生,这在国家级层面评选中处于明显劣势,影响评分。

综上所述,这 15 所院校是我国播音专业建设情况的一个缩影:新建院校是人才培养的主力军,民办学院是重要组成部分,资源紧张是办学的主要矛盾,部分院校的办学效益主要体现在规模上。播音专业高等教育经历了几十年的发展,很多学校仍未突破依靠规模的扩张、学生数量的增加来摊低办学成本的初级阶段,依然处在量的扩张的阶段,离"内涵式发展"还有距离。

三、人才培养模式:播音主持专业人才共性与特色

人才培养模式就是指一种稳定的教育框架结构,通常由培养什么样的人和如何培养两部分构成,其核心内容是人才培养的目标和支撑培养目标达成的课程体系。大学强调学科本位,而播音专业具有多学科特点,"由于播音学科的边缘性和创作活动的复杂性,所以播音是一项特殊的言语活动,具有言语传播的性质;播音是一项新闻实践活动,具有新闻性;播音是一项艺术创作活动,具有某些艺术属性"[1]。因此,在人才培养的模式上存在以新闻学科为主体、以艺术学科为主体和以中文学科为主体的三种模式,前者以中国传媒大学的播音与主持专业为代表,肇始于 1940 年的新华广播;中者是以上海戏剧学院的播音与主持艺术专业为代表,课程体系当中借鉴了大量的表演训练元素;后者以诸多师范类、综合类大学的播音专业为代表,脱胎于原有的普通话教学。

当然,各个院校的人才培养目标也有各自定位或特色,如中国传媒大学充分发挥传媒领域学科特色和综合优势,致力于高层次、复合型创新人才培养。

---

① 胡康.论智媒时代播音主持的"谋变"之人工智能主持人[J].东南传播,2019(10):143-145.

对中国传媒大学播音专业近 20 年的培养目标加以对比发现,中国传媒大学经历了从广播、电视的"高级专门人才"向"播音主持及新闻传播复合人才"再向"播音主持及相关语言传播工作的复合型人才"的转变,中国传媒大学既保留了其"精英模式",又向兼顾了高等教育的"大众模式"发展。相比较而言,同样民办的四川传媒学院和河北传媒学院在培养目标规格上相差悬殊,前者表述为培养"具有国际视野和创新精神的高素质人才",而后者定位培养"采编播一体化人才",哪家定位更加准确些很容易评判。但是,从中可以反映这样一个问题:无论是精英教育还是大众教育,现实对播音专业人才的要求,特别是"中传模式"擅长培养的新闻播音人才要求基本趋同。

这种主要基于知识和能力的培养目标设置,最大的问题在于对播音主持"审美人格"的培育重视不够,播音员主持人"实际上是一种在传播中实现传播主体人格化,并在传播过程中体现出人际性特点的传播方式,其中的人格化、人际性是构成主持传播的关键,亦是主持传播的特点和优势所在"①。审美素养和能力构成的审美品格,是一种稳定的、有普适意义的审美价值框架与个性化审美趣味的有机结合,对其他人文素养而言存在某种超越性,是实现席勒所谓"感性与理性平衡"的"自由人""完整人"的必由之路。

在智能语音技术条件下,部分播音主持作品审美品格低下已经成为不争的事实,情感体验、审美感受是目前专业培养目标最不该缺失的要求,我们的播音高等教育应该加强对这部分素养的培养。人工智能时代,低端的播音主持工作终将被机器替代。但是情绪和感情是"人际传播"的核心要素,是"人机传播"所不具备的。没有温度的只是机器人,有温度的才可能是人类主持人。

四、教学应变策略:"新文科"理念下的专业建设

智能语音技术正在对传统播音主持职业封闭性体系形成有力冲击,技术发展使 AI 主播在越来越接近人类、超越人类,但是它们始终只是延续人性化趋势。就播音主持专业建设而言首先要明确专业核心能力是什么,并不仅是语言表达技巧,也不仅是个性化表达或者新闻敏感性,更重要的是人格化传播。这就要求我们在人才培养目标设置上做到"知、情、意"结合,在课程设置上不仅解决"怎么说"的基本功问题,更要解决"说什么"的问题,注重审美品格、综合素养、性格气质的养成。

---

① 高贵武.主持传播学概论[M].2 版.北京:北京大学出版社,2019:2.

1. 探索"3＋N"的"新文科"培养模式

"新文科"是相对于传统文科而言的,在高等教育阶段进行学科重组、文理交叉等措施为学生提供综合性的跨学科学习。戏剧与影视类专业本身就是基于视听技术的时代发展的产物,普遍带有新文科的"基因"。播音专业具有新文科的"天然基因",本身就是戏剧与影视学、中国语言文学、新闻传播学的交叉学科,同时受技术创新、社会发展影响极大。要强本拓新、转型发展,应探索"3＋N"的培养模式。

"3"指的是播音专业的三大支撑学科:戏剧与影视学、中国语言文学和新闻传播学,"N"指其他学科或专业。播音专业属于艺术门类,长期以来相对忽视数字技术和传媒技术方面的教育,如今播音专业应补齐短板——特别是新媒体工程技术类的知识,融合发展,顺应今天的时代,进一步激活其新文科"基因"。

行业整体形势直接影响着人才需求与高校人才培养。当传媒市场的变化、岗位需求量的萎缩与高等教育管理体制改革的加速叠加在一起,有的学校为了追求规模发展、提升竞争力和吸引生源,已经尝试新的改变,如开设游戏解说方向、网络直播方向等。浙江传媒学院将播音与外语(双语)、播音与公关(礼仪)、播音与影视(配音)结合,创造了"多方向、强指向、个性化"的跨学科培养模式,不论是在升学还是就业上,这些交叉培养的学生都明显优于原有单一方向的毕业生,取得了良好效果。随着"主播带货"在疫情期间的突出表现,又有许多高校将播音与广告、营销做了交融,开设了"带货直播"的微专业,这也是播音专业"新文科"理念的大胆尝试。融合体验经济的相关理论,重在介绍体验感觉和审美愉悦,这也是播音专业在人工智能时代不得不做出的全新拓展。

2. 建立"宽、实、活"的专业课程体系

播音本科教育应该趁着"双万计划"的落实,以评促建,抓好本专业的内涵建设,强化以学生为中心的教学理念,注重 OBE、项目化的培养方式,重构专业课程体系,关注学生的审美人格。播音本科教育的专业课程分为三类:专业基础课、专业核心课、专业拓展课。

(1)专业基础课要"宽"——打基础

专业基础课要构建学生本学科以及相关学科的基础知识,开阔学生的学术视野,要为学生的长远发展打下基础。因此,专业基础课的关键是"宽"。基础的宽厚应当体现"新文科"建设的学科交叉特征,同时这些学科的知识之间要相互融通、关联统一,打好专业学生基础,服务长远的发展。

以本次评选为例,大多数院校的语言文学类课程只涉及了"中国语言文学",而忽视了"外国语言文学"。参评院校中,只有两所"大学"——中国传媒大学、广西民族大学,将外国文学类课程写入了必修课当中。我们明显看出"大学"比"学院"更加综合,跨学科的教学更容易实施。播音专业是艺术类专业,学生的文化成绩普遍偏低,这点突出表现在外语成绩上。教育部明确要求本科教育要"面向世界,面向未来"。外语水平、外国文学素养是学生将来走向世界、走向未来重要的能力,也是学生将来跨文化交际的重要基础。

需要指出:专业基础课不是通识课,它更应该侧重于该课程内容对本专业学生知识体系的构建,应该以本专业的视角解构该课程的内容,而不是简单、泛泛、生硬地开设一门新课程。

(2)专业核心课要"实"——搭主体

专业核心课要培养学生的专业核心能力,要体现这个专业的不可替代性。专业核心课应该回应行业与社会变革对专业能力的需求,增强学生的核心竞争力。此类课程要以对社会行业有深刻的理解为基础,不断聚焦专业的内涵。各门课程应重新整合、挤掉泡沫,注意相互衔接,避免内容重复。专业核心课的关键在于"实",要为学生搭好"结实"的专业知识主体,打好扎实的专业功底,使学生具备较强的业务素质。

浙江传媒学院播音专业为了培养学生的核心能力,将实践项目分解成若干课程,把知识点量化到实训课上,以业界要求倒推课程设计,明确各课程的知识、能力指向以及与相关课程的关系,优化课程结构。如新闻播音业务类课程的考核标准具体到呼吸换气出现明显声音的次数,标准量化而明晰。用具体的量化标准进行考核是对学生专业核心能力的强化,是对其专业"主体"的"实化"。中国传媒大学对专业课程的细化分解,广西民族大学一系列的教学改革工程项目,也都是"实化"专业主体知识框架的具体举措。

(3)专业拓展课要"活"——美装饰

专业拓展课要能够随着技术的发展快速调整,显示此类课程的敏捷性、灵动性,回应技术创新对"新文科"的需求。专业拓展课的关键在于"活",应强调拓展方向的区分度,使学生了解并掌握本专业最前沿的知识和技术。要盯紧一线,随着技术的迭代,及时更新课程内容,便于学生工作岗位上运用新技术,达到"上手快"的目的。要让用人单位直观地感到毕业生的"好用""顺手""方便"。

专业拓展课需要直面专业领域新的技术,而教育与一线前沿存在"脱节"

的情况,因为从实践到理论存在客观的周期,所以学校教育相对忽视了本专业前沿技术和手段的应用,一定程度上影响了学生的动手能力。从本次参评材料的整体上看,一方面,南方高校在专业拓展课程设置上比北方高校灵活:浙江传媒学院播音专业着眼于"二次元"文化而承办的中国国际动漫节声优大赛及因此设立的一系列训练课程,既贯彻了 OBE 教育理念,又聚焦行业动态;四川电影电视学院有的拓展课程成绩直接和直播的"打赏"金额挂钩,是前沿尝试的典范。另一方面,民办高校在管理上比公办高校相对灵活:管理的灵活不仅体现在高新设备采购、前沿人才聘用上,而且体现在专业设置上,中国传媒大学南广学院和四川传媒学院等高校三年前已经开设了网络主播、游戏解说等方向。

智能时代的教育不意味着全盘否定之前的教育,而是应在前者的基础上有新的发展。就播音专业而言,应在关注"怎么说"的表层专业素质基础上更加侧重于"说什么"的深层整体素质。不应该培养见字出声的初级人才,而应该培养有情感温度、有审美品格的高级人才。

3. 优化"线上＋线下"的教学资源

播音专业广泛地存在于综合型大学和行业型学院,包括中央部委直属高校和地方高校。播音专业所属的二级学院也各有不同,除少数能够自立门户的"播音主持学院"外,大量地属于艺术学院、文学院和传播学院。各所大学都有自己的强势学科,各个二级学院都有自己的优势所在,但不论哪个大学、哪个学院,在具备一定优势的同时都有自己的短板,比如:行业型院校的艺术类院系,教师的示范能力很强,但学科相对单一,相对都集中在本学科内部,缺乏与其他学科的交融,甚至缺乏和艺术学理论的交叉;而开设在文学院的播音专业虽然能更多吸收文学的学科课程,但教师相对重理论而轻实践,同时还不同程度地存在学科基础课程替代核心课程的现象;综合性院校也面临专业核心课程不够深入的问题,如某综合高校近 10 门专业核心课程中,超过半数都属于概论性质的课程,其专业课程覆盖的能力、课程的递进性都存在一定的缺陷。

这些问题的关键在于师资:有的学校不具备某些课程的优质师资,开不出这些课程。随着网络技术的发展,学校可以依托"线上"的优秀资源。特别是伴随"双万计划"的"金课"评选,包括大量的"线上金课"和"线上线下混合金课",这些都是最好的教学资源。特别是疫情期间的"停课不停学",全国高校大量地使用了"中国大学慕课""SPOC""智慧树"等线上教育平台,保障了教学的顺利进行,更检验、完善了线上教学资源。

智能时代,在实际教学条件和师资情况有限的情况下,利用"线上＋线下"的手段,是各所高校优化师资和课程体系的可取之法,这本身也是智能时代高等教育应有的做法。

智能语音时代,将有大量的低端的播音主持工作将被替代,同时,高端的有态度、有深度、有温度的播音主持工作将会大幅增加。播音教育工作者也应该明确:有扎实的基本功底,有温度的情感传递,有品格的审美表达,有深度的独到见解,具备这些条件的播音员主持人才是在智能时代不被机器替代的播音主持高级人才。高校播音专业应致力于这种人才的培养,要真正走出生存与发展的惯有舒适区,以一流本科建设为契机,既要保持传统优势,更要拓展和形成新的特色,强本拓新,转型发展,才能更好地适应智能时代的到来,更好地承载服务国家文化战略的光辉使命。

第三节　不破不立,摄制专业人才培养的新模式

随着以网络化数字媒介为代表的融合传播时代的到来,人类信息传播发生了重大的转型,"人际传播模式、广播传播模式和文献传播模式在数字技术、数字语音的驱动下交相汇流而成融合传播的模式"①。影视行业作为广播传播模式的核心代表,其形式也不可避免地发生了本质的变化。

一、影视制作专业面临的挑战

影视制作专业首先面对着影像传播的融媒体化的挑战。如今,除了传统的影视行业,各大门户网站、报纸、图书、手机等多个平台都会播出影像作品,影像作品无处不在。影像媒介和其他媒介的融合变得越来越普遍。同时网络电影的盛行、网络剧的热播、网络综艺节目的盛行、网络新闻的被认可都让我们对影视行业有了新的界定与认识。其次是影像制作技术的趋同化。随着影视制作数字技术的普及,不同媒体之间制作技术层面的差异越来越小,电影制作、电视制作、网络视频制作等采用的大多是同一类型的制作设备,影像作品之间的差异不再是制作方式不同形成的差异,更多的不同则是由媒介平台对制作要求及理念差异形成的。再次是视频媒体竞争白热化。随着媒体融合的

---

① 邓瑜.媒介融合与表达自由[M].北京:中国传媒大学出版社,2011:77.

不断深入,影像制作技术之间的差异不断缩小,越来越多的媒介平台开始涉足视频作品的内容生产,视频媒体之间的竞争进入到白热化状态。

影像作品数量和质量的大幅提升,对影像制作人才的需求也提出了新的要求。不同的播出平台对节目的制作要求不同,对制作人才所具备的能力要求也必然有很大的差异。如各大卫视的王牌节目要求精益求精,并且由于是采用大集团细分工的制作模式,往往需求的是在某一方面能力特别突出的人才;地面频道以小型节目为主,每个节目的制作人员相对较少,需要的是能承担多岗位工作的复合型人才;新媒体视频制作灵活多样,且主要是针对90后人群,需要的是有创意、博眼球、了解新媒体传播特征的人才。

影视行业已经发生的巨大变化,要求向社会输送人才的高等影视教育机构必须要充分了解行业发展新态势,改变人才培养理念,不断调整人才培养模式,才能适应行业发展需求,真正做到高校教育为社会服务。习近平总书记在2016年全国高校思想政治工作会议上的讲话中提到"我国高等教育发展方向要同我国发展的现实目标和未来方向紧密联系在一起,为人民服务,为中国共产党治国理政服务,为巩固和发展中国特色社会主义制度服务,为改革开放和社会主义现代化建设服务"①。习近平总书记明确指出高校教育要紧跟我国发展的现实目标和未来方向,教育理念必须根据社会发展和行业发展变化进行更新。影视行业融媒体化的发展,使得其对人才培养的需求变得越来越多元化,必须要考虑不同媒体的现实需求。传统的以课内教学为主的高校影视制作专业的人才培养模式已经不能适应新时期影视行业的需求。一是专业技能全而不精,为了照顾不同程度的学生,教学内容只能平均化,无法实现高精尖内容的传授;二是教学内容和行业需求脱节,行业变化日新月异,高校教师的授课内容无法跟上行业发展的潮流;三是教育缺乏"售后",学生一旦毕业,学校缺乏弥补学生知识缺陷的平台。因此,采用实施全方位的"分层次、多渠道"的人才培养模式——通过学校和行业联合教学,建立多种互联网教学平台,根据行业需求、学生发展规划,有针对性地提倡在线授课、自学模式,成为影视专业教学改革的关键问题,从而提高教学效果,焕发学生的学习热情,提升学生的发展空间,培养出适合不同媒介平台、不同节目定位的多样性的影视制作人才。

---

① 习近平:在2016年全国高校思想政治工作会议上的讲话[EB/OL].人民网,http://dangjian.people.com.cn/n1/2016/1209/c117092-28936962.html,2016-12-9.

二、"分层次、多渠道"人才培养模式构想

1. 学校与行业联合教学，实现人才培养与一线需求高度一致，能极大地改变学校教育和一线需求脱节的现状

根据不同媒体对人才的不同需求，学校应积极与相关行业合作教学，让人才使用部门直接参与教学，按照使用需求定向定制人才培养方向。这种模式能使培养目标明确——根据行业用人的标准进行培养；师资来自一线——一线从业人员进行课程教授，学生能学到最新的行业技能；教学与一线创作结合——合作行业给学生提供直接参与最新节目制作的机会，学生也能在教学过程中直接参与播出节目的制作。这种新型教学模式能真正实现人才培养和一线需求的无缝对接。同时，在合作教学的过程中，学校教师也能在教学中深度参与一线实践，从而对一线的用人需求、具体的人才培养模式有深入的认知，并在此基础上提升自身整体教育理念和实践教学能力。如浙江传媒学院和浙江衡次元文化传媒有限公司合作开设的影视大师课就是成功的例证，课程邀请了国内外近 20 位影视传媒行业的一线专家有计划地给在校学生授课，在校教师共同参与学生的创作指导。课程实现了三方共赢，多方受益，开创了新的校企合作办学模式。

2. 建构线下线上双重教学平台，解决学生自主式、自由化学习的问题，实现学生的差异化发展和多样化需求

一方面不同媒介、不同节目对人才的需求各异；另一方面不同的学生对教学的需求也不同。希望考研的学生对理论知识的需求较高，准备就业的学生希望能有更多的实践时间，有的学生侧重向综合性导演方向发展，有的学生侧重向具体技能岗位方向发展。而目前统一安排的课内教学很难同时满足学生的这些需求。采用"分层次、多渠道"的教育模式，能很好地解决这一问题。具体实施过程中可以通过调整人才培养计划，加大选修课比重，给学生提供更大的可选择的发展空间；通过调整授课模式，采用单元制、线下线上同步开课等新的授课形式给学习提供更多可以自由支配的时间。在这种新型的教学模式下，不同的学生可以选择适合自己的课程，发展方向更为明确；学生可以充分利用课外时间，选择线上课程，只要在规定时间内完成规定的教学任务，如课程视频观看，课程学习资料浏览，完成章节作业和测试，完成在线讨论，最终通过线上答题，就能获得学分。为了确保学习效果，每个章节可以设定预习测试以及章节测试，学生通过测试才能进入下一阶段的学习。单元制教学适应影

视创作规律,教师和学生在集中完成教学任务后,可以有更充足的时间进行创作,还可以解决学生参与创作实践和课内教学时间冲突的问题。自主式、自由化学习模式能给予学生最大限度的学习自由,有利于调动学生的学习积极性,有利于拓展学生的发展空间,可以满足不同学生的学习需求,适应不同行业对影视制作人才多层次的需求。目前这种线上线下结合被称为"翻转课堂"的教学模式在国际教育教学中已经十分普遍并受到学生的欢迎。早在 2007 年,化学教师乔纳森·伯尔曼和亚伦·萨姆斯使用屏幕捕捉软件录制 PowerPoint 演示文稿的播放和讲解,他们把结合实时讲解和 PPT 演示的视频上传到网络,以此帮助课堂缺席的学生补课,解决了学生由于各种原因时常错过正常课堂教学的问题。此后这种"让任何人,在任何地方,都得到世界一流的教育"的教学方式令学生成为拥趸:"我随时能让他重复某句话十遍,我和高中的班主任说的话总共也没有十句。当然,还免费。"在线教学可以让学生学得更自由,同时受益面也更广泛。"在这种新型的教学模式中,老师的重点可能不再是讲课,更像一个导师或者教练。他们帮助学生学习,花更多的时间和学生在一起。"通过这种授课模式,可以解决创作实践和上课时间冲突的矛盾,学生可以更自由地安排自己的学习活动。

3. 充分运用互联网平台进行分层次人才培养,因材施教,满足不同能力层次学生的学习需求

因材施教是教育家孔子的教育主张,现代教育研究也表明,当教师的教学风格与学生的学习风格相匹配时,有利于提高学习成绩。不同的学习主体因为个体性别、认知以及性格上的差异会导致学习程度和学习习惯的差异。教育家瞿葆奎、于永川等也都将"因材施教"作为第一条教学原则。于永川更是提出:"显而易见,'材'是指学生的道德修养、意志性格、知识水平、接受能力、才能爱好等方面的差异;'教'是指德智体诸方面的教育。因材施教,就是要求教师在教学中因人而异,区别对待,量体裁衣,对症下药,'一把钥匙开一把锁'。总之,要'知人善教'。"①

传统的课内教学只能满足平均水平的学生,水平高的学生会觉得进度慢、程度浅,水平低的学生则又会觉得难以消化,从而影响了这两个层次学生的学习积极性和学习效果。而互联网的普及,可以实现分层次的人才培养目标,改变传统的单一课堂教学模式。比如课内教学以基础教学为主,提高性教学内容以及作业练习可以放在在线教学平台。如此,好学生可以利用碎片化的时

---

① 于永川.我国古代教学原则[J].辽宁师院学报,1979(6):83-88.

间完成预习、复习;学习有困难、课内教学无法当堂消化的学生可以通过学习内容的重复浏览,掌握相应的知识点。各门课程可以根据学生的程度差异,设计适合不同学生的学习套餐,有针对性地进行教学。不同的学习套餐有不同的知识范围、认识要求和不同难度的作业,学有余力的学生可以选择更高层次的学习内容,完成较高要求的课程作业。不同的学习套餐最终的评分标准也有不同,高难度的学习套餐起评分也最高。学生可以自由选择不同的套餐,通过观看教学视频、学习教学资料、网络在线答疑等方式学习更多的知识,自学部分可以作为加分计入总评成绩。

4. 技能性教学与人文素养培育相结合,为影视制作专业学生提供后续发展动能

上手快、后劲不足是行业对影视制作专业学生比较一致的评价,这大大影响了该专业学生的后续发展空间。当下随着影视行业的深入发展,行业对影视制作专业的从业人员又提出了更新的要求,不仅要求有娴熟的技术,同时还要具备一定的文化积淀、人文素养,如此才能胜任高品质节目制作的需求。因此,高校影视制作专业的教育必须在技能教授的同时提高学生的文化素养,帮助学生解决后劲不足的缺陷。影视制作专业有大量传授专业技能的课程,在这些课程中可以进行专业技能性教学和提升学生文化素养相结合的探索。如以技能为手段,进行有内涵的作品创作,通过具有文化品位、社会内涵的具体作品的创作过程,促使学生进行相关学习,在潜移默化中实现文化素养的提高,帮助学生储存后续发展动力。在专业技能性课程的实践环节,可以通过教研室讨论,形成系列专题,如展现传统文化系列、关注人类终极问题系列、关注社会现实系列等等。同一学期开设的专业技能性课程之间可以互相合作,采用同一系列的主题作为学生创作的指定选题,要求学生收集相应的参考文献,通过作品主题阐述环节加深对文化主题的认识,最终用影像的方式展现某个文化主题,再通过人文主题展示和具体创作相结合的方式提高学生的人文素养。

5. 提供学生终身学习交流的平台和渠道

罗伯特·洛根在《理解新媒介——延伸麦克卢汉》一书中提出"知识管理方法论的关键要素是终身学习和知识共享,终身学习是互联网时代就业的保障"。他在书中引用了麦克卢汉的观点"新媒介时代,个人再也不能死守一份工作,而是要追求职业生涯,借以在社会里发挥作用。今天的工作者不仅在花

时间谋生,而且在追求终身的工作,在学习中谋生"。[①] 而"分层次,多渠道"的人才培养模式能解决新媒介时代个体对终身学习和知识共享的需求。这种新型的人才培养模式建构了完善的网络教学体系,在进行校内教育的同时,也为毕业生设置了终身学习交流的平台,改变了学校教育不负责"售后"的现状。过去,学生一旦离校,高校对学生的后续发展基本就无法干预。通过完善的在线教学平台,高校可以给毕业的学生提供修复知识缺陷的平台与资源,当毕业生在工作中发现自身的知识缺陷时,可以通过教学平台以自学和在线咨询的方式进行知识修复。同时,高校也取得了及时获知行业信息的渠道。在行业内的学生可以通过在线平台反馈自己的工作心得、行业需求,高校教师可以根据反馈信息及时调整教学内容和教学方法,提高教学和行业需求的契合度。另外,这样的一个交流平台也为在校学生提供了各种行业经验,使他们能了解行业的最新需求,在校期间可以为今后的就业做相应的调整,进而改善学习效果。为实现"分层次,多渠道"的人才培养模式而建立的在线教学平台将成为多方受益、用途多样化的一个平台,是教师、学生实现终身学习、知识共享的理想平台。

"分层次,多渠道"的人才培养模式适应了融媒体时代行业对影视制作专业人才多样化的需求;遵循了教育的本质规律,能帮助不同发展规划的学生实现多样化的学习目标,能在具体的课程教学中真正实现因材施教,实现学校和一线行业的深度合作。同时能将最新的互联网技术以及新兴的"互联网+"概念引入教学,实现线下线上双重教学模式并重,让学生学得自由、主动,满足新媒介时代师生终身学习和知识共享的社会需求。

---

① 罗伯特·洛根.理解新媒介——延伸麦克卢汉[M].何道宽,译.上海:复旦大学出版社,2012:71.

第六章 解析与重构:基于新文科建设的影视传媒专业课程体系建设[①]

影视传媒类专业新文科建设破题的关键在于课程体系建设,需要继承发扬基础课、核心课、方向课构成的"三层楼"专业课程体系建设传统,打造"宽、实、活"的特色课程体系。我国影视传媒类专业办学分为三类院校,即综合师范类院校、地方院校、艺术专业类院校,也应在课程体系建设中扬长补短、各展所长,共同掀起新文科建设高潮。习近平总书记在提到高校教育时强调:"高校思想政治工作关系高校培养什么样的人、如何培养人以及为谁培养人这个根本问题。要坚持把立德树人作为中心环节,把思想政治工作贯穿教育教学全过程,实现全程育人、全方位育人。"可见,课程思政不仅局限于思政类课程,而是贯穿高校教育全程的一种教育理念,作为培养影视创作专业人才的各影视摄影与制作专业,其培养的学生身处传播第一线,是决定宣传效果,引领社会价值的关键人物之一。课程思政理念在专业课程体系建构中的应用决定了人才培养的方向,决定了未来影视行业的思想价值导向。

第一节 影视传媒专业课程体系建设的现状与问题

为了具体分析当前我国影视传媒类专业"新文科"课程体系建设的实际情况,本研究选取了 2019 年国家级一流本科专业建设点申报单位为研究对象,研究了 32 所学校上报的广播电视编导专业、9 所院校上报的影视传媒文学专业的材料,重点分析了其中各专业课程体系构建情况。

---

① 本章主要内容曾发表于《影视传媒类专业新文科建设的破局与破题》,载《视听理论与实践》2021 年第 4 期;《高校公共艺术课程云端化发展的新范式》,载《宁波教育学院学报》2020 年第 6 期;《试论课程国际化背景下 SPOC 翻转课堂的实施》,载《当代教育实践与教学研究》2019 年第 7 期。

一、戏剧影视文学专业;"三层楼"结构呈金字塔状,基础课呈现宽厚底座和学科交叉优势的同时存在专业核心课程泛化问题

本次影视传媒类国家级一流本科专业建设点申报中,影视传媒文学专业的情况得到了评审组的一致认可,9 所上报的大学中共通过了 8 所,通过比例高;在全部立项的国家级一流本科专业建设点中比例占据了 30% 左右,代表了影视传媒类专业的最高水平。本研究分析立项的 8 所院校申报材料,其中中央戏剧学院材料中相关专业有两个方向,共计 9 个人才培养方案的学分设置情况。(见表 6-1)

表 6-1 戏剧影视文学专业课程体系设置情况

国家一流专业建设院校	学科基础课程学分	专业核心课程学分	专业方向课程学分	学科专业课程总学分	学科基础课占专业课程比例	专业核心课占专业课程比例	专业方向课占专业课程比例
北京师范大学	59	11	10	80	73.75%	13.75%	12.50%
河北大学	26	51	20	97	26.80%	52.58%	20.62%
上海戏剧学院	35	36	24	95	36.84%	37.89%	25.26%
天水师范学院	61		9	70	87.14%	0.00%	12.86%
厦门大学	20	32	30	82	24.39%	39.02%	36.59%
云南艺术学院	38	48	8	94	40.43%	51.06%	8.51%
中国传媒大学	38	18	12	68	55.88%	26.47%	17.65%
中央戏剧学院(戏剧、电视剧方向)	47	64	72	183	25.68%	34.97%	39.34%
	62	40	34	136	45.59%	29.41%	25.00%
平均值	42.89	37.50	24.33	100.55	46.28%	31.69%	22.04%

总体看来,影视传媒文学专业的优势在于课程体系完善、基础课程体现了学科交叉融合。影视传媒文学专业中基础课程学分在三类课程总学分比例平均达到 46% 左右,专业核心课比例在 32% 左右,专业方向课在 22% 左右,由此构成比较稳定的"三层楼"结构。同时各类课程之间内容紧密联系、逐步递进,体现课程体系的逻辑性与完整性。影视传媒文学专业在与其他学科门类下一级学科交叉融合方面也展现了优势。各高校均能将影视传媒文学与文学、历史学、哲学门类下一级学科进行交叉,部分高校还将教育学、心理学、社会学等学科加入基础课程中,进一步丰富了学科交叉融合的内容。

但是在三类学科专业课程体系设置上,各校做法不一,并且分类模式也不完全一样,这既反映了各校人才培养方案的特色,同时也折射出专业课程体系建设中的通病:学科基础课与专业核心课区分度不明显,专业核心能力的建构缺乏课程支撑。相比而言,师范类院校的基础课程占比较高,如天水师范学院、北京师范大学学科基础课比例高达70%以上,天水师范学院甚至接近90%,主要原因在于两校对基础课、核心课没有做明确区分,天水师范学院只是将专业课程分为必修选项,没有形成明确的三类课程划分体系;而河北大学、厦门大学的学科基础课比例只有25%左右,但是核心课程中相当数量的课程与学科基础课本无太大区分。

二、播音与主持艺术专业:基于"怎么说"的核心能力培养,枣核状"三层楼"结构,强化专业课程递进性同时失之于内容的冗余和底座的单薄

播音主持的主要核心业务在于"怎么说"和"说什么","怎么说"反映语言基本功水平,"内三外四"的播音技巧掌握与运用;而"说什么"反映学生的综合素养、性格气质和审美品格。从目前15所学校的课程体系看,专业核心课程主要解决"怎么说"的问题,但也明显显示出了将"怎么说"与"说什么"的课程做了融合设置的尝试。为了更好地说明专业核心课程的开设情况,本书用以"传媒"命名的5所院校做细化分析。

1. 低年级基础课程

不论什么专业,其大一、大二的专业课程一般都是具有基础性质的课程。如表6-2所示。

表6-2 大一大二核心专业课程设置对比

	中国传媒大学	浙江传媒学院	山西传媒学院	河北传媒学院	四川传媒学院
大一上	播音主持艺术导论 (分2,时32)	播音主持艺术导论 (分2,理32)	播音主持艺术概论 (分2,理32)		
	播音主持语音与发声1 (分6,时96)	普通话语音与发声1 (分5,理24实72时96)	播音发声1 (分8,理64实64时128)	语音与发声基础(一) (分7,理32实80时112)	播音主持语音与发声 (分4,理32实32时64)

续表

	中国传媒大学	浙江传媒学院	山西传媒学院	河北传媒学院	四川传媒学院
大一下	播音主持语音与发声2 （分4,时64）	普通话语音与发声2 （分4,理24实72时96）	播音发声2 （分4,理32实32时64）	语音与发声基础2 （分8,理48实80时128）	播音创作基础1（内） （分4,理16实48时64）
	广播电视口语表达基础1 （分2,时32）	即兴口语表达1 （分4,理12实52时64）			播音主持艺术概论 （分2,理32）
	播音主持创作基础1 （分4,时64）				
大二上	播音主持创作基础2 （分8,时128）	播音创作基础1 （分4,理12实52时64）	播音创作基础1 （分4,理16实48时64）	播音创作基础1 （分4,理20实44时64）	播音创作基础2（外） （分4,理16实48时64）
	广播电视口语表达基础2 （分2,时32）	即兴口语表达2 （分4,理12实52时64）		口语传播实务1 （分4,理20实44时64）	
	诵读指导与实践 （分2,时32）		即兴口语表达1 （分4,理16实48时64）		

160

	中国传媒大学	浙江传媒学院	山西传媒学院	河北传媒学院	四川传媒学院
大二下	普通话水平测试辅导 (分1,时16)	播音创作基础2 (分4,理12实52时64)	播音创作基础2 (分4,理16实48时64)	播音创作基础2 (分4,理24实40时64)	即兴口语表达 (分2,理16实16时32)
	播音主持业务 (分8,时128)	播音业务1 (分3,理16实48时64)	即兴口语表达2 (分4,理16实48时64)	口语传播实务1 (分4,理24实40时64)	新闻播音 (分4,理32实32时64)
		主持业务1 (分3,理16实48时64)			

各大高校的播音专业在核心课程设置上都对原有的经典人才培养方案(原北京广播学院培养方案)有所继承:这五所高校对原北京广播学院的经典培养方案中的《普通话语音与播音发声》《播音创作基础》《广播电视即兴口语表达》三门课程的具体设置大致相同。

专业核心课程的继承,说明了现阶段各大院校对播音专业核心能力的思考——语音发声能力、语言表达能力、即兴口语能力,这三大能力应该是播音专业的核心能力,是区别于其他专业的特色所在。这也是服务于"怎么说"这一主题的基础。

2. 高年级应用课程

从各大高校的播音专业在专业拓展课程设置上又有新的发展整体上看,各所传媒院校在高年级应用课程上有明显的方向分化。

在高年级的专业应用课程方面,五所院校各具特色。大家普遍都开设了多种选择的方向:四川传媒学院在原有的"广播"和"电视"两种媒介渠道的基础上增设了"融媒体"方向。河北传媒学院要求学生在通修《全媒体新闻播音主持》课程之外,又开设了新闻主播、节目主持等6种专业方向。山西传媒学院则加大了专业选修课的比重。中国传媒大学、浙江传媒学院、山西传媒学院和河北传媒学院四所高校摒弃了按照媒介渠道设置课程的做法,转而采取按照节目或业务类型设置课程。

高年级专业核心课程的变化,也反映出各高校对播音专业在新环境下发展方向的思考。北京广播学院时代的高年级课程设置按照媒介渠道分为《广播播音主持》和《电视播音主持》,而在媒介技术飞速发展的今天,绝大多数院校——包括中国传媒大学,都转而回归到业务本身设置课程了,如新闻评论类课程、综艺主持类课程。少数依然按照媒介渠道设置课程的院校也都全部增加了新媒体(或全媒体、融媒体等)类的播音主持课程。

总体看来,播音专业高等教育之前更多地关注了其技能技巧方面的"怎么说",人文审美方面的素质教育偏少。经过多年的教学改革,很多院校在素质培养、思维训练方面也做了很多尝试,如四川传媒学院的《才艺综合能力训练》、山西传媒学院的《播音美学》等课程的开设都体现了对人文审美方面的关注,浙江传媒学院重视发挥美育在人才培养中的作用,成立了公共艺术教学部,开设了大量的公共艺术类选修课程,在人才培养方案中落实审美教育。各大院校也普遍加大了对"即兴口语"类、"文案写作"类、"节目策划"类课程的占比,这种举措体现了将"怎么说"与"说什么"的课程融合化设置。

需要引起注意的是,全部的 15 所院校在第 7 学期,即大四上学期,普遍不安排课程或者只安排很少的课程。只有浙江传媒学院将专业课程按照 7 个学期等比例地贯穿到了大四上学期,保持了本科教育整体结构的完整性。

三、广播电视编导专业:"三层楼"结构各有千秋,不同类型院校基于学科和办学传统对同一个专业的表述不同

广播电视编导一流专业建设申报 32 所学校中包括师范类以及综合性大学 12 所、地方院校 9 所、艺术类以及影视传媒专业院校 11 所。三类院校的专业设置情况各有特色,其中地方院校更多地将专业设置在文学与传媒学院,突出其文学学科基础;综合与师范院校则设置在新闻传播学院,突出其新闻传播学学科基础;影视艺术学院的相关专业则更强调艺术学科属性。

专业所在学院、学科情况一定程度上会影响专业课程体系,尤其是学科基础课程设置。影视传媒类学院开设的广播电视编导专业,其学科基础课程相对单一,集中在本学科内部,缺乏与其他学科的交叉融合,甚至缺乏与艺术学理论的交叉。地方院校中开设在文学院的广播电视编导专业,更多开设的是能够纳入文学学科的课程。相对而言,综合性大学由于其雄厚的基础,在学科交叉上做得更好,如广州大学,把社会学加入学科基础课程中,并且对新闻学概论、传播学概论分别讲授,这能够拓宽学生学科基础。而中国传媒大学尽管

也开设了艺术概论、社会学概论、逻辑学、中国当代文学与文化等学科课程，但均在通识课中开设，没有作为学科基础课。这有可能造成相关课程内容相对孤立，缺乏与戏剧与影视学主干学科的交叉。

32 所院校广播电视编导专业所在学院情况具体见表 6-3。

表 6-3　32 所院校广播电视编导专业所在学院情况

	影视艺术学院	新闻传播学院	文学与传媒学院
地方院校	重庆人文科技学院 沈阳城市学院 重庆邮电大学		池州学院 贺州学院 荆楚理工学院 兰州城市学院 西北大学现代学院 重庆文理学院
综合师范类院校	内蒙古师范大学鸿德学院 上海师范大学 四川师范大学	广州大学 哈尔滨师范大学 黄冈师范学院 江西师范大学 山东师范大学 西北师范大学 云南师范大学	河南师范大学新联学院 西北大学
影视传媒类院校	河北传媒学院 吉林艺术学院 山东艺术学院 上海戏剧学院 四川传媒学院 四川电影电视学院 武汉传媒学院 云南艺术学院 浙江传媒学院 中国传媒大学 中国传媒大学南广学院		

对于专业核心课程来说，其建设优势在于专业影视传媒艺术院校。由于对专业理解的深入、与行业一线的联系、学科基础等原因，专业院校对于影视

人才核心能力的认识更为到位、核心课程体系建设更为系统。而综合院校、地方院校不同程度上存在用学科基础课代替核心课程的现象。例如,西北大学的人才培养方案中,9 门专业核心课程中有 5 门属于概论性质,仅有剧本创作、影视摄影与摄像、影视剪辑、导演基础 4 门核心能力培养课程。只是覆盖该专业的相关能力,没有突出对核心能力的培养。

对于专业方向课程而言,上述 3 个专业各高校在建设中均不同程度存在与技术创新前沿脱节情况,在课程体系中强调专业方向的区分度,相对忽视本专业前沿技术的介绍与运用能力,一定程度上影响了学生对前沿技术的理解掌握,弱化了对实践动手能力的培养。近年来,行业企业提出的影视传媒人才缺乏的核心问题,就在于各类高校对于行业前沿技术介绍不足,"上手快"这一专业人才原有特色逐渐消失。

从上述影视传媒类专业课程体系建设的理论应然看,各类院校在影视传媒类课程体系建设上均不同程度存在着问题,归根结底在于对新文科建设思想研究不够深入,对学科交叉、社会变革与技术创新的跟踪研究不足,反映在课程体系上,导致三类课程不同程度出现窄化、泛化、陈旧化情况。(见表 6-4)

表 6-4　三类院校影视传媒类专业新文科课程体系建设存在的问题

	学科基础课	专业核心课	专业方向课
专业院校	窄:局限于影视传媒学科内部		旧:对技术创新响应不足
综合师范院校		泛:未能把握行业变革需求	
地方院校			

正如周星所言,"专业性院校向综合性发展不可阻挡,但这并不影响专业性院校的优势学科教育的核心地位。与此同时,综合性院校对传媒艺术人才的培养,将置于整个文化事业和综合性发展中重点培育。只有这样,从专业性、技能性集合到综合素养培育上,培养新时代具备全面文化素养的传媒人才,才能满足现实需要"[①]。在新文科背景下,影视传媒类专业课程体系的重构在整体上需要从技术创新、社会变革、学科交叉出发,在目标上进一步明确培养学生具备交叉复合知识、应用前沿技术能力、服务行业的情感、胸怀与视野等德智体美劳全面发展的共同目标,在课程体系构建的总体逻辑上将学科

---

① 周星.面向融媒体时代的影视传媒学科发展趋向[J].艺术教育,2019(9):17.

逻辑与行业逻辑相融合,在课程内容上令艺术、科技、社会相融合,在体系结构上做到理论、实践与创新相融合,找准"窄、泛、旧"的问题,构建稳定性、开放性与敏捷性兼具的"宽、实、活"的课程体系。

第二节 重构"三层楼"课程体系的基本思路

对于新文科建设,前教育部部长陈宝生曾经提出,"学生学好、老师教好、学校管好这三个关键"。而学生学好的关键,要"在进一步优化课程体系、减少学分总量、精简课程数量的同时,合理增加课程难度和学业挑战度,激发学生的学习潜能,引导学生多读书、深思考、勤实践"。[1] 课程、课程体系建设可以说是新文科建设的核心内容。对于如何建设新文科,安丰存、王铭玉在《新文科建设的本质、地位及体系》中也提出,"课程作为将学生和专业乃至学科连接在一起的纽带,起着至关重要的作用"。该文进一步提出了坚持学科建设—专业建设—课程建设一体化的新文科发展路径,要坚持通过调整课程体系更新教学内容,使新文科始终处于"新"的状态,使新文科各学科、专业、课程相互融合。[2]《新文科建设宣言》也明确提出夯实课程体系、课程提质是新文科建设的重要抓手之一。[3] 可以说,课程体系建设已经成为新文科建设的核心内容。

在戏剧与影视学领域,学者们也将课程建设作为新文科的重要内容,并且尤其重视课程的整体体系建设。张燕认为,新文科工作中"学科与专业、师资与人才建设的核心之关键,还重在课程体系建设上,因为只有优质课程体系与品质,才能真正呈现出优质师资的价值能量,也才能真正作用于人才培养的实效"。她还进一步提出戏剧与影视学科课程体系建设的目标,"组建跨学科复合丰富的课程结构,运用新技术、新智慧,开拓课程建设的专业性和前沿性,快速提升课程质量与数量"。[4] 可以说,开展课程体系建设,已经成为戏剧与影视学学科内部的共识,并得到教育主管部门的肯定。教育部高等学校戏剧与影视学类专业教学指导委员会主任周星撰文提出,"新文科建设背景下构建戏

① "六卓越一拔尖"计划 2.0:打造高等教育"质量中国"的战略一招[EB/OL].新华网,http://education.news.cn/2019-04/29/c_1210122279.htm,2019-4-29.

② 安丰存,王铭玉.新文科建设的本质、地位及体系[J].学术交流,2019(11):12.

③ 教育部.新文科建设工作会在山东大学召开[EB/OL].http://www.moe.gov.cn/jyb_xwfb/gzdt_gzdt/s5987/202011/t20201103_498067.html,2020-11-3.

④ 张燕.新文科建设背景下戏剧与影视学科建设的创新认识[J].艺术教育,2020(5):13,14.

剧与影视学专业基础课程、专业核心课程和专业方向课程新的体系,是教育部给予戏剧与影视类学科相关课程制定标准的要求"。①

学科基础课程、专业核心课程和专业方向课程体系,是我国高等教育长期以来一直使用的体系模式。该体系以培养专业人才为目的,教育学者曾将其形象地称为"三层楼"体系。刘道玉曾发文,转述李培森的论点,强调"三层楼"课程体系建设的重要意义:"一个系或专业的课程体系是由基础课、专业基础课和专业课这三个层次组成的,人们常常形象地把它们叫作'三层楼',这是由课程的科学性、逻辑性而决定的,是符合科学规律的,是符合循序渐进教学原则的。"②这种体系与西方尤其是美国大学强调的通识教育课程体系有明显的差异。尤其是在人才培养目标上,"三层楼"体系重视培养专业人才,而通识课程体系重视培养合格的本地区、本国公民,具备相应的价值观念与理性思考能力。当今高等教育中,这两种课程体系相互影响、相互借鉴、共同发展,在各自人才培养领域发挥作用。但是对于影视传媒专业人才培养而言,尤其是对于具有优良"三层楼"课程体系建设的我国而言,基础课、核心课和方向课的体系更为适合。可以说,新文科课程体系建设,破题的关键就是要求本专业的课程种类设置、模块划分、学分比例安排等能够满足专业人才培养目标,能够反映社会发展需求,反映学科知识体系构建需要,反映学生个性化发展需要,反映专业科技发展前沿。

一、拓宽交叉融合的学科基础课

学科基础课主要构建学生本学科以及相关学科知识基础,开阔学生学术视野,为学生的长远发展打下基础。学科基础课的关键要"宽",应该体现新文科建设的学科交叉特征与学科逻辑,相关课程内容之间、不同学科知识之间需要相互联系交融,构建统一的知识框架,拓宽学生学科知识基础,服务学生长远发展。

学科基础课程必须围绕本专业学科基础,从不同学科的视角审视分析本学科面对的核心领域与问题;学科基础课程还必须考虑与专业核心课程之间的承接递进关系,为学生专业核心能力培养奠定基础。这一点与通识课程不

---

① 周星.开启新局面:新文科建设动力下的新型戏剧与影视学类专业发展[J].艺术教育,2020(5):8.

② 刘道玉.论大学本科课程体系的改革[J].高教探索,2009(1):7.

同。通识课程通常围绕学生面对社会的不同知识领域分类展开,同一类别课程之间相互联系、不断递进,不同类别之间不直接交叉融合,需要学生个体自行创新开展学科知识的交叉融合。比如哈佛大学通识课程分为 11 个领域:"(1)外国文化;(2)历史研究 A;(3)历史研究 B;(4)文学艺术 A;(5)文学艺术 B;(6)文学艺术 C;(7)道德推理;(8)量化推理;(9)科学 A;(10)科学 B;(11)社会分析。"[①]北京师范大学影视传媒文学专业的通识课程也分为"家国情怀与理想价值、国际视野与文明对话、经典研读与文化传承、数理基础与科学素养、艺术鉴赏与审美体验、社会发展与公民责任"等几大模块,各模块之间并没有必然的联系,却共同组成了人才培养的核心目标。

二、夯实立业之本的专业核心课

专业核心课需要培养学生专业核心能力,需要回应行业与社会变革对于专业能力的需求,增强学生的核心竞争力。如果说,学科基础课程需要体现学科逻辑,那么专业核心课程就必须要体现行业逻辑。核心课程的打造要以对行业社会的深刻理解为基础,依照行业发展需求、聚焦核心专业能力打造课程群,其关键要"实",为学生职业发展打下坚实的基础,为行业发展提供人力资源支撑。

如中国传媒大学播音主持艺术专业,始终将播报能力作为学生的核心能力开展培养,其人才培养方案中设置了"播音主持艺术、导论语言学概论、播音主持语音与发声、播音主持创作基础、广播电视口语表达基础"等核心课程,均紧密围绕培养播报能力。鲁景超总结提出,该专业"立业之本:夯实播音主持专业学生的基本功训练"。[②] 正是基于这一核心能力培养,中国传媒大学播音主持艺术专业不断保持优势,培养出色的、高质量的播音员主持人,并且在当今播音主持人才不能满足分众市场需求的情况下,中国传媒大学制定了围绕播报核心能力,"由面到点"的培养方案,迅速调整,设立新闻、综艺、口语、体育等方向,打造复合型高端语言传播人才。

---

① 吴坚.哈佛大学与复旦大学通识教育课程设置比较研究[J].高教探索,2016(2):29.

② 鲁景超.传媒变局对播音主持人才培养的影响和要求——基于对中国传媒大学毕业生的问卷与访谈[J].现代传播(中国传媒大学学报),2016(4):151.

三、创新紧跟前沿的专业方向课

专业方向课要能够随着技术发展快速调整、创新设置，其特征要"活"，应具有灵动性、敏捷性，回应技术创新对新文科建设的需求。影视传媒类专业人才在市场上的需求是必须要求"上手快、后劲足"。用人企业没有足够的时间与成本对毕业生开展就业教育，因此该专业人才入职的前提是要上手快，必须能够入职后立刻进入生产一线，开展工作。因此，聚焦专业技术培养的专业方向课建设以及配套的实践教学环节是学生职业能力与就业竞争力的重要保障。

总而言之，影视传媒类专业课程体系结构有理论上应然的"三层楼"理想模式，学科基础课为该模式的基础，其特征要求"宽"，要回应新文科建设学科交叉的需求；专业核心课为该模式的重点，其特征要求"实"，要回应社会行业发展变革对新文科提出的需求；专业方向课为该模式的最顶端，其特征要求"活"，要回应技术创新对新文科提出的需求。表 6-5 具体呈现新文科建设的基本特征（基因）与"三层楼"专业课程体系的对应关系，以及对应课程建设应持有的基本理念。

表 6-5 影视传媒类专业课程体系结构

新文科基因	课程体系结构	影视传媒类专业课程体系建设理念
学科交叉	学科基础课	"宽"，交叉融合：一级学科内部交叉，与艺术学门类下一级学科交叉，与其他学科门类进行交叉
社会变革	专业核心课	"实"，立业之本：服务两个大局，服务国家文化软实力提升、服务新型主流媒体建设与国际传播力的提升
技术创新	专业方向课	"活"，紧跟前沿：对接本行业当前主流技术，引领人工智能、大数据、云计算、虚拟现实、5G 等技术在本行业的前沿应用

影视传媒类专业在课程体系建设上落实新文科思维，三大专业课程形成逻辑紧密、递进衔接、融合自洽的整体体系还需要各方的进一步努力。在总体方向上，教学指导委员会应该加强研究、出台标准，明确影视传媒类人才的核心能力与对应核心课程，指导各类高校不断提高专业整体建设水平。在专业方向课陈旧的共性问题上，各高校应该在明确人才培养目标定位的基础上，结

合现有资源与学习传统,不断加强对技术前沿的跟踪研究,并将研究成果转化为专业方向课程,不断推出对接技术发展前沿、服务行业地方社会发展专业方向课程。

而在学科基础课、专业核心课程建设上,不同种类的院校要发挥原有优势特长,作出各自的路径选择,为影视传媒类专业整体发展作出贡献。如综合院校在学科基础课程上具备优势,专业院校在核心课程建设、学生专业核心能力培养上具有较强的优势。双方均应该加强总结提炼、建设视频公开课程,互相借鉴学习、取长补短,互相提供支撑,推动行业逻辑与学科逻辑在课程建设中的融合。地方院校则需要进一步强化服务地方经济社会与行业发展需求,在强化课程复合性、交叉性的基础上,强化课程的应用性与针对性,培养出能够服务、引领地方发展的复合型、应用型人才。

第三节　影视摄制专业课程体系建构中课程思政的拓展与实践

浙江传媒学院影视摄影与制作专业作为国家一流专业,面对全媒体时代变革,着力培养信仰坚定、理实相融、德艺双修的卓越影视人才,培养担当民族复兴大任的时代新人,不断探索专业建设融入课程思政的理念、路径、方法,并取得了一定成效。浙传影视摄制专业课程体系建构中课程思政的拓展与实践经验,总结起来就是一句话——"传承红色基因,强化专业调性"。

从行业导向看,"旗帜鲜明讲政治"是广电行业坚定不移的发展方向,行业从业人员必须牢牢树立"政治理念"。作为培养影视创作核心人才的影视摄影与制作专业,如何才能培养行业需要的、兼顾技术与政治的人才,解决方案是必须在专业课程体系建构中引入课程思政理念。

浙江传媒学院摄制专业的课程思政始终传承着"三个坚持"。思政目标始终坚持进课程、进知识、进思想;思政改革始终坚持围绕教学理念、教学内容、教学案例;思政实践始终坚持课程与创作结合、理论与实践结合、线上与线下结合。浙传摄制专业不断探索专业建设融入课程思政的实践探索,为学生注入了新时代的强大基因,为培养德智体美劳全面发展的社会主义建设者和接班人贡献了浙传力量。

一、思政目标进课堂、进知识、进思想

始终坚持目标导向,以系统思维全局性观念将课程思政融入国家一流专业建设中,强化思政元素的"三进"工作:进课堂、进知识、进思想,实现专业教育中的思政元素"百花齐放""精彩纷呈"。

1. 思政理念进课程

定期召开课程思政建设会议,邀请思政大咖指导,实现思政教师与专业教师联动,实现思政课程与专业课程的融合。通过引入在线马克思主义工程项目课程,拓展马克思主义工程项目课程学习时空与学习内容,从拓展思政课堂的外延上第一步擦亮"底色"。

通过人才培养方案调整的契机,浙传新开设了《主旋律短片创作》《现实题材纪录片创作》《历史人文纪录片创作》《口述历史题材纪录片创作》《形象宣传纪录片创作》等具有红色基因的课程,进一步明确专业建设的调性,发扬专业的"红色"特长。

2. 思政元素进知识

本校有机整合专业课实习实训、社会实践第二课堂、专业课平时作业与毕业创作等专业实践载体。将马克思主义新闻观教育和实践教学贯穿于摄制专业全媒体采、写、编、播各个环节。让学生参与具有政治引领性的红色经典项目的摄制。浙江传媒学院承接了大量组织部的党员政治宣传片的制作任务,除了专业教师外,还组织大量摄制专业的学生参与创作。为了能创作出优秀的作品,师生们花大量时间学习党史、党章、领导人讲话精神,体会宣传片的精神内涵,在创作过程中对党的历史,对党的思政纲领有了深刻的解读;大量优秀党员的宣传片创作,让师生们接触到了大量优秀党员的感人事迹,榜样的力量一点一滴改变了大家的人生观、价值观。

通过各种弘扬社会正能量、表现悠久文化传统的命题式创作,引导学生的"三观",帮助学生建构文化自信。如配合国家"扫黄打黑"的行动,布置了以"禁毒"为主题的微电影创作,在创作过程中学生大量收集资料,前往戒毒所进行调研,对毒品的危害有了深刻的认识,很多作品制作精良,用感人的故事宣传了毒品的危害,通过展播,让更多人了解了禁毒的意义,推动了社会正能量的发展。弘扬传统文化,教师布置了以非遗传承为核心的纪录片创作,在创作过程中,学生们体悟到了中国传统文化的博大精深,感受到了非遗传承人"坚

守、诚信"的工匠精神，并将这种精神转换为自身的创作态度。

3. 思政理念进思想

通过具有正确价值引导的创作，"主体教育观"发挥了极大的作用，通过创设生活情境，培养个体学会生存、学会合作、学会理解，具备自主性与社会性的特征，能够融入社会生活中并且独立自主地健康发展。学生们自主学习，实现了自我提升，发挥主观能动性，实现了政治认同，树立了文化自信，脱离了小情小爱的窠臼，形成了关注社会现实的意识。这种自主化形成的价值观念是稳固而坚定的。在创作过程中，学生们形成了团队协作精神，形成了创新创优精神。

充分运用新媒体展示平台，通过专业所属的"浙传电艺作业簿"和"星舟奖"两个微信公众号进行作品展映交流，这激发了学生的荣誉感，提升了学生的学习动力，在有序竞争中实现能力的超越。围绕弘扬主旋律的作品创作和展映平台以"有思想、有温度、有品质"为目标，充分发挥了对大学生的思想引领的作用，将理想信念教育、社会主义核心价值观、中华传统优秀文化等内容有机融入教育体系，在发挥影视专业特长的同时又营造了浓厚的思政氛围，使思政理念春风化雨、润物无声地"入脑入心"。

二、通过教学理念、教学内容、教学案例的改革实现课程思政与专业课程的深度融合

课程思政的拓展与实践需要扎实推进课程思政改革，根据立德树人与专业培养相结合、教书与育人相结合、知识传授与价值引领相结合的要求，依据影视类国家一流专业的性质特点，对于教学过程中的理念、内容和案例进行改革。

育有德之人，需有德之师。要帮助学生扣好人生第一粒扣子，教师不仅要当好经师，更要成为人师。在教学理念方面，浙传始终坚持把师德师风与意识形态建设放在首位，将师德师风"第一关"贯穿到教师资格准入、招聘考核、职称评聘、推优评先、表彰奖励以及教师教育教学活动的全过程和各环节，推进常态化建设。梁碧波教授是其中的佼佼者，他带领师生团队创作了大量弘扬主旋律的作品，代表作《十一书》网络点击量超过 5 亿，成为大家竞相学习的红色教材。新冠肺炎疫情期间，梁碧波老师指导创作了大量记录抗击疫情感人事迹的纪录片，以艺抗疫，为抗击疫情作出了巨大的贡献，被评为浙江省抗疫先进个人。他制作的微党课获得浙江省微党课一等奖。作为摄制支部的书

记，带领支部建设，获得全国样板支部的荣誉称号。

在教学内容方面，充分挖掘和提炼专业课程所蕴含的育人元素，把主流价值观引领与塑造灵魂融入所有课堂，将主流影视创作研究和民族影像美学作为重中之重。张拓老师带领课程组立项《关于政论宣传片及专题片创作中叙事表现的创新应用与研究》，朱怡老师带领课程组立项校级以党建项目影像创作为特色的社会实践一流课程《全媒体视听创作》，李琳老师带领课程组立项以主旋律片例为典型的线上一流课程《影视剪辑》。王一卓老师开设的《经典影像作品赏析》申报浙江省高等学校课程思政示范课程。该课程作为一门专业必修课，使得学生在专业学习的同时，也能理解马克思主义文艺观，潜移默化地建构良好的影视传媒职业道德规范，尤其加深了对社会主义文艺创作和中国精神的认知。"如春在花，如盐化水"，在影视摄影与制作的所有课堂上，老师们都上出了"思政味"。将红色经典、党史党建影视作品、防疫抗疫主题影视作品作为案例教学的核心，通过案例分析，在传授知识技能的同时进行思政教育，让学生在潜移默化间建立政治认同，树立文化自信。

三、课程思政坚持课程与创作结合、理论与实践结合、线上与线下结合的任务导向

擦亮"底色"的育人目标任务的落地和专业建设成果的转化需要依托多种育人的手段。在实施中，根据一流专业建设的要求，构建立体而又相互融通的新发展格局，坚持课程与创作结合、理论与实践结合、线上与线下结合的任务导向，做到全员、全过程、全方位育人。

课程与创作相结合。浙江传媒学院摄制专业坚持以马克思主义新闻观、文艺观为指导，在影视领域创作了一系列丰富的红色作品，涌现出梁碧波等多名活跃在业界一线的学科骨干，特别是在主旋律纪录片和党政专题片的创作方面，摄制影视专业军团创作势头强劲，营造了崇教乐教、教学相长、师生共济的浓厚校园氛围。师生主创或参与创作的《难忘初心》《不忘初心学党章》《新时代奋斗指南》《十一书》《为了人民健康》《照相师》《孤山路31号》等一大批影视作品广受社会和观众好评，相当一部分作品在省级及以上平台播出。影片《盖世武生》荣获浙江省精神文明建设"五个一工程"奖。梁碧波老师主创的纪录片《爱上中国》《花开彩云南》，在央视及多家省级卫视播出。陈咏老师主创的《照相师》被中宣部国家电影局列为庆祝改革开放40周年重点献礼影片，并获省级"五个一工程"奖。

理论与实践相结合。针对互联网的原住居民，着力打造学生喜爱的融媒体育人视听产品，既可以提升教师的专业创作能力，更可以发挥影像作品对大学生的思想引领、价值塑造、文化熏陶与精神提振的作用。在各项有利条件的保障下，影视摄制专业党建创作团队通过公开招标，在 2020 年竞得省委组织部《建党百年》和《榜样人物》两部党建专题片项目，2021 年积极用精品创作为党的百年华诞献礼。

线上与线下相结合。将互联网、云平台等新技术引入教学，通过实验实践环境提升，建设了多门在线精品课程和微课，形成在线课程群，共享了大量视音频资源，打造了线上线下融合、适应学生多元化需求的教学平台。《影视剪辑》《一刻钟看通视频节目》《影视摄制导论》《电视节目策划》等在线课程选课人数超过 4 万，选课学校近 300 所；作品展示、交流平台"浙传电艺作业簿"和"星舟奖"微信公众号总阅读量超过 100 万，形成了辐射全国的专业影响力。

习近平总书记指出，"共和国是红色的，不能淡化这个颜色"，红色基因是永远不能忘记的根和魂。在国家一流专业建设过程中，浙江传媒学院影视摄影与制作专业将始终把握这个"根脉"，设计好、采掘好、冶炼好专业教育中课程思政元素，引导广大教师和学生将"底色"擦亮、"调性"明确，推动摄制专业课程体系建构中课程思政的见效、落地，并为培养一批"讲好中国故事、传播好中国声音"的新时代传媒人才而不懈奋斗。

第四节　公共艺术云端化课程的新范式实践

大学的公共艺术教育从课程的角度看，有狭义和广义之分。狭义的公共艺术课程专指 2006 年教育部下达的《全国普通高等学校公共艺术课程指导方案》中 8 门限定性选修课程，要求至少选修一门或者 2 个学分；广义的公共艺术课程泛指所有以学生艺术素养提升为目的的课程，艺术素养是审美的素养，因此在 2015 年国务院和 2019 年教育部最新颁布相关文件中均以美育为关注点。一项对江苏省 12 所高校"公共艺术教育课程"状况调查与访谈发现：12.3％的高校所开设的公共艺术教育课程有 1～2 门，60％以上的高校开设门数在 5 门以上，所开设课程中有艺术导论、美术鉴赏、音乐鉴赏、影视赏析等 8 门指定课程的高校占了 70％，选修课类型占据 85.1％，艺术实践类的公共艺术教育课程不足10％。^① 这组数据比较真实地反映了高校公共艺术课程建设的现状。郭必恒在《2018年中国艺术教育年度报告》中说："至今我们观察全国普通高校的艺术教育开展情况，仍然发现只有在2学分要求上是着着实实落地的。"^②如果作进一步分析，之所以能"落地"和网上慕课课程的有效补充有很大关系，这8门课在主要的慕课平台爱课程、尔雅、智慧树上均设有不同版本的慕课课程，其中不少是名师课程，比如彭吉象的"艺术导论"、陈旭光的"影视鉴赏"、刘建的"舞蹈鉴赏"等。公共艺术课程是国内高校最先实施网络教学的课程板块，但是很少有人研究这类课程适合不适合线上教学、如何开展线上教学、线上教学的效果如何。疫情的新常态背景下，数字技术的加持赋能课程的云端化迁徙势在必行，高校公共艺术课程云端化发展的分析和探索越来越具有紧迫性。

一、新冠肺炎疫情中公共艺术在线课程存在的共性问题

当前网络直播很难满足公共艺术教学的大班化和重体验的要求，主要包括艺术的内隐性和个性化难以通过网络传播，已有慕课资源难觅优质艺术实践类课程；基于大班化公共艺术网络直播课程，受制于学生艺术素养的差异而难以因材施教；网络直播课程的空间平面化和单一性，消解了艺术的体验性等三个问题。通过新冠肺炎疫情期间大规模在线课程实践，我们基本可以得出这样的结论：一方面，目前慕课主要适配史论类和鉴赏类等狭义的公共艺术类课程教学，而更多数量的广义公共艺术课程显然难以满足教学基本需要，也很难落实教育部所要求的"实质等效"；另一方面，就狭义的公共艺术8门课程而言，只是完成教学内容的云端迁移而没有实现教学方法和手段的改革，这与教育部设计的"范式改革"的初衷也是相悖的。

针对公共艺术课程在大规模在线教学中存在共性问题，浙传经过前期精心准备和4周网课实践，面向本学期学校公共艺术教育部55门课程，通过"吸纳、拓展、碰撞、反思"的教学方法，实施公共艺术云端课程创新范式探索，构建以直播课堂为主，融合慕课、经典案例、师生作品和云化教材五位一体的教学体系（图6-1），通过新冠肺炎疫情期间的跟踪实证比较研究，不断调适优化，形成经验以利推广。

---

① 王昌景，孔智蓝.当代高校公共艺术教育课程的反思与构建[J].江苏高教,2020(1):107-110.
② 郭必恒.2018年中国艺术教育年度报告——高校篇[J].艺术评论,2019(3):152-157.

公共艺术在线课程　　　　　　　　　　创作作品云孵化

学习吸纳艺术理论基础知识　　　　　　　学生进行深度思考,
　　　　　　　　　　　　　　　　　　　　碰撞出新思维

直播课堂

艺术家云端课程　　　　　　　　　　　云教材建设

提高学生艺术眼界,　　　　　　　　　　学生反思课堂所学
拓展艺术思维

图 6-1　公共艺术课程五位一体的云端教学体系

二、构建公共艺术云端化课程的新范式

学生通过学习优质在线课程,吸纳艺术基础理论知识,通过教师推荐的艺术家云端视频提高学生的眼界;教师通过布置作品,使学生进行深度思考,学生与学生、学生与教师之间碰撞出新的艺术思维;通过云教材促使学生进行课堂反思,经过吸纳、拓展、碰撞、反思后为学生进入直播间的学习效果提供了有力保障。本研究将采用师生同步跟踪匿名实证的研究方法,在教学实施过程中构建多循环的评价—反馈机制,同时以平行课程作为对比,形成客观、科学的评价结果。

1. 选择适合的云端教学平台,实现同步异步的有机结合

"异步时段"指学生自主学习在线课程内容,翻阅教材、构思作品。"同步时段"指直播课程的学习,艺术实践课程细节的讲解和学生情感的互动。为了使艺术实践直播课程达到预期的效果,还需要针对不同门类选择不同的直播平台,如:形体舞蹈课程是动态的,不能将所有学生显示在屏幕中,教师选用了B站直播,学生还可以共享教师站点收藏的舞蹈视频;室内乐演奏课程运用的是一起练琴 App,实现了师生通过视频互动,虚拟了乐器演奏艺术小课教学互动场景;美术欣赏课程不受空间影响,教师选择了钉钉直播间。同步异步结合的方式可以督促学生的学习进度,也可以培养学生的学习自主性,更加能够实现公共艺术实践类课程的实效性。

2. 跨越时空合作,创作云端作品

隔空指导并唤起学生的兴趣是艺术实践在线课程的难点。在网络环境下我们无法与学生一起沉浸在训练场地,但如果在艺术实践课程中,学生不跳起来,不演奏起来,那就大大地降低了艺术的体验性,学生的学习动力势必渐渐

减退。布置学生创作云端作品来实现师生、生生之间跨时空的合作,激发了学生的学习主动性和成就感。沈老师主持的公共艺术室内乐演奏课程,结合新冠肺炎疫情做成云端作品《祈祷》,将祈愿融入音符,致敬抗疫英雄,祈福中国,并上线学习强国平台。学生在不同的时空要完成同一个作品,首先大家要对艺术作品的理解达成共识,然后求得多方合作,才能完成最后的作品。这既增强了学生艺术实践的主动性,也培养了学生的云端交互合作。项目组王老师主持的公共艺术绘画类课程,以苏州园林亭台楼阁云端研讨,引导学生去发现美、寻找美,通过云端讨论形成学习氛围,提升了思考的深度和广度,通过分组进行小组汇报加深了合作学习。

3. 利用动态影像,建设云端教材

新冠肺炎疫情期间大规模在线教学中最突出的问题,是传统纸质教材无法适应不同空间移动学习的需求。一方面,传统纸质教材开发和出版时间较长,很多内容都较为陈旧,无法满足现代化的教学需求,而教材更新复杂无法满足时效性;另一方面,传统纸质教材不便于现在的移动智能教学,纸质教材携带不方便,教材数据无法被共享,大大限制了学习的跨地域性。云端教材将传统纸质教材内容利用动态影像技术重新进行富媒体编排设计和交互设计,面向电脑、移动终端等进行全新编辑,将丰富的高清图片、视频、音频,立体画廊、动画、AR 等混合媒体一体化编排设计,构造场景里的沉浸式学习。

建设"形体美育"多形态云端教材,既改变传统纸质教材固化和更新速度慢的问题,又赋予动态影像与视听双通道,以呈现出立体、动态、多维的教学素材。通过"形体美育"订阅号,将传统的教材通过云端发布,每一课进行更新,为学生课后巩固、反思提供了依据,达到对学生的精准指导。云端教材拓宽了教与学的个性化空间,它强调个性化交互,为学生提供了互助和互评功能,满足学生的互动需求,实现教育的个性化交互发展。云教材打破了地域性,为学习者带来了优质的共享资源。云教材所展现出来的交互学习、社交分享、学习跟踪等先进教学方式,将冲击着现有的教学制度。

以直播课堂为主,融合慕课、经典案例、师生作品和云化教材五位一体的教学体系是对原有线上公共艺术课程教学模式的颠覆性重构,其体现的立体化、开放性、个性化和体验性,既符合教育信息化改革的趋势,又契合艺术教育特有规律。公共艺术教育是以提升美育素养为根本目标,而这一根本目标的达成主要依靠课程教学,无论是线下、线上还是混合式的,以艺术为媒介的教育课程本身便应该是艺术的,技术只是手段。这是公共艺术课程云端化发展的核心原则。

第五节　基于 SPOC 的国际纪录片翻转课程建设的探索与实践

后 MOOC 时期,高校课堂教学正逐步向混合学习、翻转课堂转变。SPOC 翻转课堂秉承混合式学习理念,改变传统的学习方式,极大地满足学习者的个性化需求,有力地确保授课质量和教学效果。课程国际化背景下实施 SPOC 翻转课堂是当下国际高等教育发展的趋势。本节阐述 SPOC 翻转课堂的基本内涵和特质,结合中国浙江传媒学院和澳大利亚科廷大学合作开展的《网络纪录片制作》国际化课程,探讨开展 SPOC 理念的国际化翻转课堂的必要性和创新性,并从中得出启示,进一步拓展高等教育的发展空间。

一、课程国际化背景

国外众多专家对 SPOC 教学模式做了深入研究,国内也相继有多位学者展开探索。但从跨文化、跨学科背景视角下开展 SPOC 教学模式探索的研究几乎没有。李干等认为"跨文化、跨学科研究成为全球化背景下国际 E-Learning 研究方向"。国际化视野下 SPOC 学习理念的体验是引领未来课程国际化非常有意义的举措和尝试。

《国家中长期教育改革和发展规划纲要(2010—2020 年)》提出,课程国际化是高等教育国际化的主要因素。在这个传统和新型教学模式相互碰撞、相互交融的后 MOOC 时代,浙江传媒学院在深化自身的国际化课程合作项目改革方面做了积极尝试。

2014 年 10 月,浙江传媒学院与澳大利亚科廷大学合作,以制作交互式网络纪录片的形式推动两校的 SPOC 教学改革,以"可持续发展——天、地、人"为主题进行双方网络纪录片制作和在线交流,在教学设计、课程结构、评价方式等方面展开了一系列尝试,这是后 MOOC 时代推进在线学习样态和课程国际化教学的双重改革。

二、课程理念及实施

1. 课程理念

首先,该课程倡导"混合"的理念。不仅体现教学活动的多模态化和内容发布的多媒体性,还在教学方式方法上融合了任务型和探究性的学习方法,在授课模式上结合了线上学习和线下课堂面授的混合形式。最突出的一点是该课程融合了国内和国际因素,拓展了时空概念。其次,该课程凸显"翻转"的特色。课堂的"翻转",顾名思义就是颠倒传统的"教"与"学"的两个过程,学生先"学",教师后"教"。信息化时代,学生能够在每堂课之前获得大量有关网络纪录片的学习资源并进行学习。这种情况下,教师的地位发生转变,他们不再是知识的灌输者和课堂的引领者,成为观察者和组织者,引导学生开展互动式、启发式学习。由于"变革了教学流程、挤压了知识传授空间、放大了学生思想空间"而实现的深层次互动成为翻转课堂的核心价值。再次,该课程真正有助于"融通"。这种融通不仅指课堂前后、线上线下以及各种教学技术手段的"融",更是跨文化交流过程中实现的"融合"和"通达"。

该 SPOC 课程理念指导下的翻转课堂探索出以网络学习和视频互动、交流为手段的创新型课程模式构建一个新型的在线学习和实体课堂教学相结合的教学模式,实现"碎片化"的网络学习和有序高效的课堂学习有机融合,造就全英文的专业学习环境,把语言学习和专业技能培养相结合,培养跨文化的交流能力。

2. 教学模式

该课程相对于慕课的"开放性",具有一定的"私密性"。加入课程的学生由双方学校选拔,前期由各自学校的教师进行课程教授。授课以线上和线下相结合的方式,学生自行完成线上双语课程的学习,每周和本校授课教师见面一次,反馈学习信息,解决疑难问题,完成作业。每隔一周,两国学生通过 Global Classroom 连线一次,共同探讨拍片的情况,提出问题,共同讨论。每一个学年,两国师生来往交流一次,进行共同创作,进行实实在在的面对面课堂授课学习,共同拍摄和剪辑视频作品。这种"混合"式学习,不再受到时空的限制,不仅丰富了专业课程学习的框架,激发了学生的学习与创作热情,更大的价值还在于培养了学生的跨文化意识,促进了教育的国际化发展与中国网络纪录片的跨文化交流,跨文化的翻转课堂的创新实施也是 SPOC 模式的突破和超越。

3. 教学方式

该课程体现多文化语境下的教学规范化问题,建立多方接受的教学大纲,规范教学环节,统一实施教学任务。以"在线学习"和"实体课堂"相结合的授课方式,培养学生自主学习的能力和在线学习的主动性。例如,关于"纪录片的历史和发展"先由学生在网络自主完成。课堂内，老师首先根据课前调查获得的信息，确认学习难点，在实体课堂教学中回答学生的问题，在课上与学生一起处理作业或其他任务。总体上，教师可以根据自己的偏好和学生的需求，自由设置和调控课程的进度、节奏和评分系统。双方学生必须保证学习时间和学习强度，参与在线讨论，完成规定的作业。双方教师参加在线讨论团队的指导与互动，确保交流的正常进行。

三、国际化翻转课堂

在该教学模式中，学习的决定权得到转移，教师和学生的课堂双主体地位得到确立。特别是在一月一度和澳洲的视频连线中，双方学生能够运用两国的师资解决教学难题，学习到前沿知识。在教师的带领下，他们对网络纪录片制作技术进行深入探究和充分讨论，这种体验促进了知识的积累、内化和巩固。课堂教学则由传统的传授型向讨论型转变，借助网络信息技术为载体，整合原有学科教学模式，提高课堂教学效果，体现了以学生线上自主学习为主、教师线下指导为辅的新型课堂教学模式。通过课堂上的互动式讨论与学习，学生更加积极主动地内化和整合知识，一方面加深了对已有知识的理解，另一方面构建了自己的认知结构。在碎片化学习的过程中，知识得到更加有效的积累，使得学习者在巩固原有认知结构的基础上，与新概念、新知识建立起实质性联系。

四、SPOC 国际化翻转课程改革启示

1. 以"混"促"融"

在该教学改革尝试中，我们不仅开拓了 SPOC 小型在线学习资源，利用双方的课程资源和师资力量拓展了课程内容，利用网络效应保障专业知识的传播，更有价值的是，通过融合创作和互动交流让学生克服了语言障碍、学习习惯差异等问题。在该国际化课程 SPOC 教学尝试中，不仅有混合式的教学方式方法，也有通过国际连线进行的交叉式的课堂互动，混入两校教学特色内容，添加东西方课堂不同要素。这些尝试的实质在于促进高等教育的全球化发展，顺应文化多样性和构建人类文明共同体的需求，最终实现教育根本价值的"融通"。同时也是教育信息化技术优势和高等教育的深度"融合"，以全方位提升教学质量，培养创新型的国际化人才。

中国的高等教育在很长一段时间内一直是在单向学习、借鉴西方教育体制和模式,在结合高校特色和课程优势的基础下不断优化自身的课堂教学模式,走一条有中国特色的大学国际化道路,是中国高校未来发展的重中之重。

2. 以"翻"成"转"

国内外专家对于翻转课堂的核心要素的观点基本一致:一是流程,二是技术。翻转课堂教学流程颠倒传统的"先教后学"以及"课前—课中—课后"的教学活动安排,通过现代教学技术和大量的在线微视频实现教学模式的创新。早在民国期间,中国就有人尝试教学流程的翻转,在国外此类的改革也屡见不鲜。但在互联网技术促进下的教学翻转改革从根本上进行了具有变革性的创新。笔者认为,所谓"翻转"的真正魅力在于以教学模式"翻"来促使或成就"转",实施课堂教学的转变和创新。"翻"是手段,"转"是目的。

3. 以"智"见"慧"

随着计算机技术和智能技术的发展,智慧学习空间被广泛地推广运用。这种数字化的学习空间连接了本地与远程,改善人与学习环境的关系,学习空间的改变实现人与硬件环境交互,也保证了人与人之间的交流、协作以及知识的共享,极大地促进个性化学习、开放式学习,促进学生学习动机,强化了知识构建。笔者认为,以智慧教室为教学环境,以智能化教学为依托的翻转课堂教学改革不应该倡导"唯技术论",现代教学技术是一种辅助,一种媒介,真正的主体和根本是教师和学生,教学的双主体性没有改变。如何真正发挥技术优势,运用翻转课堂的模式突出教学中的"慧"是我们亟须思考的问题。

国际化翻转教学给课堂教学改革和课程的国际化带来了积极意义,翻转教学借技术之"势"凸显了教学之"力",使得高校在国际化教学中做到了知识的"融通"和"交互",进一步提升了学习效率。

第七章　重点与难点：数字化背景下影视传媒专业实践教学生态系统的构建[①]

实验教学在传媒人才培养中有着特殊重要的意义与地位，实践教学对检验学生专业理论知识的掌握程度、强化学生影视传媒业务能力和孵化学生创新精神有着无可替代的作用，可以说影视传媒实践教学的水平决定了影视传媒专业学生的业务素质和人才培养质量的基本面。[②] 新科技和产业革命浪潮奔腾而至，推动融合发展是新文科建设的必然选择。影视传媒类专业突出实践教学在整个影视传媒类教学生态中的地位，是应对媒体融合的教育新场景而采取的重要举措。这不仅需要我们在理念上转变传统的思维方式，而且在专业建设中，不同类型的院校一方面要加强实践教学体系的基本建设，另一方面还要结合自身优势，选择适合自身发展的特色路径，这样才能实现传统与创新、规范与特色的协调发展。浙江传媒学院从 2009 年起，以申报和建设国家级实验教学示范中心为契机，以 3 个省级教改和多个实验教学平台项目建设为依托，运用教育生态学理论，针对抑制实践教学质量各生态因子进行全面研究，提出"重构传媒实践教学生态系统"的设想，并付诸实施。

第一节　新时期影视传媒实践教学生态系统的重构

传统精英化高等教育认为"获得系统的理论知识，比那种仅仅把知识当作

---

① 本章主要内容曾发表于《新文科视阈下影视传媒类一流专业建设中实践教学体系的地位、价值与路径》，载《艺术教育》2022 年第 1 期；《基于应用型人才培养的传媒特色实践教学模式创新》，载《中国广播电视学刊》2019 年第 9 期；《艺术类专业实践教学互动式网络平台的构建与开发》，载《浙江传媒学院学报》2008 年第 1 期；《以培养卓越传媒人才为核心建设国家实验教学示范中心》，载《实验技术与管理》2016 年第 6 期。

② 伍顺比，董小玉.多元与特色：新闻传播学实践人才培养的审思[J].现代传播，2011，33（9）：118-122.

工具的教育,能更好地为实际领导工作提供知识准备"①。精英高等教育的实践过程与教育过程脱节,传授的知识呈现显著的理论性、抽象性特征。在高等教育大众化的今天,应用型人才专业实践能力的培养越来越受到关注,更强调知识的社会意义与实践价值。企业希望毕业生到岗就要能够提供创新服务与新的思想,更强调创新发展,旧的学术精英化人才培养理念与做法,并不适合应用型人才培养。对于卓越传媒人才来说,社会对其专业实践能力的要求更为突出。一方面这是由于新闻传播学本身就是一个理论实践并重的学科,另一方面更重要的是在当前新媒体不断涌现、媒体融合发展的大变革背景下,卓越传媒人才必须在走上岗位之前就要对行业发展、技术革新趋势有较深的认识,适应并掌握各类新兴媒体与主流媒体的传播方法。因此,传媒实践教学在传媒人才培养中具有十分重要的意义。

一、传媒实践教学的理论探索

如何开展传媒实践教学,国内高校已经开展很多有益的探索与实践。大体来说主要有以下三种理论。(1)体系建设说。邹迎九提出,新闻传播类专业实践教学体系是一个完整的系统,这个系统由硬件系统、软件系统两个子系统组成。硬件系统主要由专业实验(实训)室、校内媒体平台和专业实践实习基地三部分组成;软件系统主要包括教学目标体系、教学内容体系、教学师资队伍和教学管理体系四个组成部分。② (2)平台搭建说。白贵提出,应搭建学科与业界相结合的实践平台来推动新闻院系师资队伍建设,进而完成卓越新闻人才培养机制的创新。主要措施包括加大新闻学院和媒体单位互派人员挂职锻炼的力度;建立校外优质教学资源向校内教学的渗透机制并将之纳入新闻教学体系;结合学科发展强化实践教学环节的内涵建设,建设覆盖全部业务领域的示范性实践教学基地。③ (3)协同模式说。余丹等提出,通过校媒深度合作,双方实现设备、人力等资源的共享,媒体要全面参与到高校新闻学专业的人才培养中来;高校为媒体发展提供智力支持,双方通过优势互补,共建专业方向、共商教学内容、共享人力资源、共定考核标准。④ 此外,学者对于国外尤

---

① 佛洛里安·兹纳涅茨基.知识人的社会角色[M].郑斌祥,译.南京:译林出版社,2012:100.
② 邹迎九.试论广西高校新闻传播类专业立体实践教学体系的构建[J].高教论坛,2012(1).
③ 白贵.搭建创新实践平台 培养卓越新闻传播人才[J].中国高等教育,2014(Z2).
④ 余丹,陈志强,黄朝钦.新闻学专业"3+1"人才培养模式探索[J].宁波教育学院学报,2015(1).

其是密苏里大学等国外著名新闻专业高校也进行了深入研究,丁梅等提出,密苏里大学的新闻实践教学核心的特征在于:基于行业需求的系统化的课程设置;满足技术要求的系统化的实践体系;满足办学需要的系统化的社会资源整合。[①]

这些探索与理论研究的成果不仅得到学术界的认同,也得到政府相关部门的重视。2013年底,教育部、中共中央宣传部出台了《关于加强高校新闻传播院系师资队伍建设实施卓越新闻传播人才教育培养计划的意见》(教高〔2013〕7号),提出加强卓越传媒人才培养的主要任务就是要加强马克思主义新闻观教育、加强人才培养基地建设、推动高校与新闻单位从业人员互聘、推动人才培养模式改革创新、推动优质教学资源共建共享。随着这一计划在各地的实施,我国传媒实践教学改革创新取得了相当的成绩,许多高校与新闻单位、政府部门签署了人才培养基地共建协议。

二、传媒实践教学的问题分析

随着改革的不断深入,卓越传媒人才培养也在实践教学上遇到了深层次的瓶颈问题,主要包括以下几个方面。

1. 卓越传媒人才培养需要加强实践教学重要性的认识,处理好理论与实践的关系

精英化高等教育并非没有实践教学,但是其实践教学根本目标是在于帮助学生用实验验证理论、加深认识,最终掌握学科知识;人才培养方案中的核心课程主要依据知识逻辑进行设置,以利于学生系统掌握学科专业知识体系。而大众化高等教育下,核心目标是培养应用型人才的专业实践技能,实践教学的地位与重要性更为突出,理论知识的学习要能够用以指导实践、服务创新。因此传媒实践教学改革,必须要打破实践依附理论的课程体系的旧框架,建立起理论与实践相互促进、循环递进的教学体系。

2. 传媒实践教学内容组织需要符合行业发展逻辑,处理好学科与行业的关系

能够服务传媒行业发展与改革创新的卓越人才,需要掌握深厚的学科专业知识,更需要熟悉行业生产实际,要用行业生产需求组织学科知识,用以指

---

① 丁梅,闫月英."密苏里方法"的本土化与应用型新闻人才培养模式的创新[J].新闻教育,2013(3).

导实践。因此,传媒实践教学必须以行业需求为逻辑起点,掌握学科知识、培养行业实践能力融合起来,建立起适应行业发展需求的实践教学体系。

3. 传媒实践教学硬件建设需要依照行业逻辑进行整合,处理好建设与整合的关系

在高等教育跨越式发展的阶段,各高校实验室、实践实习基地建设数量可观,为实践教学的开展打下了坚实的基础。就传媒实践教学来说,下一步发展需要克服实践教学资源各自为政、分布离散的情况,用传媒产业发展的内在逻辑进行组织,打破校内外实践教学资源离散状分布、校内与一线实战脱节的弊端,建立立体融通的资源生态。

4. 传媒实践教学要不断跟上行业技术发展,技术平台搭建要处理好基础与前沿的关系

传媒技术发展迅猛,实践教学内容滞后于行业一线技术,不利于传媒人才理解行业发展需求、把握行业发展趋势;软硬件平台不断更新换代,在财力人力上都会给学校与合作单位带来负担。实践教学需要在保障基础与紧跟技术前沿之间进行权衡,建立基于云技术的媒体融合生态技术平台,力争以最少的投入引进最先进的行业技术,打破实践教学技术落后于行业的局面。

5. 传媒实践教学的开展需要有创新的培养机制与制度环境

实践教学理念的贯彻、教学内容的实施、实践资源的有效利用乃至最终实践教学的顺利开展,需要教学管理制度和机制的保障。课程实践环节、独立实践实验课程、学年集中实践、毕业实践以及第二课堂课外实践都需要创新教学管理制度予以保障,以消除传统教学管理制度对实践教学的抑制性因素,形成师生重视实践、关注实践的教学文化与制度环境。

三、重构传媒实践教学生态系统的实践

针对以上问题,浙江传媒学院提出"重构传媒实践教学生态系统"的设想,并付诸实施。

1. 构建服务实践能力培养的"五个四"的实践理论教学生态链。建立以课程实验(实训)、集中性实践、毕业实践、第二课堂实践四个环节为重点的实践教学体系;实施基础实践、学科实践、专业实践、创新实践四个逐层递进的分层次实践教学;形成理论与实践相结合、课内与课外相结合、校内与校外相结合、集中与分散相结合四种实践教学模式;搭建实验室、校内学生创新中心、导

师工作室、校外实践教学基地四大实践教学平台；坚持实践教学四年不断线，把实践教学贯穿到本科阶段的整个学习过程。

2. 以国家级实验教学示范中心为平台，强化其实践创新和人才培养功能，整合优化实践教学资源，构建服务学生实践教学的校内外资源生态链。校内以国家级实验教学示范中心为平台，整合校内实践教学资源；校外以杭州文广集团国家级实践教育基地为龙头，通过实习项目、实验课程，以校内见习、校外实习等形式整合校内外实践资源。建立了教学内容一次生产、多形态展示、多渠道传播的实践教学生态，为卓越传媒人才培养提供了"全流程、全方位、实战型、立体化、开放化"的育人环境和实践教学资源。

3. 组建卓越传媒人才创新实验区，实施"横向互动、纵向递进"沉浸式实践教学，构建服务实践能力培养的社区融媒体生态链。卓越传媒人才创新实验区以"实践即实战"为核心教学理念，以区域性视听节目制作中心——传媒大厦为基础，将省内标杆媒体机构引进校园，解决实验、实训、实习之间的协调和与行业同步问题；以创新基金、新苗计划、学科竞赛、毕业联合创作、极客联盟等活动为载体，打破校区、学院、专业、年级壁垒，形成学生实践团队；整合校内报纸、电台、电视台、杂志、网站、微信微博等打造社区融媒体生态，采取学生自主管理、独立操作的学生办台实践运作模式，让学生各显特长、各司其岗、良性竞争、共同成长，有效培养学生的团队意识、管理素养、实践能力和创新精神。

4. 顺应媒体技术转型升级需要，不断突破传统，升级技术体系，加快融合影视内容制播分发平台建设，构建服务于媒体融合发展的传媒技术生态链。为了适应与应对"媒体融合云"和"智慧媒体"发展，适配传统媒体和新兴媒体融合发展对"媒体融合"卓越人才培养要求，开发建设了国内高校首个基于混合云的媒体融合实践教学平台——媒体融合云平台，实现了传媒实践教学的媒体化、云化和开放化。该媒体融合云平台基于混合云基础架构，以融合媒体业务的实践教学与校内外媒体的生产运营为核心，部署了云端生产、互动运营、全媒体新闻、在线实践、课程学习互动和融媒体中心等多个业务平台，满足校内外的随时随地的应用接入，实现了媒体实践教学的云化、虚拟化、智慧化，初步形成了"平台＋内容＋渠道＋终端＋应用＋教育"的高校媒体融合教育生态系统。

5. 针对浙江省和"长三角"传媒产业集群分布现状，学校将原有的影视传媒和文化创意两大类专业群进一步细分为新闻传播类、广播影视艺术类、文化经济管理类、传媒工程类、技艺交叉类、美术设计和音乐类、文法类等七大专业集群,与行业和区域社会经济发展整体呼应和对接,打造形成适合卓越传媒人才培养需要的学科—专业生态链。

6. 实施与实践教学新生态系统相适应机制改革,修订人才培养方案,明确实践教学学分比例;实施三学期制,单独设立夏季学期用于开展综合实践;设立学生跨学科专业毕业联合创作项目,以毕业创作、毕业设计、毕业展演等培养代替传统毕业论文撰写,突出强化学生专业实践能力;通过实验室绩效考核、教师工作坊、业界导师制等建设,构建服务实践教学生态系统的生长空间与制度环境。

通过实践理论教学生态链、校内外资源生态链、社区融媒体生态链、学科—专业生态链、传媒技术生态链五大生态链以及服务实践教学的制度环境打造,目前学校实践教学已经形成相对完整的生态系统,对比原有实践教学体系在结构、效率、效果上都有显著改善。

7 年来,累计约 1500 名学生进入受益于新的实践教学生态系统,形成大一至大四循环递进的 40 余个学生媒体实践团队,获得省部级及以上创新项目 45 项,获得国家和省部级学科竞赛奖项 242 项,实践能力和创新精神得到有效培养。2012 年至 2015 年有 50 部学生团队制作的节目参评中国高校电视奖并获奖,其中有 20 部荣获一等奖。2014 年浙传荣获教育部就业百强高校称号,在浙江省教育评估院的调研中,学生对于实践教学满意度逐年提高。已毕业学生中,95% 以上顺利毕业并进入传媒行业相关专业工作,在省级及以上主流媒体就业量逐年提高,5 年达到 453 人,部分学生已经在传媒行业中展现头角。

在学生受益同时,学校社会影响日益凸显,实践教学水平得到社会和学界的广泛认可。2013 年、2015 举办"新闻传播卓越人才培养国际高峰论坛""媒体融合国际高峰论坛",相关研究论文结集为《中国卓越传媒人才培养的探索与实践》《媒体融合的探索与实践》出版,得到教育部新闻传播学教指委的充分肯定;2015 年在教育部召开的国家实验教学示范中心十周年成果展示会上应邀发言,获得广泛赞誉;在全国最大传媒教育平台——索贝学院开办实践教学专区,媒体融合云平台在 2016 年亚太最大广播电视展览会——中国国际广播电视信息网络展览会上产生很大反响,科讯广电网、DVBCN 众视网、世界广播电视等媒体均予以报道。截至 2015 年年底,70 多家国内院校、媒体机构前来考察调研,实践教学生态系统受到较高评价。

第二节 一流专业建设背景下影视传媒专业 实践教学体系再审视

打破学科壁垒、实现专业融合是新文科建设的关键所在,这一点对影视传媒的人才培养显得尤为迫切。一方面影视艺术是科技的艺术,其创作创新需要复合型人才;另一方面,影视传媒具有行业特色,要实现与行业的对接还需要具有实践能力的应用型人才。所以在新文科的背景下,以实践教学为抓手是寻求复合型和应用型人才培养模式破局的现实路径。

一、实践教学体系在专业建设中的地位

实践教学主要包括认知实习、专业实习、毕业实习、毕业论文(作品)等独立设置的实践环节和课内实践(实训)环节,它是专业教学中的重要环节。在人才培养和专业建设中,高校对实践教学的定位一般是基于传统的"两分法"。所谓"两分法"主要是基于学科逻辑和行业逻辑这两种教育理念所形成的两种对专业发展不同的思路。

学科逻辑遵循以知识和教师为中心的教育理念,它形成的实践教学从属于理论教学。该模式下实践教学建立的基础是系统的专业理论教学,它只是验证理论的一个教学环节。相比之下,行业逻辑遵循的是以学生能力培养为导向的教育理念。它强调以问题为中心,侧重学科和专业的交叉。该模式下的理论教学要围绕对学生艺术创作等实践能力的培养,因此,学生不仅要在实践中积累和获取经验,还需要体会和掌握大量的隐性知识。

在媒体融合的背景下,许多传统的传媒教学理论需要打破原有的范式进行重构。《宣言》针对实践教学明确指出"鼓励支持高校开设跨学科专业新兴交叉课程、实践教学课程,培养学生的跨领域知识融通能力和实践能力"①。知识的融通意味着我们要突破传统的教学理念,形成学科和专业的交融、理论教学和实践教学的交融,以及第一课堂和第二课堂的交融。这样才能使我们培养的人才从传统的专业型人才转向复合型人才。因此,在教学实践过程中

---

① 教育部.《新文科建设宣言》正式发布[EB/OL].中国教育在线.(2020-11-03).[2021-1-11]. https://www.eol.cn/news/yaowen/202011/t20201103_2029763.shtml.

我们要转变理念,突破传统意义上文科的范畴。新文科背景下的这种转变,使实践教学与理论教学之间不再是前后相继或服务与从属的关系,而是互为补充的平行关系。学生要在实践中应用理论,也要在实践中培养创新的能力。因此,实践教学在人才培养的整个流程中应该贯穿始终。

新文科建设是国家提升文化软实力的战略要求。在专业建设的顶层设计中,实践教学是重要环节,各级教育主管部门对此都十分重视。从教育部国家级一流本科专业建设点的信息采集指标看,在定性(如实践教学机制等)和定量(如实践教学学分占比、实践平台数等)两方面,实践教学在考核内容中都有明确的要求。

此外,从各省市制定的一流专业考核标准上看,与实践教学相关的评估内容在整个指标体系中所占的权重也很高,如2020年广东省级一流本科专业建设点的评审指标里,与实践教学相关内容的分值占比已经达到了58%,其中涵盖了实践教学机制、实践能力的培养、实践教学环节学分占比、生均教学实验仪器设备、校内外实践教学基地或实践教学平台的建设,以及实践成果等具体评估指标。

由此可见,在新文科语境下,实践教学在专业建设和人才培养中的地位和重要性都变得十分突出。这就要求高校在今后的人才培养中要更加注重对学生实践能力的培养,在实践教学及其体系的建设中要投入更多的人力、物力和财力。

二、实践教学在影视传媒类一流专业建设中的价值体现

传媒行业的发展离不开科技的支撑,每一次技术的革新都会给这一行业的样态、思维以及观念带来巨大的变化。北京电影学院常务副院长胡智锋教授认为:"移动互联网等新兴媒介与技术的高速发展,对戏剧与影视等学科发展的影响是颠覆性的。"[①]传媒人才的培养要实现与市场的无缝对接,需要建构适应行业发展的实践教学体系和平台。鉴于此,课题组通过对上报至教育部的第一轮戏剧与影视学类国家一流专业申报的材料进行实证研究,旨在为我国影视传媒类一流专业建设提供决策参考。

本次上报至教育部的戏剧与影视学类国家一流专业点共计91个,涵盖戏

---

① 胡智锋,徐梁.新文科背景下"戏剧与影视学"专业建设的理念与路径[J].戏剧(中央戏剧学院学报),2020(3):1-8.

剧影视导演、影视摄影与制作、播音与主持艺术等各类影视传媒类专业。课题组在对这些专业进行汇总统计的同时,还根据这些专业所在院校的性质,将其按综合师范类、地方综合类和艺术类进行分类统计。

　　各个申报的专业点对实践教学总体上都比较重视,主要表现为:第一,实践教学环节的学分占总学分的比例较高。《普通高等学校本科专业类教学质量国家标准》(以下简称《标准》)中要求:戏剧与影视学专业"实践教学类课程学分不少于总学分25%",而上报专业点的实践教学环节学分占总学分的比例(均值)已经达到了37.54%,这比《标准》中的要求高出了12.5个百分点。第二,各高校填报的有关本科人才培养的重要政策文件(限填10项)中,与实践类相关的文件数目(均值)大于1项。这说明各高校都能认识到实践教学在人才培养中的价值,同时也能在制度上对其实施进行相关保障。第三,在实验和实践教学平台近3年获得省部级及以上支持的数量中,平台个数(均值)为3.18个,由此可见各专业点能够对实践教学平台的建设有所重视,他们一方面能够投入人力、物力和财力进行平台建设,另一方面能够积极开展项目申报,以获取校外政策和经费的支持。第四,在实践教学体系的构建上,各专业点都能够结合自身的定位和优势,形成较为完备且颇具特色的实践教学体系,像中国传媒大学构建了"两大平台,六大支柱"实践教学体系;厦门大学构建了实验教学、实习实训、科创竞赛、社会实践"一体四翼"实践教学体系;哈尔滨师范大学构建了"一体化、三层次、四阶段、六模块"实践教学体系等。

三、不同类型高校在影视传媒类实践教学建设中的路径选择

　　从戏剧与影视学类国家一流本科专业建设点的申报材料中可以看出,各专业点对实践教学的开展都进行了积极的探索。课题组通过对这些举措的梳理,一方面对影视类专业实践教学发展的整体方向进行了归纳;另一方面,根据三种不同类型高校的特点提出相应的建议。

　　第一,要将实践教学贯穿人才培养始终。高校可以借鉴成功经验,选择适合本专业人才培养的实践教学模式。比如,中央戏剧学院的表演专业在创作实践教学中,坚持"小班化"精品教学模式和个性化培养的教学方法,教师可以准确把握学生的个性潜质;中国传媒大学戏剧影视美术设计专业利用工作坊的形式,实施项目化教学,实现了教学内容与社会项目任务的对接;四川师范大学广播电视编导专业面向区域文化事业,组建师生团队,形成了以纪录片创作为主要特色的实践教学体系。此外,还有一些学校依托具体的展演,采用联

合实践的教学法,将不同专业、学科和学院的师生联合起来,让学生对具体课程中的教学内容进行全方位的实践。这些举措以生为本,在学生自主创新能力的培养上都产生了良好的教学效果,具有一定的借鉴意义。

第二,全面加强实践教学师资队伍的建设,打造"双师型"人才队伍,注重优化教师梯队结构,构建多元化教师培养体系。首先,可以采用"传帮带"的方式对青年教师进行培养,比如上海师范大学对青年教师开展产教研项目和参加行业技能认证进行支持,帮助他们取得双师资质。其次,通过"走出去"的方法,选派专业教师到行业顶尖的平台进行一线实践,为他们提供了解行业最新动态的实战环境。此外,还可以利用"引进来"的方法,从政策上加大引进人才的力度,吸引学界、业界的一流专家加盟,形成校内校外相结合的实践教学模式,构建校企协同育人的机制,实现优质社会资源向教学资源的有效转化。

第三,采用产教融合、校企合作的办学模式。高校要主动与政府、企业、行业对接,建设具有一定规模且合作稳定的实习基地。如浙江传媒学院和华策影业合作,实行学校与行业联手办学,实施"混合所有制"本科教育改革。学校用市场化的思维方式探索全新的人才培养模式,将人才培养目标定位为:知识全面、同时具有职场竞争力的电影产业高端应用型人才,从而达到人才培养与电影产业发展的高度协调与集聚,实现了产教协同育人的新机制。

第四,打造基于"云"的实践教学平台。面对媒体融合这一新的教育场景,"云"端实践已经成为新兴的实践教学模式。浙江传媒学院以云平台为基础,打造立体化的教学和创作环境,目前学校四个国家级一流专业的建设均与云平台的建设密切相关。通过对云平台的建设,形成了线上与线下、校内与校外、理论与实践、课堂与资源库相互结合的教育生态环境,这充分发挥了实践基地在实践教学中的功能,实现了延伸性实践教学平台的建构。

四、对不同类型高校影视传媒类专业发展路径选择的建议

纵观我国目前设置有影视传媒类专业的高校,大致可以分为以下几种类型:第一类是综合师范院校,一般拥有多种学科,影视传媒类专业在整个学校中所占的比例不高,比如北京师范大学、厦门大学等。第二类是地方院校,一般肩负着为地方经济社会发展培养人才的任务,影视传媒类专业培养的学生主要面向特定区域,比如广州学院、荆楚理工学院等。第三类是艺术院校,以培养艺术类学生为主,其学科主要集中在艺术类相关领域,如上海戏剧学院、中国戏曲学院等,其中一些影视艺术类院校,像中国传媒大学和浙江传媒学院

等传媒类院校，它们是影视传媒人才培养的主要基地，其学科和专业主要围绕传媒类展开。

面对影视传媒类教育的社会背景的变化，不同类型的院校在影视教育课程体系的重构中既存在相同之处，也存在差异。相同方面，主要体现为人才培养的目标。"'融合、创新、全人、赋能'是新型戏剧与影视人才应具备的要素。"①未来高校培养的传媒人才既要具有复合的知识，也要有应用前沿技术和创新引领技术的能力，还要有服务行业的情感、胸怀和视野。不过由于不同类型院校的历史沿革和专业定位不尽相同，它们又会表现出差异性。因此，我们建议各高校要结合自身的优势和特色，以实践教学为抓手，选择切合本专业实际的发展路径。

第一，综合师范类院校，要以学科交叉为基础、技术创新为突破，因此可以加大实践课程的数量和比重，强化理论与实践的融通。这类院校要发挥其多学科的优势，积极引导优势学科融入传媒类教育中。比如，可以借力学校综合学科背景，与艺术专业融合；可以融入心理学、教育学、社会学等学科知识，为学生搭建跨学科学习的平台。此外，师范类院校还可以充分利用教育类学科的优势，开展传媒领域中教育人才的培养，以达到与传媒类学科深度融合之目的。

第二，地方类院校，要以服务地方为基础、复合应用为突破，因此可以加大实习与综合实践课程的数量，强化学校的发展和学生的成长要与地方的发展融通。比如，荆楚理工学院的广播电视编导专业定位为：面向基层主流媒体、服务地方经济社会发展，它们与荆门广播电视台产学研紧密合作，实行"一课双师"制度，实践课由校内专业教师与电视台专家共同教学。所以地方院校可以充分利用区域优势，与当地形成互动与合作，最终达到互利共赢的局面。

第三，专业类院校，要以核心能力培养为基础、前沿创作为突破。要发挥专业类院校创作能力的核心优势，立足于传媒领域的发展态势，加大创作实践课程的数量，强化前沿技术应用与创作的融合，使我们的人才培养适应新技术、新产业、新业态、新模式对新时代人才培养的新要求。比如，上海戏剧学院的广播电视编导专业实行了艺术＋科技的新兴专业建设，在传统优势专业的基础上，加大科技含量和产业指导，探索艺术和科学互动、产教协同育人的新艺科专业建设。浙江传媒学院的影视摄影与制作专业，一方面基于互联网时

① 周星，任晟姝，周安华."新文科建设背景下戏剧影视学科的融合化、中国化与国际化发展"笔谈[J].辽宁大学学报(哲学社会科学版)，2020(5)：174-184.

代的教学变革,建设多门在线课程,形成多功能融合、不受时空限制的新型教学场景;另一方面,形成了"纵向递进、横向互动"的实践教学体系。学校通过多年的实践,形成了"强化技能—综合创作意识培养—独立创作"的纵向递进式实践教学模式。作为影视传媒类院校,在全媒体及融媒体视野下,更应积极迎接媒介技术变化带来的挑战,主动融入传媒业态的变革,着力打造适应产业发展的复合型人才,以形成传媒教育领域的示范和领跑效应。

第三节　突出影视传媒特色,再造实践教学新流程

高等教育的任务是培养具有创新精神和实践能力的高级专门人才。"着力提高教育质量,培养学生社会责任感、创新精神、实践能力"是党中央在新时代对高等学校提出的新要求。浙江传媒学院作为一所行业特色鲜明的本科院校,一贯重视对学生社会责任感、创新精神和实践能力的培养,基于应用型人才目标定位,聚焦专业核心能力,学校构建了"四四结合"的实践教学体系,建立了集中实践的"短学期"教学制度,发挥国家级实践教学基地示范引领作用,探索了体系化、制度化、基地化、协同化、联合化、标准化"六化一体"的实践教学模式,着力培养理实相融、知行合一的高素质传媒人才。

一、问题分析:制约实践教学成效的几个因素

实践教学是培养应用型人才,提高学生创新意识和实践能力的基本途径。但在具体的实施过程中,高校的实践教学在不同程度上或多或少地存在一些问题,我们认为,至少有以下几个方面制约传媒特色实践教学成效。

1. 实践教学组织管理松散

学校层面是缺乏系统化、科学化的顶层设计和体系构建,对实践教学没有形成统一的规划指导和规范管理,存在"粗放""自由"现象;作为实施主体的二级学院,缺乏具体化、个性化的操作安排,对实践教学没有形成基于专业能力和特点的教学方案,实践教学"随意""放羊"现象严重。

2. 实践教学基地资源不足

实践教学离不开校内外实习实训基地等教学平台和载体的支撑。在高等教育大众化普及化的背景下,随着招生规模的不断扩大,许多高校包括传媒类

院校都不同程度地存在实践教学资源,特别是校外教学基地"僧多粥少",不能满足实际需要的问题。受市场经济等价交换、互利共赢"游戏规则"的影响,加上高校缺乏与行业企业"互利互补"的资源优势,更是存在校外实践教学基地设立难,或不可持续等问题。

3. 实践教学指导力量薄弱

实践教学需要既有理论知识又有行业一线经验的"双师双能型"教师指导。但实际存在的问题是,校内专业课老师缺乏行业一线经验,或因为有教学任务不能外出指导实习实践;实践基地由于人力不足,不能有针对性地为实习学生提供、配备指导教师,直接影响实习实践效果。

4. 实践教学考评体系不全

实践教学活动的有效开展,还需要建立科学规范的考评体系,即质量保障体系。需要有关于实践教学的规范管理制度,开展课程实践、专业实践、毕业实践的教学计划、教学大纲、实施方案、成绩考核、成果总结展示等质量标准和文档规范要求等等。但在事实上许多学校并没有形成或健全实践教学管理制度、质量标准等考评体系,实践教学缺乏监管评价机制。

二、改革举措:探索创新传媒特色的实践教学模式

基于以上问题,浙传通过优化顶层设计,构建实践教学体系,加强校外实践基地和指导教师队伍建设,积极探索创新实践教学模式,以不断提高实践教学的保障度和有效度。

1. 体系化:构建"四四结合"的实践教学体系

根据培养"基础实、素质高、能力强、具个性的应用型、创新型、复合型传媒人才培养目标",学校在修订 2009 版人才培养方案时就建立了由理论教学、实践教学、创新创业教育构成的"三大教学体系",突出应用型传媒人才的实践能力和创新创业能力培养。顺应传媒技术和传媒业态变革要求,学校在修订2013、2017 版人才培养方案时进一步完善了课程体系,并逐步形成了"四四结合"的实践教学体系:一是课程实验实训、第二课堂实践、短学期集中实践、毕业实践"四个环节"环环相扣;二是基础实践、学科实践、专业实践、创新实践"四个层次"层层递进;三是专业实验室、导师工作室、创新教育中心、校外实践基地"四大平台"相互贯通;四是把实践教学贯穿本科教学全过程"四年不断线",由此形成了"横向互动、纵向递进"的传媒特色实践教学体系,使实践教学

实现了在知识和能力、内容和形式、资源和平台、时间和空间等内涵要素上的系统规划与有机整合。

2. 制度化：建立"短学期"实践教学制度

以往的实践教学一般为2周时间，由各学院分别在不同的时间段组织开展。这种安排有几个弊端：一是时间短，不能满足一些专业综合性实践项目的完整实施；二是时间分散，对公共课教学构成不断的冲突，影响全校教学秩序；三是不能统筹校内外教学资源，包括校内外实习实训场所调配，特别是校外实习基地的综合利用。因此，从2013年开始，学校实行了"两长一短"的三学期制，即在传统的春、秋两学期制的基础上，设立了为期3周的"夏学期"即"短学期"制，用于开展集中性实践教学。各学院针对不同专业、不同年级特点和学习进程，分层次、分类型、分项目设置实践教学课程，制订教学计划，在短学期集中开展教学活动。几年的实践证明，短学期实践在教学内容优化、教学形式创新、教学资源利用、指导教师配备等方面都取得了比分散式实践更加明显的成效。如新闻与传播学院的媒体仿真实训，播音主持艺术学院的"多岗位、走岗式"实习，设计艺术学院的集体采风实践，电子信息学院和新媒体学院等理工科专业的综合设计实践，国际文化传播学院和动画学院的海外访学实践等短学期教学项目，都颇具专业特色，深受学生欢迎。

3. 基地化：发挥国家级基地典型示范作用

学校秉持"联手行业，联合培养应用型传媒人才"的办学特色，"按照工学结合、知行合一的要求，根据生产、服务的真实技术和流程，构建知识教育体系、技术技能训练体系和实验实训实习环境"，先后与全国广电系统和传媒机构合作，建立了340多家产学研创一体化实践教学基地，既保证了实习实践活动的开展，又深入推进校企合作、产教融合，构建起了"实践即实战"的育人场景。

浙传与杭州文化广播电视集团共建的国家级大学生校外实践基地(2013年5月建立)就是一个典型范例。5年多来，基地双方通过共建机制、共享资源、联合指导、协同培养，形成了"专业见习—课程实训—顶岗实习—定岗就业"，多专业联合、多岗位训练的基地教学模式。合作双方建立了统一及分设的组织管理机构、年会协商和工作沟通机制；集团成立了指导教师团队，在指导学生实习的同时，定期或不定期进校为学生开设实践课程或专业讲座；学校每年选送教师到基地参加挂职锻炼，接受业务培训，以加强"双师双能型"师资队伍建设；双方合作建设有精品实践课程；双方共同选题、共同指导的《都是我的儿子》《梦寄和氏璧》和《雷雨》等学生实践作品在杭州大剧院成功演出;G20峰会期间,浙传志愿者出色完成了集团为 B20 峰会提供的多语种服务,成为本次 G20、B2O 国际峰会上一道亮丽的风景线。

4. 协同化:建设"双师双能型"师资团队

指导教师是实践教学的重要保障。"实践基地的指导教师队伍,应由高校教师和企事业单位的专业技术人员、管理人员共同组成,实践基地应采取有效措施,调动指导教师的积极性,不断提高指导教师队伍的整体水平。"首先,学校根据应用型人才能力培养和实践教学要求,着力打造一支"双师双能"师资队伍。学校出台了《教职工赴行业一线专业实践管理办法》,全面实施"送教师到行业一线实践锻炼、送教师到著名高校访学深造"的"双送"工程,每年派出20 名左右教师赴中央电视台、浙江广电集团、湖南广电集团、浙江日报社、新华社浙江分社、杭州文广集团等单位挂职实践,并将教师参与行业实践与绩效考核、岗位聘用、专业技术职务评聘挂钩。"十二五"以来,学校先后选派 170多名教师赴行业一线实践锻炼,有效提升了教师专业水平和实践教学能力。其次,在长期的合作过程中,学校以实践教学基地为纽带,建立了一支相对稳定的业界指导教师队伍。聘请合作单位的专业技术人员、管理人员作为兼职(客座)教授,或业界导师,平时来校担任实践性强的课程教学,在基地实践教学中担任指导教师。在 2018 年度学校短学期实践中,有 465 名校内教师、153名业界教师参与指导,充分发挥了"双师双能型"教师和基地指导教师的作用。

5. 联合化:开展毕业联合创作改革

毕业设计(创作)是培养和锻炼学生知识运用能力、实践创新能力的重要环节。在长期的办学实践中,浙传紧密对接传媒技术和传媒产业发展需求,逐步形成了以传媒类和艺术类专业为主干,影视传媒和文化创意两大专业群为两翼的"一体两翼"学科专业体系。这种专业生态结构为我们组织开展协同性毕业实习、联合性毕业创作提供了便利条件。为此,学校自 2016 年开始了毕业联合创作改革尝试。毕业联合创作打破专业壁垒,开展跨专业、跨学院、跨校区合作,实现指导教师、教学设备等资源共享的创新举措。联合创作以项目制的形式,结合毕业实习,在校内外"双师双能型"教师的指导下组建创作团队,完成影视、动画、表演等作品创作。2016 年以来,共立项校级毕业联合创作项目 30 余项,除学院投入、社会赞助、师生自筹经费以外,学校专项资助金额达 200 多万元。因此涌现了一批联合创作优秀作品,如毕业造型秀"出壳",历时 5 个多月,跨 2 个校区 6 个学院和 10 多个专业,300 余名师生参与其中,设计展示人物服装造型 120 多套，在杭州大剧院公演，其视频在杭州武林广场国大电子屏放映；联合创作动画片《OCD》入围法国昂西国际动画电影节，获得洛杉矶电影节月度声音奖，荣获北京电影学院第十八届动画奖最佳视觉效果奖；剧情片《带我一程》荣获中国金鸡百花电影节第三届国际微电影展映优秀作品；剧情片《佯冰之嬉》荣获第五届浙江省微电影大赛一等奖；剧情片《风吹过的日子》入围第一届全球大学生电影奖最佳华语电影；话剧表演类《雷雨》等作品连续几年在杭州大剧院公演，产生了广泛的社会影响。

6. 标准化：健全实践教学质量保障机制

为保证实践教学的有效开展，学校不断健全各项管理制度，完善质量保障体系和考评机制。先后制定了《实践教学基地管理办法》《短学期教学实施方案》《毕业联合创作管理暂行办法》等一系列管理文件；二级学院根据各专业特点开设短学期实践教学课程，并列入人才培养方案；编制实践教学课程（项目）教学大纲，落实年度教学计划；建立实践教学校院两级巡查（检查）制度；开展实践教学成果（作品）汇报、展示、交流、总结。这些管理制度和考核机制的建立，保证了实践教学规范有序、高效优质地实施。

三、思考和展望：与时俱进深化实践教学改革

随着大数据、云平台、融媒体、物联网等新技术的迅猛发展和广泛运用，传媒业态和传媒产业发生了翻天覆地、日新月异的深刻变革。应用型传媒人才的能力培养和实践教学面临新的挑战和机遇，要求我们在教育理念上和教学实践中必然要与时俱进，顺势而为。

一是教育思想观念要因时而变。思想是行动的先导，全国教育大会、新时代本科教育工作会议发出了新一轮教育改革的动员令。坚持校企合作、产教融合、协同育人既是应用型高校建设的重要内涵，也是浙传一贯秉持的办学传统和特色。我们要在继续保持和巩固传统办学特色的同时，进一步强化人才培养的时代性、适应性、发展性理念，把学生中心、产出导向、持续改进的理念贯彻到教育教学活动的全过程。

二是教学改革举措要因时而新。坚持需求导向，能力为本，进一步完善理论教学、实践教学、创新创业教育体系，深化实践教学改革。要积极响应教育部要求，把实践教学基地作为建设重点，继续推动与行业部门、企业共同建设实践教育基地，切实加强实习过程管理，进一步加强实践教学师资培养，加大经费投入，健全合作共赢、开放共享的实践育人机制。

人才培养是个系统工程,实践教学改革、实践基地建设也是一项系统工程。在确保"四个投入"的基本前提下,有效整合校内和校外两种资源,调动学校和行业(企业)两个积极性,发挥教师和学生两个主体作用,特别是要拓展基地建设和产教融合的广度、深度和效度,在基地综合利用和可持续发展上,进一步健全机制,创新举措。为国家培养复合型、应用型的高素质传媒人才,是我们不断努力的方向。

第四节　艺术类专业实践教学互动式网络平台的构建与开发

实践教学是高等学校人才培养不可缺少的重要环节,是提高高校教育质量的重要途径,各级各类学校都非常重视。利用现代教育技术手段和网络技术,积极进行实践教学的改革和探索,营造自主学习、研究性学习和创造性学习的条件和氛围,培养广大教师利用现代技术手段的能力已经成为大家的共识,并付诸行动。

一、构建实践教学互动式网络平台的必要性

传媒艺术类专业的教学活动中,教学实践环节显得更为重要,学生对课程的掌握很大程度上是通过实践环节完成的,教学过程中虽然有安排实践环节,但由于课时等因素的限制,在互动中,发挥学生创造性学习、探究性学习、主动性学习、自主性学习能动性等方面明显不足。

传媒艺术类专业的实践教学环节会涉及采访、播音、摄影、摄像、录音、灯光与照明、音视频制作与创作、非线性编辑、平面作品创作、三维动画制作、电视导播与剪辑、广告制作等方面,学生在完成相关的作业作品时会使用到大量的音视频文件、图像图片文件,而这些文件的格式、播放工具、制作设备、制作软件又不尽相同,还存在着互相转换、编辑、合成等问题。学生在获得制作和创作素材、完成一个实践作业作品时都会付出大量的时间、精力和财力,而其中一些无谓的付出是由于实践和创作环节缺乏数字化、网络化的互动平台,各应用系统独立运行造成信息孤岛无法实现信息资源共享,教师缺少利用现代化教育技术手段的意识等因素造成的。

传媒艺术类专业的实践教学过程会形成大量的学生多媒体作业作品,均

以纸质、图片、光盘的形式汇集在各个院系,日积月累,存放、检索、利用极为不便,如果保存不当还会造成严重的损坏,将产生不可挽救的宝贵资源的损失。如果能构建一个实践教学的网络互动平台,在实践教学的过程中,学生以数字化的形式上传到相应的网络平台,一方面可以集中展现学生从入校到毕业整个学习过程中专业水平的提高历程,对教师检验教学效果、改进教学方法提供对比依据,更重要的是将会成为我们教学成果的宝贵资源。另一方面为学生向就业单位展现专业技能、提高就业竞争力提供非常有说服力的、可信的佐证。

建立在学校学习阶段和课程紧密结合、由专业老师指导、学生可以亲自动手完成整个实践过程、可以快速查找丰富资源、具有交互功能、能够展现实践结果的、学生自主进行的研究性学习平台,对实践性要求非常高的传媒艺术类专业具有非常重要的现实意义,也是对传媒艺术类专业教学改革的一种有益尝试。

二、互动式网络平台建设的目标

针对艺术类专业特点,浙传在校园网络环境下探索一种艺术类专业实践教学互动式网络平台学习的网络模式,开发一个以教改为主线,以教师为主导,以学生为主体,以网络为载体,以"媒体资源库"(文本库、图片库、动画库、声音库、视频库)为实现形式的学生多媒体教学作品和以"设计制作—提交发布—展示交流—批改讲评"的师生互动教学实践的网络实现平台;将网络多媒体引入教学改革强化教师利用现代教育技术手段的能力,提高教学水平,使教师利用该平台顺利实现对教学效果的检验和评测。为师生提供了一个科研、实践交流及学习的平台,从某种程度上改变师生教与学的传统模式。

通过艺术类专业实践教学互动式网络平台学习的网络模式探索实践,使学生充分利用网络丰富的资源,互动的交流方式,生动的展示形式,在教师的指导下,将专业课程要求的作品创作、课后作业、各种参赛作品等,以视音频、动画、FLASH、平面设计等多媒体形式制作、展示出来,使学生在研究性学习的过程中自我探索、自我发现,培养学生具有永不满足、追求卓越的态度,培养学生发现问题、提出问题、解决问题的能力,使实践教学互动式网络平台最终成为师生进行艺术创作的舞台。

互动式网络平台,使学生各种多媒体形式的作品如 DV、摄影、动画、平面设计、美术、绘画、文学创作等间接转化为传媒特色数据库的素材,从而成为

CALIS(中国高校文献信息保障体系)专题特色数据的重要内容来源,为中国高校文献信息保障体系课题的研究提供相关的帮助,以丰富高校多媒体数据库的内容。

三、互动式网络平台建设的实现功能

学校设计制作了"百草园"网站,作为信息交流互动的门户,是互动式实践教学的主要网络平台形式。平台实现了教学资源、教学内容的网络化存储和使用,学生各类作业的数字化提交,实名制登录和讨论,学生作品展示,影视欣赏等。

1. 教学资源、教学内容的网络化存储和使用

在互动式网络平台上,教师可以建立所讲授课程的教学空间,随时添加、修改、删除各种格式的授课内容以及与授课内容相关的资源,授权给上课的学生浏览权限,便于学生课后阅读,并对教师提供的教学素材进行网络化学习,避免了学生通过移动硬盘等工具拷贝课件等学习资源的麻烦,简化了操作、节省了时间。

上课时教师直接通过网络使用这些资源,既轻松又快捷,消除了使用光碟、移动硬盘和 U 盘等介质损坏造成的授课音视频播放故障的问题,节省了操作播放设备的时间,提高了上课的效率,同时也减轻了教师携带大量授课资料的负担。为了保护教师授课内容的知识产权,教师的教学空间可以设置为只有教师本人可见、可修改、可阅读、可复制等。

2. 作业的网络化、数字化布置和提交

教师可以在互动式网络平台上布置各种文件格式的作业或实验报告要求,学生通过网络进行作业的提交。每个学生有一个独立的作业提交空间,对其他同学不可见,避免了作业的网络抄袭,教师可以看到所有学生作业的内容,进行批改,并在课堂上予以打开、展示、点评。

为了训练和提高学生开展协作性研究和学习的能力,系统对独立的作业提交空间进行设置使学生可以通过邀请的形式,邀请同一小组或志趣相同的同学加入到其作业提交空间,进行协作性的工作,共同完成同一课题的研究和学习。对需要以声音、视频、动画、网页等多媒体形式完成的作业,更是提供了一个方便、快捷的平台,减少了多媒体类作业完成周期长、费用大、提交和批阅不便的问题。

3. 学生作品的交互式交流与展示

学校建立学生作品发布和交流的平台，使学生的作品有一个交流和展示的平台，作为课堂教学的有力补充和实践教学的一个环节。目前，作品发布形式有平面作品、影视动画作品、音频创作作品、影视文学作品等。学生用"一卡通"实名登录以后就可以进行作品的发布，并可以自行对发布的内容进行管理，同时，其他学生可以对这些作品进行跟帖发表自己的意见和看法，甚至可以对同一个问题进行讨论，极大地方便了学生对学习内容的交流与讨论。

4. 辅助教学资源网络化自主学习

平台提供了大量的与传媒类教学相关的辅助教学资源，配合学校教学改革和教学创新，为完成隐形课程的修读提供网络互动平台。"看百部电影活动"是加强学院教学建设，落实本科人才培养方案，提高学生的人文素养，推进课程改革和教学改革，凸显浙江传媒学院的办学特色，营建良好的学术文化氛围的一个有效举措。利用"百草园"实践教学互动式网络平台，在影视观赏区开辟"百部电影鉴赏"，在"实名制论坛区"开辟"百部电影鉴赏论坛"，学生通过网络互动平台观看百部电影，写影评，教师在网络上对学生的影评进行打分、评定，非常符合学生的现代意识，起到了很好的效果。

影视观赏区汇集了近 2 万部电影和电视剧，陆续在该平台上发布，同时也在不断搜集最新的影片。专业教师要求将学生课后观看的影视作品存放在观赏区，这减轻了专业教师寻找片源的负担。

教学辅助区的教学辅助 VOD，存放了探索·发现、人与自然、Discovery、国家地理频道等 16 大类、上千部科普视频点播资源；网络课堂精选部分校内外专业相关的网络课程的链接，比如同济大学传播与艺术学院的精品课程"图形创意"供大家自学之用；在线学习资源，爱迪科森网上报告厅、银符英语等级过关考试模拟题库、美星外文数字图书馆、金图国际高校英语学习资源总库等其他优秀在线学习资源，为学生提供了自学的丰富资源。校园网内在线播放，大大节省了学生在网上查找视音频资源的时间，收看效果非常流畅，还可以避免由于大量重复下载电影，造成网络出口带宽拥塞和附带病毒给校园网带来的危害。

目前，浙江传媒学院已经建立起一个集学生作品作业提交、展示、发布教师作业布置、批改和点评，教学资源、教学内容的网络化存储和使用，互动式交流，传媒特色多媒体素材汇集，信息发布，音视频资源提供等于一体的实践教学互动式网络平台，产生了明显的效果，将成为传媒艺术类专业教学改革的一种探索。

第五节　疫情常态化下品牌实践项目的打造和意义

从 2020 年至今,新冠肺炎疫情进入了第三个年头,对各行各业都产生了巨大的影响。高等教育领域,尤其是实践教学占据半壁江山的影视传媒专业,面临着巨大的挑战:如何通过网络平台远程完成实践教学的各个环节?依托于成熟的媒介化教学模式以及相对成熟的品牌积累,浙江传媒学院的实践教学正常开展,从教师的实践教学演示到学生顺利完成各项实践作业,最终通过电艺作业簿和星舟奖两个具有品牌效应的微信公众号自媒体平台实现了实践成果的展示交流,在确保实践教学正常开展的同时,进一步扩大了学校的影响力。

一、品牌实践项目的培育与影响

从 2007 年开始,浙江传媒学院在影视摄制专业运用互联网技术,通过网络平台,进行了多项在线教学的新尝试,建设了《电视剪辑》课程网站,开发了在线剪辑游戏系统,建设了专业教学资源库。2015 年之后,随着媒介技术的迅速发展,基于数字化的网络媒介普及到了社会的各个侧面,社会和文化以及互动模式由于不断加剧的媒介影响而发生改变,大众对于信息的依赖与需求越来越强烈,逐渐形成了媒介化社会,对政治、文化、教育都产生了巨大的影响。在教育领域,媒介部分取代了教育行动以及教育机构,网络学习平台、教育相关的微博和微信公众号开拓了学习的新渠道,媒介和教学进行融合,形成了媒介化教学模式。浙江传媒学院与时俱进,开始了媒介化教学模式全面运行的新时期,并在此基础上逐步打造了"星舟奖""浙传电艺作业簿"等品牌实践项目。

二、"星舟奖"品牌实践项目的成效与意义

浙江传媒学院"星舟奖"是经浙江传媒学院党委批准,浙江传媒学院电视艺术学院主办,"星舟奖"组委会承办的一项高校文化活动。浙江传媒学院"星舟奖"系列活动于每年 4 月初至 5 月底之间召开,迄今为止已成功举办 5 届,其中有两届因为疫情原因改为线上进行,通过"浙传电艺作业簿""星舟奖"两

个微信公众号以及浙江传媒学院"艺稻"平台进行了毕业作品的云端展映以及在线评奖、颁奖。在为期两个多月的时间里,举办包括毕业作品答辩会、优秀毕业作品影展、颁奖晚会、专题讨论、专题讲座、专题论坛等一系列活动。

浙江传媒学院"星舟奖"在长三角地区的教育、文化和影视三界有着广泛的影响,历届有多部获奖影片在金鸡百花国际电影节、国家广电总局优秀网络视听作品奖和戛纳电影节、休斯敦国际电影节等国际电影节获得各种奖项。《浙江在线》《浙江新闻》、网易新闻、搜狐新闻等数十家媒体对"星舟奖"进行了系列报道,取得了较大的社会反响。

影视艺术作为一门应用型的学科,除了培养学生的影视艺术理论修养以外,高校教学的核心目标就是提升学生的动手实践能力,培养有较高专业技能,能够胜任影视传媒机构工作的复合型的技术人才。换言之,影视专业教师的教学水平靠学生的实践能力与作品质量检验。没有实践,高校的影视教育将无从谈起,也无法实现理论知识和动手能力的转化,影视专业人才的培养更是纸上谈兵。通过"星舟奖"这一品牌实践项目,实现了多项教育功能。

1. "星舟奖"的"实践育人"影视教育目标

影视学科是一门艺术与技术结合的学科,影视教育同样也是艺术学科与工科结合的复合学科,这一学科的特性决定了学生需要建立在艺术感悟基础上的专业技术培训。然而国内大多数开设影视传媒专业的高校,特别是以部分综合类大学为代表的高校,由于投入不足,在专业教学设备上大多未能达到标准,对实践能力的培养还停留在黑板与 PPT 的阶段。但是以"星舟奖"为代表的传媒类高校专业人才实践能力培养的创新,为影视传媒教育工作者开辟了一条值得借鉴的道路。

"星舟奖"的实践教学能力培养模式分为应届毕业生的毕业作品创作和其他年级在校生的"星舟奖"系列活动策划与执行实践两大部分构成。在应届生的毕业作品创作实践方面,浙江学传媒学院"星舟奖"设立之初的目的就在于奖励优秀的毕业创作,通过奖项设置形成竞争激励机制,在鼓励毕业班的毕业作品创作的同时形成朋辈效应,为低年级学生的影视创作树立标杆,以培养学生的原创精神与动手实践能力。例如包揽第一届"星舟奖"最佳剧情片、最佳导演奖在内的五个大奖的影片《佯冰之嬉》,就是"星舟奖"执行"实践育人"教学思路的典型案例。《佯冰之嬉》是学校通过选拔,扶持有能力的学生在大学最后一年,跨专业组建团队,在实践型教师的指导下,联合完成的具有创新意义、艺术价值和社会影响力的一部毕业作品。项目负责人代表创作团队与学校签署创作协议,学校给予大量集中的资金支持和专业教师指导,学生按照契约接受并履行创作承诺，在这种压力和动力的双重驱动下，学生的团队意识、合作精神、专业能力得到不断提升，有充足的资金与设备支持创作出影视精品。

彭吉象在《培养适应数字时代的影视人才》一文中指出："在数字时代，专业影视教育一方面必须适应时代的发展，不断加强学生对于新技术的了解与掌握……必须要在课程设置、教学器材等各方面适应数字技术时代的需要。"[①]影视实践教学是一个实践性极强的专业，培养人才不止在课堂，而更多的是在片场、工作室、项目实践中完成，是需要设备、资金支持，需要全体教师团队投入和在一定周期完成的教学活动。在其余年级学生的"星舟奖"系列活动的策划与执行实践中，集合了浙江传媒学院电视艺术学院所有的优质师资力量、设备力量和资金力量，围绕学生的毕业作品展映延展出包括晚会制作实践、平面设计制作实践、配套短片拍摄实践、影视制片能力实践等，可以说以一个实践项目带动了影视行业几乎全部岗位的实践环节。

2."星舟奖"的专业自我认同价值

品牌（brand）一词来源于古挪威文字 brandr，它的中文意思是"烙印"，在当时，西方游牧部落在马背上打上不同的烙印，用以区分自己的财产，这是品牌概念的来源。[②] 发展到现代，品牌简单的来说就是消费者对于产品及产品系列的认知程度。

"星舟奖"作为一种以非营利性质、以当代影视专业大学生实践教学为目的教育品牌，在实际操作过程中，以每一年的颁奖晚会为 IP，相应地完成了包括特色文创产品、微信公众号、书籍与印刷品等一整套完整的品牌衍生产品构建，而品牌构建的主要目的就在于建立学生对于自我专业、学院、学校的高度认同，以树立"浙传人的文化自信"。学生的专业认同、学校认同是指学生对于所选专业的看法和情感，如果影视专业的学生缺乏对于专业和学校的自我认同感，则学生会对于专业知识的学习缺乏兴趣与自信心，这将严重影响影视专业学生创造力的培养。在以往的高等影视院校的实践教学中，老师在讲台上讲，学生在台下听或是进行实操，是一个单向的传播过程，学生的实践参与感、专业成就感明显不足，动手积极性与创作欲望自然也很难被调动起来，实践能力自然难以培养。浙江传媒学院"星舟奖"品牌的构建很好地解决了这一问

① 彭吉象.培养适应数字技术时代的影视人才[D].重庆:重庆大学电影学院,北京:北京大学艺术学院,2016.

② 赵晓春."杨凌农科"区域品牌构建与价值提升研究[D].杨凌:西北农林科技大学,2017.

题,无论是在毕业作品的拍摄创作、还是晚会的策划构思亦或是文创产品的设计上,更多采纳学生自己对于艺术、对于美的理解,始终秉持着"大学生拍、大学生做、大学生办"的理念,在缩小师生实践创作的距离、完成双向互动过程、树立学生自信心与成就感的同时,一定程度上赋予了学生打破权威的快感和自我参与感。

在新冠肺炎疫情形势允许的情况下,"星舟奖"每年的颁奖晚会都会邀请入围作品的主创人员参与"走红毯仪式",一方面,作为主创团队的应届毕业生在参与这一简单的"媒介仪式"的同时也完成了对于自己作品、能力、价值的心理认同与自我确认,而这种仪式化的强烈自我认同反过来又成为了学生对于专业和学校的认同纽带,进一步维系了学生与专业、与学院、与学校的共同情感基础;另一方面,对于观看"走红毯仪式"的在校生来说,则完成了一次文化认同与创作欲激发过程,通过现场观看红毯仪式或观看实况转播带给在校生的不仅仅是想象自己走上红毯的"虚拟的真实感",还带来了一种"参与式的仪式感",这种品牌仪式的构建有利于学生热爱母校精神的培养和创作热情的传延。

3. "星舟奖"满足学生差异化发展和多样性需求

目前高校的影视课程存在以下几个共同的问题:大学生缺乏专业成熟的影视理念和技能;在知识与能力的提高上渠道单一;在具体实践上缺乏机会和场所;在作品创作过程中受到技术设备上的制约等。[①] 而"星舟奖"的设立以及星舟奖背后所带来的一系列教学模式的创新很好地弥补了以上的不足。《浙江新闻》客户端在 2019 年 5 月 29 日的报道中指出:"浙传星舟奖颁奖典礼气氛火爆堪比奥斯卡",可想而知,筹办这样一台"春晚级别"的大型晚会所投入的时间、精力与人力成本是十分惊人的。浙江传媒学院"星舟奖"在成功举办的五年时间里,每一届活动都提前一年开始策划、探讨,根据为期两个月活动的需求,形成以学院编导、摄像、制作、录音专业的老师和部分辅导员老师为负责人的统筹执行组、宣传策划组、视觉设计组、视频制作组、协调机动组、晚会组六大部门,每一组以大三的学生为组长,领导、帮带大二与大一的学生共同完成每组负责老师所安排的工作任务。

在这种"项目+教学"的模式下,每一个小组的学生可以充分地根据自己的兴趣爱好和特长来选择适合自己的岗位,在模拟真实电视台大型晚会制作

① 李艳婷."社团+工作室":大学生影视创新能力培养的新模式[J].价值工程,2018,37(08):224-225.

的工作流程后,学生对于日后工作方向也会更加明确。在这种"项目组导师制"的实践教学模式下,不仅学生参与实践,在实践的过程中"边学边用""学做结合",项目组教师也在教学中反向学习,从而对每一个学生的具体人才培养模式有着更为深入的认识,精细式而不是粗放式地对待不同学生,并在此基础上提升自身的教育理念和实践教学能力。"星舟奖"官方微信公众号的运营实践就是一个典型的案例。在媒体融合发展的今天,该新媒体平台是浙江传媒学院实践教学和行业最新发展结合的一项重大探索。在这种新型的实践教学模式中,学生可以侧重公众号运营相关的各个具体的岗位,有更贴合行业需求的、更精准的选择,老师则更多扮演了一个教练的角色,充分调动了学生的积极性,在拓展学生的发展空间,满足不同学生的实践学习需求的同时形成了全面的隐性课堂,构建了浓厚的创作文化氛围。"星舟奖"微信公众号"结合新媒体、掌握新媒体、运用新媒体"的培养思路不仅锻炼了学生的全媒体实践能力,同时也扩大了"星舟奖"的社会影响力:公众号累计阅读量超过 30 万,文章多次被主流媒体转载,在影视高等教育业界的影响力显著提升。这一创新的培养方式也又一次印证了高校影视专业的教育工作需要紧紧盯住业界发展最前沿,探索符合媒体融合时代的新型传媒人才培养之路。

三、"浙传电艺作业簿"品牌实践项目的成效与意义

如果说"星舟奖"是围绕毕业创作打造的品牌,那么"浙传电艺作业簿"则是针对日常实践教学的又一张名片。

作业,是教学活动中常见的概念,设计和布置作业是教师教学实践的必经环节。尤其在高校,作业是师生互动的主要载体,也是学生学习的重要方式。在我国,从现实境况来看,特别是高校,学生和教师普遍没有意识到作业的重要性,学生做作业存有"应付"心理,教师布置作业充满"随机"成分。更多停留在教师个人经验总结的操作技术层面,没有将作业在提升和展示教学水平的层面进行深刻思考。

随着"以学生为中心"理念的传播和学生学习成果评估的广泛使用,作业在高校中的价值意蕴逐渐丰富。2014 年,美国国家学习成果评估研究中心(National Institute for Learning Outcomes Assesment,NILOA),在卢米纳基金会(Lumina Foundation)资助下,创建了作业库(Assignment Library)。教师将自己设计的作业发布在该网站上,由同行查阅并提出反馈,以促进作业设计的开发和使用。

社会数字化的不断深入,为作业库的建设提供了技术支撑,自媒体的普及,为作业库的互动共享提供了媒介支持。利用浙传云实现课程作业的自媒体化传播和反馈,强化了作业在课程教学中的作用和地位,实现第一课堂向第二课堂的有效延伸。

从 2016 年开始,"浙传电艺作业簿"的运营团队针对作业库建设面向学生和专业教师做了调查,主要涉及:"建立这个作业库的意义在哪?在哪个平台上建立合适?采取何种形式学生愿意接受?通过什么方法让平台保持活力?如何管理团队"等,在将近半年的筹备和磨合中,确定使用微信公众平台作为作业库的线上平台,后续发展的事实证明微信公众平台对移动学习的推动带来了积极的影响,公众号也成为一个成功的自媒体。

经过充分的前期筹备,在电视艺术学院的支持下,组建线下管理团队,下分编辑部、采集部、宣传部、影像部 4 个部门。分别管理公众号排版、信息资料、宣传制作以及影像记录。各个部门各司其职,相互辅助。并设主编 1 位、副主编 2 位,管理整个公众号的统筹协调。逐渐形成成体系的编辑排版、资料采集以及固定的推送时间。并不断地规范及合理化操作流程。

其中采集部主要负责采写和收集资料,负责与老师以及作品主创人员的联系对接,收集有价值的信息并汇集成文字。编辑部负责将采集部采集完成的内容和影像进行排版编辑。在前期,编辑需要对接采集部门,进行组稿,加工修改稿件,按时发稿,同时也要设计小程序和管理后台。宣传部主要负责作业簿所有活动的宣传,海报设计和周边设计。影像部主要负责完成宣传视频拍摄创作和作业簿推送的图片以及视频的处理任务。

经过 6 年时间,浙传成功打造了由专业课程作业库和专业实践作业库两大板块构成的"浙传电艺作业簿"平台(见图 7-1)。

图 7-1　浙传电艺作业薄内容

在平台上收录的每个作品包含课程信息,授课教师信息,授课班级及主创人员信息,作业/作品展示,主创团队对于作业/作品的创作阐述,任课老师、指导老师的相关评语等。

1. "浙传电艺作业簿"的时代意义

从"浙传电艺作业簿"的发展路径可以清晰看到浙江传媒学院在融媒体时代,充分运用新媒体构建实践教学品牌,充分发挥互联网"互联互通"的功能,针对影视传媒类专业课程教学专业性强、信息量大等特点以及传统课堂教学作业呈现有限的劣势,基于微信公众平台对构建专业课程教学的作业反馈系统具有教学应用弹性化、互动教学高效率、有效整合教学资源和体现学生主体性等优势,形成了双向交流、互相促进的实践教学评价体系及实践教学成果库。

"浙传电艺作业簿"是一个多向度、多元化的教学评价平台,实现了实践作业/作品的媒介化交流展示。教学评价是对教学活动现实的或潜在的价值做出判断的过程。好的课程、好的教师、好的团队需要一个平台进行宣传和推广。传统的教学评价主要是以指定时间段在网络教学评价平台中进行的学生评教、教师自评、同行互评、学院评价,及师生座谈会为主的模式,这种教学评价方式在"教"与"学"中划开了一道明显的界限。在整体的教学评价中,教师与学生之间缺乏交流与沟通,相对单一落后的教学评价手段难以满足广大教师对教学评价结果真实、客观、有效的诉求。

2. "浙传电艺作业簿"的问题意识

"浙传电艺作业簿"充分体现了"互联网＋教育"的时代特色,对新的教学评价模式进行有意义的探索,该平台的搭建及成功运营,解决了传统线下实践教学的常见问题。

首先,解决了课程作业缺乏反馈交流、教育价值较低的问题,通过作业库平台实现了教师与学生的对话、教师与教师的对话、学生与学生的对话、学校和同类院校及行业的对话,大幅提升了作业的教育价值。

"浙传电艺作业簿"作业库内容落地到具体的课程中的授课教师和学生,充分体现教学互动关系,从作业设计环节开始,教师就在与自我对话的过程中进行作业设计,特别是入库的作业,作业的设计能引起教师对教学行为和自我角色的反思,以促进其专业发展,教师通过作业传递对学生学习的预期,学生通过作业表达对课程内容的观点和情感以及对教师期望的回应,在作业库里,教师会对学生的每个作业效果做出书面反馈,以促进学生向更高阶的努力。

　　"浙传电艺作业簿"作业库的设计非常关注学生团队在作业中的核心作用。通过课程作业、小组作业、小学期实践作业和毕业作品汇报展示等模块，通过学生对作业环节及各个岗位的总结，团队对作品的自我评价，或者通过问答等形式，将作业评价的重点放在过程性评价，摒弃传统的作业评价中只要求关注结果的现象。同时，作业完成过程和反馈过程都给学生提供了充足的空间，让学生认识自我、反思自我、发展自我。从而激发学生内在的学习动机，连接当下的自我与未来的自我。同时，作业库从侧面反映出了创作者在班级情境和跨专业、跨学院情景中的交往过程，反映了学生创作能力和专业水准，为学生联合作业打下很好的基础。

　　"浙传电艺作业簿"作业库为教师专业发展提供了一个崭新的平台，在这里，专业教师可以发现更多有效的机会。基于"浙传电艺作业簿"作业库平台，同一学科和不同学科的教师都可以通过作业实现同行交往，作业库成为教学案例和了解学生的信息源。因为即使是不同学科的教师，他们的授课对象却可能是同一类学生，师师对话促进了学生的跨学科一体化学习。教师自发组建"学科教师小组"，将拥有相同志趣的教师集合到一起，与同行教师形成一个社会化关系网络。教师可以突破时空界限将自己的授课信息发给专家或同行教师，或者发起一个话题展开讨论，在交流、讨论中，教师的认识得以升华。

　　作业库连接了学校和同类院校及行业的对话。"浙传电艺作业簿"作业库通过微信公众号的形式每周两期定期发布，关注粉丝超过6000人，其中不乏其他院校同行和行业内专业人士。通过几年的努力，作业库平台获得了同行和业界人士的认可。中国传媒大学摄影系的教师团前来交流，了解公众号的运营细节；媒体部门直接和团队联系想和"浙传电艺作业簿"作业库中推送的作品成员对接，了解作品创作细节，并提出在其平台上播出作品的诉求。同时，随着作业库的资源不断积累，吸引到了风投公司想出资合力打造平台，相信随着作业量不断的积累及作业品质的不断提升，这个平台的价值会被更多地体现出来。

　　其次，解决了实践教学成果交流受限，资源共享不便的问题。"浙传电艺作业簿"作业库平台作为全实时＋开放性辅助课堂，有效打破时空界限，实现课程资源共享，提供了自主式、自由化的学习交流空间以及供学习借鉴的作业资源库。

　　以2019年10月1日发布的作业数据统计可以看出，即便是节假日，全校放假，阅读量也达到824人次，微信传播指数达396.63，呈上升趋势。可见教学不再囿于教室，不限于上课时间，也不限于专业，学生宛如随时置身于一个开放的课堂中,可以个性化地打造以自我为中心的时空学习环境。

资源共享的另一成果是有效地打造了专业品牌形象。好的专业品牌对于学校的发展至关重要,尤其是在高等教育步入大众化、多元化的今天,专业品牌建设与推广显得尤为重要。除了作业库建设外,"浙传电艺作业簿"作业库平台还通过"电艺手册"模块,发布了"如何成为电艺大佬系列",分别对电视艺术学院三个主要专业:"广播电视编导"专业、"影视摄影与制作"专业、"录音艺术"专业,就专业特色、就业方向、专业设备选购等新生关心的问题进行解答,不仅对新生进行了有效的网上始业教育,也进一步增加了各个专业在学生、家长、行业中的关注度,实现了专业品牌的有效传播,形成了良性循环。

3."浙传电艺作业簿"的影响力

"浙传电艺作业簿"这一实践品牌具有极大价值。首先,打破传统作业反馈模式,通过互联网平台,惠及面很广。浙传电艺作业簿累计推送作业 363 期,公众号阅读总量近 200 万次,1754041 次(截至 2022.05.14),总粉丝数 6666 人(截至 2022.05.14),数量远远超过本学院学生。粉丝覆盖学校其他专业、其他院校、同行、甚至准备报考相关专业的中学生,并且有不少学生反馈在高中阶段就开始关注该公众号。点赞量超过 6000＋。以 2021 年为例,公众号阅读总量 408805 次,阅读人数达 132405 人,好友转发次数 7927 次,会话 27901 次。其次,树立了作业库建设的标杆。这种媒介化的作业库形式目前在国内走在前列,美国国家学习成果评估研究中心在 2014 年在卢米纳基金会(Lumina Foundation)资助下才创建了作业库(As-signment Library)。我们的项目正式创建于 2016 年,只晚了两年,目前已经有了近六年的积累,积累了大量行之有效的经验,有较大的推广价值。

随着实践品牌的建设推广,在新冠肺炎疫情暴发前,浙江传媒学院已经形成了在线实践教学的扎实基础,成为和线下实践教学并行的新型实践教学模式。疫情常态化后,在线远程教学成为主流,有别于一般的在线教学模式,具有品牌效应的媒介化实践教学模式不仅解决了日常教学的各种需求,还同时搭建了一个锻炼学生媒介运营的平台,架设了学生之间,师生之间,不同专业、不同学校、学校与媒介之间的沟通桥梁,超越时空限制,突破专业边界,打破校企藩篱,构建了实践教学新场景。

第六节　新技术条件下国家实验教学示范中心系统性改革与创新

浙江传媒学院是国内培养媒体专业人才的主要基地之一。为了适应卓越传媒人才培养的需求,学校电视编辑与导播实验教学中心在省级实验教学示范中心的基础上,整合校内外资源,于2013年成功获批国家级实验教学示范中心。中心优化资源配置、改革实践教学、创新建设模式、强化特色优势,以实验教学示范中心建设带动了传媒人才培养体系的创新。

一、优化实验资源配置,进行体制机制创新

为促进实验教学资源的有机整合和高效利用,提升资源使用效益,浙传以国家级实验教学示范中心建设为契机,以实验教学改革、实验室建设与管理的绩效评估为抓手,加强顶层设计,创新管理体制,健全实践、实验教学环节中各项政策保障措施和激励机制。

1. 系统设计,重构实验教学资源的生态系统

浙传历来重视实验室资源建设,教学实验设备先进,但是也存在实验设备小而全、集成度低、更新慢、匹配度低、共享度低等突出问题。学校以电视编辑与导播国家级实验教学示范中心建设为引领,大力推进实验室资源整合和体制改革,把39个教学实验室整合为1个国家级实验教学示范中心、5个省级实验教学示范中心和4个实验教学平台,形成了"国家级为龙头、省级为骨干、校级为基础"的三级实验教学平台体系。为了充分发挥各级实验教学中心学科专业的支撑作用,密切实验教学资源系统建设的上下游关系,突破了院系的行政隶属关系,使国家级实验教学示范中心实行相对独立的实体运作,并与实训中心、实验电视台按照"统筹规划、资源共享、统一管理、有效利用"的总体管理模式运行。该中心的组织结构、学科专业支撑与教学资源关系见图7-2。

```
                                    ┌─── 视频编辑与制作 ───┐        ┌─── 传媒大厦
                                    ├─── 影视编辑与制作 ───┤        ├─── 下沙高教园区实验电视台
              ┌── 实验教学 ──────────┤─── 影视数字特技 ────┤ 实验   ├─── 未来之星广播电台
              │   平台              ├─── 电视导播与现场制作─┤ 教学   ├─── 视频课程、网络课程
  教          │                    ├─── 全媒体导编与发布 ──┤ 资源   ├─── 系列实验实训教材
  学  电      │                    └─── 视听媒体虚拟仿真 ──┘ 系统   ├─── 教师工作室
  示  视      │                                                    └─── 云采编、云媒资、云发布
  范  编      │
  中  辑      │                    ┌─── 省级重点学科 ─────── 交互媒体技术、通信与信息系统、
  心  与      │                    │                        戏剧影视学、新闻传播学
      导      │                    │
      播      │                    ├─── 省级2011协同创新中心 ── 新闻传播研究院、戏剧影视研究
      实      └── 学科专业 ─────────┤                        院、数字媒体与传播技术研究院
      验          支撑和依           │
                  托平台             ├─── 国家级、省级校外基地 ── 国家级校外实践基地、省级校外
                                    │                        实践基地、杭州华数集团、浙江
                                    │                        广电集团
                                    │
                                    └─── 国家级、省级优秀专业群 ─ 播音与主持艺术、编导、广电工
                                                              程、数字媒体技术、摄影、影视
                                                              摄制、动画等
```

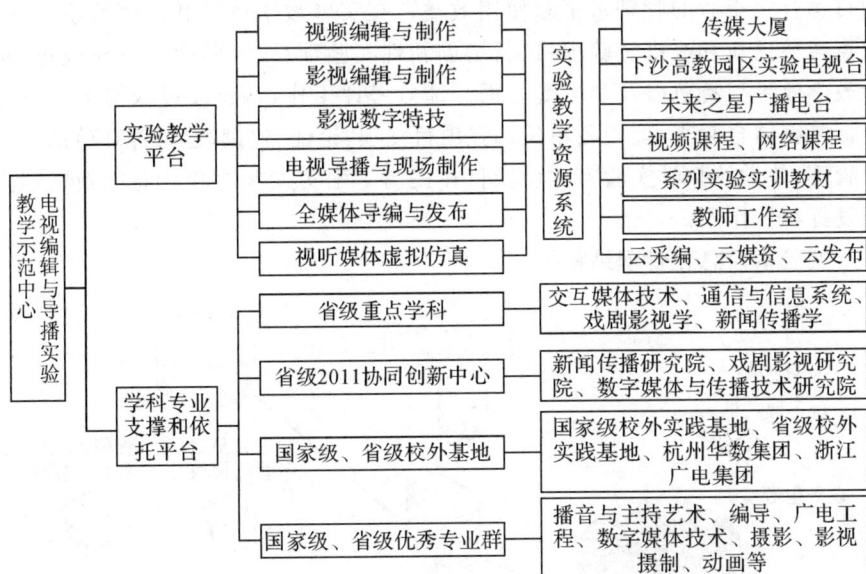

图 7-2　实验教学示范中心构架、学科专业支撑与教学资源关系

经过几年的努力,电视编辑与导播国家级实验教学示范中心已经打造成全校包括音视频采、编、播、传全流程的实验实训平台。该平台集新闻采集、现场制作、演播室制作三种制作方式于一体,高、中、低档设备合理配置,适应全媒体播出环境的广播影视节目创作实验,为新闻传播学、戏剧影视艺术学等专业提供支撑,覆盖全校 75% 的专业和专业方向。目前学校的广播电视编导、播音主持艺术专业已入选国家特色专业,广播电视工程专业等 10 个专业被评为浙江省优势(特色)专业。

2. 建立实验室信息化管理和绩效考评制度

为构建功能集约、资源优化、开放充分、运行高效的专业类实验教学平台,电视编辑与导播国家级实验教学示范中心加大实验室的技术改造与升级,综合利用远程视频监控技术、数据库技术和网络技术以及校园一卡通功能,支持网上预约实验,打造实验室网络开放平台。实验室远程监控管理,既确保了实验室的安全,又实现了实验室 24 小时开放,教师能够通过网络对学生进行远程实验指导。信息技术的广泛应用,使得实验室实现了智能化、无纸化,无人化、网络化管理。

自 2013 年起,学校积极开展实验室绩效考评工作,着重考核实验室建设

项目运行一年后的管理水平和使用效益。在实验教学体系和内容改革方面，重点考核更新和改进实验项目、新增创新性实验项目、实验教学方法改进、实验教学效果与特色以及学生受益面。绩效考评工作，将建设投入与人才培养目标紧密结合起来，促使各单位加强项目立项、论证、建设、运行等环节的全过程管理，使学校教学实验室建设项目在提高学生实践能力和培养创新精神方面发挥积极作用。

实验室信息化管理结构见图 7-3。

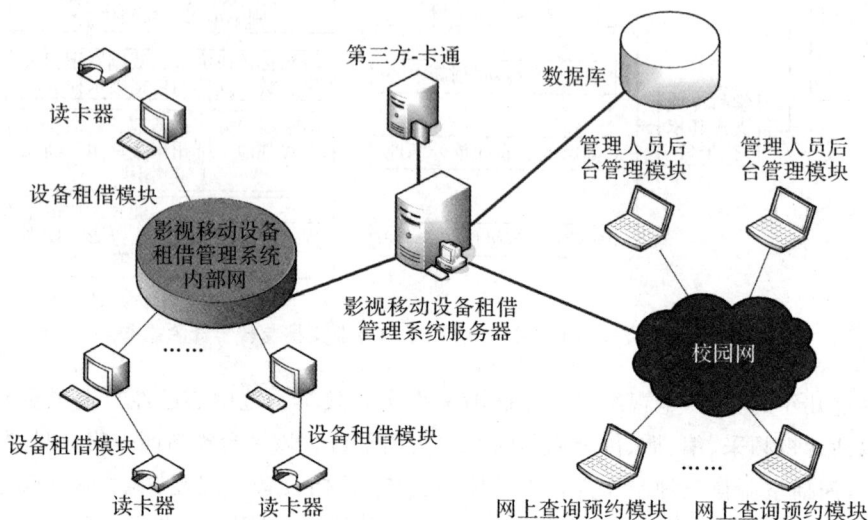

图 7-3　实验室信息化管理结构

二、培养卓越传媒人才为主线的实验教学改革

由于传媒行业快速发展，我国的传媒高等教育一直无法满足行业对人才的需求，媒介融合的大趋势使这一问题更加复杂而紧迫。媒介融合对传媒从业者的专业素养要求大幅提高，应用型、复合型、创新型三型合一成为对传媒人才的基本要求。[①] 为了实现三型合一的卓越传媒人才培养，浙江传媒学院国家级实验教学示范中心明确提出"实践即实战"的实验教学理念，通过"五个结合"实验教学流程——结合设备讲系统、结合系统讲操作、结合操作讲作品、

---

① 姚争.媒介融合"热"中传媒人才培养的"冷"思考[A].王文科.媒体融合的挑战与对策[C].北京：中国广播影视出版社，2015：19-25.

结合作品讲实战、结合实战讲理念,以实践教学体系的再造和实验教学模式的创新为着力点,实施"实践—理论—实践"的螺旋式知行合一的实践教学改革。

1. 构建纵向递进、横向互动的实践教学体系

由于影视创作的综合性,只有在横向专业的协作下才能生产出高质量的视听作品,而横向合作的基础是专业教学的纵向递进。影视创作实践教学体系如图 7-4 所示。

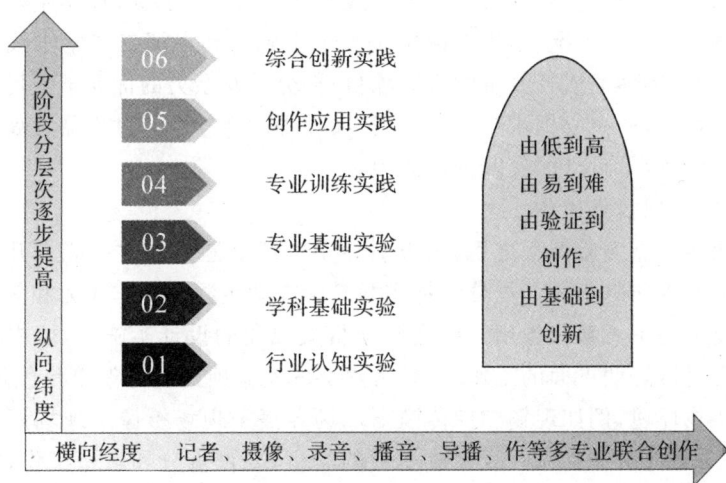

图 7-4 影视创作实践教学体系

国家级实验教学示范中心在学生学习终端处搭建了影视类各专业横向整合的"毕业联合创作"平台。在学生毕业前一年,集中优秀的、有创作实验能力的影视专业教师,通过创作实验,对学生在课堂中所学到的理论知识进行强化升级整合。教师采用项目化教学的方式,依托与社会合作的项目,跨专业整合编、导、演、摄、照、制、录等专业的学生,根据创作教学需要分工合作、各司其职,初步完成教学、实验、生产相联动的人才培养,各创作工作室形成教学联动。而学生通过横向交流与磨合,不断地积累创作经验,提高了综合创作能力和团队协作意识。

2. 实施三位一体的实验教学新模式

根据传媒实验教学的特点,电视编辑与导播国家级实验教学示范中心实施"实验实践一体化、实验项目集成化、实验内容个性化"三位一体的实验教学改革。

（1）实验实践一体化

浙传从学科特点出发，打破实验与实践、课内与课外的藩篱，构建以课程实验教学为基础、以第二课堂社会实践为拓展、以专业大实习和综合实践为集成、以学生创作创新为提高的实验实践一体化的实践教学环节。课程实验教学在中心实验室完成，以基本技能训练为主；在第二课堂社会实践中，由学生自主选择课题，在假期中利用中心设备，在教师指导下完成；专业大实习和每年一次的综合实践，一般在校内外的实践基地（传媒机构）完成，学生根据自己所在媒体或公司的情况，运用在课堂实验中学到的和在第二课堂实践中掌握的各种技能，集体完成较复杂的实验项目；部分学有余力的优秀学生可以在创作创新项目中，由中心提供项目和经费，在教师的指导下通过作品发表或者学科竞赛，充分展示自己的实践创新能力。

（2）实验项目集成化

完成基础型实验课程之后，积极引导学生从掌握单一性技能上升到提高综合能力和素质的集成。充分发挥实验教学在学生独立工作能力和集体协同能力培养中的不可替代作用。在实验项目集成化的设计实施中，要根据不同的教学环境做好两方面的工作：一是将内部的实验项目进行集成和合并，尽可能模拟实战环境，例如现场图像传输＋现场导播＋现场摄像＋现场灯光＋现场表演；二是针对在创作一线完成实训的学生，要作拆分和解析工作，将复杂的项目拆解成若干单项项目，以降低难度，提高成功率。

（3）实验内容个性化

各门实验课和实践训练除增加综合性实验比例外，还鼓励学生进行自选实验和开放实验，让学生根据自己的兴趣、爱好、特长进行自主选题和设计，鼓励学生完成创新作品、参加创新型实践活动，为学生个性化发展提供一个自主学习的空间，注重将教师的创作和科研渗入实验实践教学，进行个性化教育。

三、产学合作构建五大平台和三类基地

联手行业，进行产学合作，是浙江传媒学院长期以来形成的办学特色与优势。学校充分利用传媒机构、科研单位等多种不同的实践教学资源及其在人才培养方面的优势，实现校内实验室与校外实践教学基地相互补充、合作共赢，并以实验室和实践基地为载体，探索学校与行业、企业和科研机构协同培养人才的新机制。

1. 建设传媒实验教学五大平台

第一,紧扣传媒业务,建设全流程实验操作平台。建设全流程的实验教学平台,创设全覆盖的实践教学环境,对学生实践能力和专业素养的培养具有重要的意义,也是适应传媒行业采编播一体化发展趋势的必然要求。中心根据不同的媒介(如广播与电视)、不同的制作方式(如新闻采集与现场制作),定制不同的生产流程。学生通过全流程的综合训练,可以有效提升业务岗位的适应能力、迁移能力与整体把握能力。

第二,紧跟传媒技术,建设全方位实践实训平台。为了培养学生在全媒体背景下全方位的实践动手能力,中心紧跟传媒技术最新发展,建设和整合并举,通过搭建平面媒体(报纸、杂志)、电子媒体(广播、电影、电视)、e媒体(计算机与网络)、移动媒体(手机)等跨媒体的实验设备平台,为培养具有全媒体视野和素养、适应广播电视业发展新趋势的人才提供技术平台支撑。

第三,紧接传媒环境,建设实战型实践实训平台。实战型实践实训,对设备、实验环境和实验教师都提出很高的要求。中心的实验设备坚持与业界主流设备保持一致甚至稍有超前。目前中心使用的4K标准影视高端制作系统明显优于国内一般技术水平,而8信道数字高清电视转播车及其卫星车达到卫视电视直播技术标准。实战环境的获得必须通过加强中心与影视生产机构的节目生产合作,在实战中学习。双师型师资是构建实战型实验实训平台的另一项基本条件,通过内培外引,中心的师资队伍结构不断优化,王小列、张光照等一批业界精英的加盟使中心如虎添翼,大大提升了团队的实践创作指导能力。

第四,依托传媒学科,建设立体化实践创新高台。中心既注重授业,也注重传道;既重视"术",也重视"学";既强调外授,也强调内修。实验中心的建设与学科发展、专业建设互动促进,既提供支撑和保障,也从中获得支持和养料,从而提升了科研能力和创作水平,产生了更多、更有影响的科研成果和艺术作品。

第五,紧贴传媒行业,建设开放化服务辐射高台。保持对行业、对社会的开放和合作,是行业性高校发挥办学优势、拓展教育资源、强化服务功能、培育办学特色的重要途径。中心的开放主要体现在以下方面:一是投入机制的开放,积极引入企业和其他社会力量的多元投入;二是外延的开放,进一步深化与浙江广播电视集团等单位的设备、人才、项目资源共享机制,实现中心与传媒实体有序的拓展延伸;三是服务功能的开放,除满足本校人才培养,还积极为其他高校和行业提供人才培养(培训)、节目制作、课题研究等全方位支持,以更好地发挥中心的示范辐射作用。

2. 联手行业开发和建设 3 类实践基地

第一,与影视传媒机构共建校内外实践基地。2013 年,电视编辑与导播国家级实验教学示范中心分别与浙江广电集团和杭州文广集团共建省级与国家级校外实践基地,基地每年可接待实习生 1000 余人。同时,利用中心软硬件的优势,强化学校对广电行业的辐射、服务能力,筑巢引凤,吸引更多的优质传媒机构上门合作。目前,中心已经与浙江卫视、好易购频道、杭州华数集团等开展长期稳定的合作,正在成为区域节目制作基地,许多学生可以不出校门就参与行业一线的实践工作。中心充分利用行业资源优势,为学生实践实习提供保障,进一步落实传媒机构和学校同时配备指导教师的双导师制,提高学生解决实际问题的能力。

第二,与科研院所和企业共建共享研究型实验基地。数字传媒技术发展迅猛而且方兴未艾。中心与 SONY、北京艾迪普等国内外一流广播影视设备研发机构开展广泛的合作,建设具有国际领先水平的特色实验室或者新技术体验室,实现专业实验室与科学研究、社会应用的有机结合。2014 年,中心与国内最大的影视后期研发生产企业索贝公司合作进行虚拟仿真技术研发,两家联合成立的"视听媒体虚拟仿真实验中心"被评为省级实验教学示范中心,这也是目前国内唯一的传媒类虚拟仿真实验室建设项目。该项目在 2015 年北京 BIRTV 展会上引起高校同行的广泛关注。

第三,与政府合作共建面向社会的校内创作基地。国家级实验教学示范中心下属的实验电视台和未来之星广播电台与杭州下沙高教园区管委会开展合作,组建区域性广播传播机构,覆盖域内 30 余万人口,每天自办节目超过 50 分钟,制作量相当于一个普通的地市级电视台。未来之星广播电台通过"蜻蜓 FM"进行面向全球的网络广播,月累计收听量达 65 万人次。而实验电视台和广播电台的主力是在校生,他们通过实战收获的不仅仅是专业和能力,还有宝贵的自信心和社会阅历,这些学生都成为就业市场的"香饽饽"。

四、强化示范作用,探索可持续发展路径

经过几年来的努力,电视编辑与导播国家级实验教学示范中心已经找到一条适合自己发展的道路,不仅为卓越传媒人才培养提供了保障和支撑,同时也形成了特色、积累了优势,真正起到了示范与辐射作用,实现了三个明显的转变。

首先，从原来简单完成实验教学任务的教辅部门转变为集理论验证、基本技能训练、创新精神和团队意识培养于一体的重要的人才培养平台。中心成立后逐渐从教辅部门转为教学单位，并入学校原有的实训和创新中心、实验电视台和未来之星广播电台，使实验教学从第一课堂向第二课堂延伸。中心立足于打破学科专业的壁垒，推进横向互动、纵向递进的实践教学模式，在应用型、创新型传媒人才培养中发挥越来越重要的作用。中心主持省级教改项目4项、教学课堂改革项目11项；组织出版教材12部，其中国家"十二五"规划教材4部；获得学校、中心、国家级大学生校外实践教育基地项目立项50余项；获得省级教学成果奖5项。

其次，从原来单纯发挥教学功能的实验室转变为产学研一体化的区域影视节目制作中心。中心与各大传媒机构广泛合作，其所在的传媒大厦已经成为杭州影视节目制作的中心之一，好易购电视购物频道等以此为基地制作，浙江卫视王牌栏目《中国好声音》《中国梦想秀》等也与中心保持长期合作关系。3年来，中心独立创作电视电影3部，全部在央视6套播出，获得广泛好评，先后获得第24届电视金鹰奖最佳单本剧三等奖和浙江电影"凤凰奖"、电视"牡丹奖"和"五个一工程"奖共6项。

最后，从传统的基于单一媒体的实体化实验教学向基于融合媒体的虚实结合实验教学平台建设转变。一方面，中心积极应对数字化技术革命对传统媒体带来的挑战和机遇，通过新建和改造，将原来电视节目的制作改为全媒体概念下的音视频内容制作与传播；另一方面，中心的建设紧跟媒体融合发展的需要，成立视听媒体虚拟仿真实验教学中心，充分利用云技术和虚拟仿真技术，将原来无法完成或者成本较高的项目，比如极端环境下的记者、主持人现场报道训练，通过在实验室构建虚拟仿真现实进行实战体验和练习。目前已经与索贝公司、艾迪普公司联合成立视听媒体虚拟仿真中心，开展针对性研发和应用，初步实现了媒体融合业务全流程的实践教学生态链。媒体融合业务全流程平台的深度研究、开发、应用和相关卓越传媒人才的培养，将成为中心工作的重点和方向。

第八章 显性与隐性：以文化人、着力提升新时代影视传媒卓越人才综合素养[①]

浙江传媒学院是全国培养广播影视及其他传媒专门人才的主要基地之一，学校以2004年9月8日时任浙江省委书记习近平同志莅临学校考察时提出的"紧跟时代、突出特色"为指导，以立德树人为根本，以理想信念教育为核心，以社会主义核心价值观为引领，依托影视文化特色专业，通过"专业教学、实践实训、社会服务、网络媒体"四个课堂联动融通，形成"大影育人、大视弘道"影视文化育人模式，强调以文化人、着力提升新时代影视传媒卓越人才综合素养，显性课程与隐性课程并重，呈现全课程覆盖、全链式推进、全方位融合、全员性参与的特色亮点，以"德才兼备、德艺双修"作为育人的重要目标，把正确的政治方向、价值导向、专业志向融入教育教学、实践创作、学生培养的全过程，积极培养创新型、复合型、应用型的优秀影视传媒人才，开创新时代高校文化育人工作新局面。

第一节 影视传媒类院校校园文化建设探究

2014年3月22日，教育部有关负责人在"中国发展高层论坛"上明确提出，要推动"600多所地方本科高校实行转型"。这意味着世纪之交改制为属地管理的行业院校将再次面临着转型问题，而地方行业院校的校园文化建设也面临着新的机遇和挑战。如何在新的转型背景下，激发校园文化中各主体的积极性、主动性，从而发挥校园文化的德育功能，成为新时期的一大重要课

① 本章主要内容曾发表于《基于MOOC的高校隐性课程学习影响因素研究》，载《浙江交通职业技术学院学报》2021年第1期；《"双四融合，立体美育"：构建新时代高校公共艺术教育的新模式》，载《美育学刊》2020年第3期；《媒介美育概念创新与实践策略研究》，载《中国广播电视学刊》2020年第4期；《美育视阈下新媒介素养教育提升路径策略研究》，载《浙江传媒学院学报》2017年第2期；《转型背景下的地方行业院校校园文化建设探究》，载《浙江传媒学院学报》2015年第2期。

题。本书基于主体间性的视角，拟从校园文化的特点、存在问题和建设路径等方面对转型背景下的地方行业院校校园文化建设进行探讨和研究。

一、现实困境：地方行业院校校园文化建设存在的问题

当前，地方行业院校校园文化建设呈现出校园环境设施日趋美化，管理机构制度日趋完善，校园文化活动日趋丰富，校园文化载体日趋多样，发展方向目标日趋明确，文化价值取向日趋认同的良好态势，但就如何结合地方行业院校的办学理念、办学目标、办学特色创建特色校园文化还存在一些亟待解决的问题。

1. 重物质文化建设轻精神文化建设

校园物质文化是校园文化尤其是精神文化的物质载体和外在标志。地方行业院校为了抢抓高等院校改制扩建的机遇，且随着办学规模的扩大和招生人数的增长，在学校物质文化建设方面采取"短、平、快"的发展模式，表现出"投入大、速度快、品质高、设施全"的态势，为校园文化建设奠定了良好的物质基础。然而，罗家伦先生说过："办好一所大学，光盖房子是不够的，建筑物内必须有学术的灵魂，才是一个有生命的东西。"[1]好些地方行业院校在校园整体规划建设中，没有认识到物质文化建设与精神文化建设同步规划的重要性，导致精神文化建设的高度、深度、厚度让渡给了物质文化建设的速度，没有实现物质文化与精神文化的有机融合，物质文化没有充分体现和反映学校独特的精神文化，在物质文化建设中缺少能体现学校精神的标志性建筑和具有象征性的校园景物，并且缺乏对物质文化进行精神层面的深入挖掘和宣传，师生员工只能感受到校园物质文化的现代感，难以感受到精神文化的厚重感，可谓"只见其形，不见其神"，造成精神文化建设发展滞后。

2. 重共性文化建设轻个性文化建设

美国当代著名比较高等教育学家伯顿·克拉克在论述院校特色时说："院校的希望与其说产生于彼此的共同点，不如说产生于相互之间的差异。"[2]地方行业院校多是行业性或者综合性学校，随着外部环境的变化、学校规模的扩大、办学层次的提高，不少地方行业院校出现了贪大求全、好高骛远、急功近

① 陈华.高等教育大众化阶段高校新校区校园文化建设的分析研究[D].西安:西安科技大学，2006.

② 伯顿·克拉克,等.高等教育新论——多学科的研究[M].王承绪,等译.杭州:浙江教育出版社,2001:289.

利、盲目跟风、照搬模仿等现象,在办学规模、办学理念、办学定位、办学目标上趋于雷同,办学规模追求"大而全、小而全",办学理念追求"高、大、上",办学定位追求"研究型、综合型、国内一流、国际一流",没有充分考虑自身的历史渊源、发展趋势、优势特色、学术追求等方面的因素,出现了"千篇一律、千校一面"的现象,在校园文化建设过程中出现了定位不清晰、特色不明显、制度不健全、管理不到位等综合性症状,呈现出形式化、表面化、空泛化、趋同化等弊端,在展现学校个性魅力、打造特色校园文化、提升核心竞争力等方面激情多于理性,想法多于办法,眼前多于长远,最终导致目标不明、措施不力、效果不显。

3. 重行业文化建设轻地域文化建设

校园文化具有其生成的长期性、作用的潜在性、存在的延续性和改变的迟缓性等特点。虽然行业院校改制为地方行业院校,但此类院校还没有像融入行业文化一样地把地域文化融入到校园文化中来,校园文化与地域文化互动意识缺乏、互动机制缺位、互动介质缺失,地方行业院校与地方沟通不够,合作较少,联谊有限,缺乏必要的宣传和展示,这必然会影响地方行业院校对地域文化营养的吸收和自身校园文化优势的充分发挥,难以在地方形成规模效应和品牌效应,知名度低,影响面小。这些都严重地影响了校园文化、行业文化和地域文化的和谐发展。

4. 重文化建设形式轻文化建设内涵

地方行业院校的校园文化活动存在着目的不明、层次偏低,设计欠妥等问题,活动文化建设呈现浅表化、形式化、庸俗化、商业化趋向,具体表现为:娱乐性活动多,教育性活动少;文体性活动多,学术性活动少;时尚流俗性活动多,高雅艺术性活动少;反映前卫的活动多,继承传统的活动少。表面上看起来热闹无比,但实际内容匮乏、形式单调,缺乏高质量、高品位的活动项目来满足师生的精神需求和引领校园文化建设,对活动的主题性、思想性、学术性缺乏深刻的思考和精准的凝练,使校园文化还处于自娱自乐的低层次状态,缺少有深厚的文化底蕴、有高度的文化引领和有热度的文化追求。

5. 重学生主体参与轻教师主体参与

教师本身的职业角色决定了其在主导、引领、保持与巩固校园文化建设中的重要作用,他们是校园文化最主要的创造者、继承者和传播者。但当前地方行业院校的校园文化建设没有构筑全员共建的校园文化体系,作为校园文化建设主体之一的教师群体在缩小,难以形成全员育人、全过程育人、全方位育人的合力。究其原因,主要有主观和客观两个方面。就主观方面而言,有的教师认为校园文化建设是学校领导、相关职能部门、团学组织和学生的事情，况且学生文化活动通常安排在晚上或者周末，那是个人的休息时间，没有义务去参加指导。就客观方面而言，一是地方行业院校扩招造成师生比例失调，教师教学任务加重，同时还肩负学历深造、职称晋升等压力，没有时间、精力去参加校园文化活动；二是随着地方行业院校新校区重建、分校区扩建，许多教师候鸟般穿梭在新老校区、主分校区之间，把新校区、分校区当成工作的地点而非生活的地方，上课就来，下课就走，踩着点赶班车，和学生缺乏正常的充分的交流与沟通，难以达到育人效果；三是地方行业院校属地管理后，招生、就业、教学、科研等具体的办学条件成为评估一个高校的硬性指标，因此也就成为了院校发展关注的核心，导致作为隐性的、软性的校园文化建设地位下降；四是由于绩效工资的改革，教师的主观能动性和工作积极性得不到充分调动，在完成规定工作量的基础上，那些专业强的教师在行业领域从事副业，无暇顾及校园文化活动。上述因素导致作为校园文化主体之一的教师在校园文化建设中的主导作用无法充分发挥，直接影响教书育人、管理育人、服务育人的效果。

二、主体间性：校园文化建设转型的破解之道

"主体间性"理论是由胡塞尔提出，经海德格尔、哈贝马斯等人完善的一个哲学范式，该理论认为，两个主体之间不再是主客体关系，而是相互沟通、理解、交往的关系，"是主体与主体在交往活动中表现出来的以共主体（交互主体）为中心的和谐一致性等集体特征"[①]。强调每个作为主体的个体的存在和发展。这一理论的发展也运用到教育学等领域，为校园文化建设的转型提供了理论支撑和实现路径，基本内涵可从以下几个方面理解。

首先，在主体间性校园文化建设中，学校的师生、员工，相关的行业、地方主体都是主体间的存在。校园文化的建设者，校园活动的参与者，校园精神的宣传、传承者都具有主体性，不再是物化的客体和被动的参加者，而应该是与他人共存发展的独立个体，并进行交往和沟通。其次，在校园文化建设过程中，校园文化活动是主体间的交往互动活动，而不是单方面的灌输，是主体间通过彼此的交流、理解达成共识的过程。主体间是相互理解的，通过平等对话来达成一致，从而实现双方的共同发展。

在转型背景下的校园文化建设过程中，以主体间性理论为指导，不仅是师

---

① 冯建军.当代主体教育论[M].南京:江苏教育出版社,2011:255.

生等主体发展的需求,更是基于地方行业院校校园文化建设自身特点的需要。地方行业院校作为相对独特的高校群体,其所创建的校园文化既具有共性特点又具有个性特点,一般表现为明显的行业性、明确的导向性、明晰的地域性、主体的独特性和文化的再造性。

其一,明显的行业性。地方行业院校大多依靠行业部门举办,服务于行业发展,办学具有鲜明的行业特色。这就要求其校园文化的建设要体现行业特色,凝练行业品质,在办学理念、办学特色、学科建设、专业设置、实践实训、师资建设等方面都要体现出明显的行业特性。实践证明,只有在地方行业院校的校园文化中融入行业文化,才能凸显地方行业院校的行业特性,真正形成地方行业院校的办学特色,以适应和满足就业市场以及行业企业的需要。

其二,明确的导向性。地方行业院校拥有特定领域的就业市场,一般是行业需要怎样的人才,学校就培养怎样的人才;岗位需要什么,学校就教学什么;学科建设、专业设置紧贴行业需求,培养的学生主要是满足于行业对人才的需求,在行业竞争中具有巨大的优势。因此,该类院校的校园文化建设应在历史传统、办学定位、学科优势、人才培养、教学科研、师资建设等方面凸显出明确的导向性,强化办学特色,优化内涵建设,固化办学品牌。

其三,明晰的地域性。"城市孕育大学,大学滋养城市",一个区域的社会传统文化与其所属院校校园文化有着极为密切的"互哺"关系。尤其是 20 世纪 90 年代,全国大部分行业院校改制为属地管理或地方与行业部门共建,这就意味着地方行业院校从原来的"办在地方"过渡为"由地方举办"。在市场经济条件和高等教育大众化背景下,高校开放办学是必然趋势,地域文化与校园文化的联系比以往任何一个时期都更为紧密。因此,高校作为地域文化的中心,它的校园文化始终是包含在区域文化中,都带有区域文化的印记。[①]

其四,主体的独特性。校园文化的主体泛指全校的师生员工。地方行业院校因为与行业有着千丝万缕的联系,因此校园文化的主体具有独特性——是融合教育性与行业性的统一体。从教师群体来看,地方行业院校的专业教师更多地来自行业一线或更高层次的同类型院校,具有较强的行业素养和行业技能,在站好讲台的同时还活跃在行业一线。从学生群体来看,能考入地方行业院校的学生一般具有一定的行业潜质和强烈的专业追求,专业思想稳固,专业目标明确,就业去向一般为行业系统。

---

① 赵军.地方大学引领区域文化发展的路径选择[J].三峡大学学报(人文社会科学版),2009(1):103.

其五，文化的再造性。20世纪末行业院校进行的新一轮的改革主要表现为：一是属地管理，地方行业院校归学校所在地的省市区管理为主，行业部门管理为辅；二是合并升格，地方政府实现所属辖区的同类型的行业院校合并，且完成办学层次的升格；三是扩建校区，大部分地方行业院校为了缓解办学空间紧张，扩大教育资源，优化布局结构，采取"整体置换，重新建设"的模式建设新校区，有的院校拓展了分校区，还有的甚至在建设新校区的基础上又开辟了分校区。然而，在转制时间短、规模扩张快的同时，地方行业院校校园文化如何在传承中融合、重塑、再造，成为新的思考和新的课题内容。

无论是地域性特点还是主体独特性的属性，校园文化建设都应该发挥所有相关主体的积极性和主观能动性，从而发挥校园文化的德育功能，提升人才培养质量，实现主体的终极发展。

三、实现路径：主体间性下地方行业院校的校园文化建设

1. 树立共生理念，凝练精神文化

首先，确定办学理念。清晰的办学理念是规划校园文化建设的灵魂。对于地方行业院校来说，要在主体间性理念下重新审视自身发展的历史历程，综合分析自身在全国和所在区域以及行业领域高等教育结构中的位置和作用，在找准自己的学科优势和办学特色的基础上，提炼具有时代性、行业性、地方性的办学理念，并在共生、互惠的理念下，基于平等交往关系，组织全校师生员工开展各种形式的学习、讨论，树立与学校相适应的价值观念和思想理念，用科学的理念、精神、目标、思路引导全校师生员工，为学校的发展指明方向，同时也为校园文化建设奠定基础。

其次，培育学校精神。学校精神是校园文化建设的核心内容和最高境界，其贯穿于学校校园文化的各个方面，具有独特的感染力、凝聚力和向心力。地方行业院校在校园文化建设过程中应当积极践行办学理念，努力培育全校师生认同和共享的独特的学校精神，并升华为一种文化自觉，凝聚成一种精神力量，不断推进学校发展和校园文化建设。

最后，明确办学特色。从长远来讲，办学特色是一所学校生存和发展的支柱，明确办学特色是学校校园文化建设的内在要求。地方行业院校一定要明确自己的办学定位，不能一味地模仿和抄袭其他高等院校，从而走入追求"大而全、小而全"的误区，而是应该结合自身的办学实际，实施差异化发展战略和特色办学战略，根据学校的发展历史、学科优势、行业优势、专业特长等，总结

和归纳本校的办学经验和办学特点,准确把握自身在国内同类院校中所处的地位,明确办学理念,找准办学定位,强化办学特色,拓展办学思路,整合办学资源,确立自己的个性,打造自己的特色,树立自己的品牌,形成一系列特色学科、特色专业、特色课程和特色文化,从而扩大办学的影响力,增强办学的吸引力,提升办学的竞争力,彰显办学的品牌力。

2. 加强平等协作,融合行业文化

由于地方行业院校的特殊属性,相应行业在校园文化建设过程中也应该成为平等对话的主体,融合优秀的行业文化也有利于校园文化的内涵提升、特色凝聚、品牌塑造,有助于形成"植根于行业、养成于校园、结果于社会"的开放式校园文化系统。①

首先,优化元素融入。地方行业院校应紧跟行业发展动态,充分利用学校的网站、橱窗等宣传窗口和宣传平台,及时介绍行业发展动态、前沿技术、先进人物、优秀榜样、文化建设等;用行业相关的术语、用语冠名于学校楼名、路名,在校园内竖立具有象征意义的雕塑,设立行业奖助学金等;积极举办各种与行业相关的知识竞赛、技能大赛、模拟训练、行业培训等活动;在校内设立行业研究院所,开展行业研讨会、高峰论坛等;积极采取"走出去、请进来"的形式,一方面组织学生赴行业企业参观学习、见习实习,另一方面邀请业界专家、学者、行业标兵、先进人物来校开展各类讲座、报告会等活动;重视行业型、专业型学生社团建设,积极指导其开展活动,使学生在社团活动中体悟专业魅力、感悟行业文化;加强课程改革,开设一批提升学生行业道德和行业素质的课程,在教学计划、教学大纲制定,教学方法安排和课程管理上融入行业精神,形成以课堂为前沿,以讲座、研讨为延伸,以活动为补充的教学体系,把行业精神、行业文化、行业特色融入学生的专业实践、职业规划、学习生涯。

其次,深化校企合作。校企合作、工学结合、产教融合是地方行业院校融合行业文化最有效的途径和载体,也是体现主体间性的重要措施,能够将企业作为主体的能动性发挥出来,从而构建"互主体"的格局,实现共生共赢。吸引鼓励行业企业积极参与地方行业院校学科专业的调整,形成双方的共建机制,实现行业与学校共同制定人才培养方案、共同组建学生见习实习实训基地、共同组建专业委员会、共同编写校本教材、共同进行课程改革,从而形成对接紧密、特色鲜明、动态调整的行业教育课程体系。要加强"双师型"教师的培养,行业企业与地方行业院校要建立师资的双向流通与培养机制,一方面组织教

---

① 夏洁露. 高职校园文化与行业文化对接路径探讨[J].浙江交通职业技术学院学报,2009(1):71

师到行业企业挂职锻炼，参与生产管理、技术开发等专业实践活动；另一方面，鼓励行业高管、资深技术人员或经营人才成为学校的兼职教授或客座教授，参与课程开发和实践教学，优化学校的专业设置及课程设置，创新学校的教学方法和内容，使产业的最新发展动态能够很好地运用于地方行业院校人才培养模式的改革与完善。

最后，强化品牌打造。一是打造品牌项目，积极推行政府、院校、行业、企业联动，促进技术技能的积累与创新，通过共建研发中心、实验实训平台、技能大师工作室等平台，培育具有时代特征、行业特色、学校特点的科学研究、教学改革、人才培养、校园文化、行业赛事、专业活动等方面的品牌项目，不断提升地方行业院校的业界知名度和社会美誉度。二是打造品牌师生。树立人才强校理念，积聚人才优势，积极施行"名师培养计划""业界导师引入计划""卓越人才培养计划""未来之星打造计划"等项目，大力培养行业发展所需要的"大师"、"名师"和优秀的行业人才，使地方行业院校的师生成为行业热捧、社会欢迎的一张张"响亮名片"。三是打造品牌专业。地方行业院校要确立"错位竞争、差异竞争"的意识，评析自身办学实力，瞄准行业发展动态，找准学科发展定位，明晰专业发展段位，明确学科专业发展目标，整合行业优质资源，举全校之力重点扶持具有发展潜力和发展愿景的优势学科、传统专业，将其打造成为在国际上有巨大影响力、在国内有强大竞争力的品牌学科和品牌专业。

3. 开启交往模式，融入地方文化

随着地方行业院校属地管理进程的推进，地方文化与地方行业院校的校园文化的联系也越来越紧密，为学校的专业设置、学科建设、人才培养、社会服务等提供着源源不断的精神支撑。因此，地方行业院校要树立"建设具有地方特色的校园文化"的观念，加强与地方政治、经济、文化建设的结合，这有利于地方行业院校发挥对地方的积极作用，也是形成校园文化特色的重要途径。

首先，依托地方出特色，丰富文化内涵。地方行业院校要加大对地方文化的研究和引进力度，深入研究地方文化蕴藏的历史积淀和当代价值，通过专题讲座、研讨会、报告会、高层论坛等形式汲取地方文化精髓，丰富校园文化内涵；将地方文化教育纳入学校教学计划，构建与地方行业院校相适应的人文教育课程体系，开设地方文化校本课程，传播地域文化知识，力促地方文化进课堂、进活动、进头脑；建立学校专业实践、志愿服务、社会实践等基地，引导师生积极开展参观学习、调查研究、采风鉴赏等活动；充分发挥网络优势，在校内积极宣传地方文化。

其次，引领地方创品牌，发挥导向作用。地方行业院校要积极融入地方，

依托自身校园文化资源,积极开展与地方文化的共创共建活动,使校园文化与地方文化实现优势互补、相得益彰,让校园文化引领地方,辐射社会;积极开展各类学术研究、志愿服务、社会实践等活动,做好地方文化的挖掘、传承和创新,让地方行业院校真正成为地方的一张文化名片,让地方行业院校的校园文化真正成为地方文化的桥头堡、示范区和辐射源。

最后,服务地方树形象,凸显社会效应。地方行业院校应坚持"服务地方"的理念,重点根据地方经济结构特征和文化资源筹划学科建设、确定专业设置、从事课程开发,力争在专业建设中蕴含地域经济特色,在学科发展中加强地域特色研究,使学校真正成为地方人才培养中心和文化教育中心;鼓励师生积极参与地方民间艺术和文化遗产的保护、拯救,为地方文化产业发展及历史研究提供咨询服务和决策支持;发挥人才优势和行业优势,积极参与地方文化产业建设、文化用品开发、民间艺术传承等活动,提升地方文化品位,打造地方文化品牌;使地方行业院校校园文化在服务地方文化中提高融合度,扩大辐射面,增强竞争力。

4. 促进主体协调,聚合校区文化

正如前文所述,如今的地方行业院校多为分校区办学,所以如何加强多校区的校园文化建设聚合校区文化也是地方行业院校不可回避的一个话题。

首先,确立共同愿景。要审视多校区文化的共有基因,地方行业院校不能简单以某一个校区的文化来取代其他校区的校园文化而成为共同文化,而是要在承认、尊重多校区多元文化并存的基础上求同发展,通过对各校区优良文化的提炼,找出校园文化建设的共有基因,结合学校建设与发展实际创新发展校园文化。要确立多校区文化的共同目标,在审视多校区共有文化基因的基础上,加强对异质文化的协调和管理,引导异质文化向共同的发展方向创新发展,从而在各个校区确立校园文化建设的共同目标。要打造多校区文化的各自特色,各个校区之间还要处理好存异与求同的关系,在立足共有文化基因和共同文化目标的基础上,倡导鼓励符合本校区的特色校园文化的创建与打造,使其成为地方行业院校校园文化的重要组成部分。

其次,打造系统工程。标志要体现整体意识,例如:建造统一的学校大门、张贴统一的校训、校标,选择统一的校歌,佩戴统一的校徽,印制名片等。管理要体现规范意识,地方行业院校要推进规范化、科学化管理,实现"五个统一",即各个校区统一领导、统一机构、统一制度、统一财务和统一规划,保证全校师生员工政令统一,资源共享,从而提高管理效益和办学效益。活动要体现合作意识,地方行业院校要充分发挥校级组织对校园文化活动的统筹和协调作用,加强对分校区校园文化活动的统一部署和指导，实现分校区校园文化活动多种形式的合作，实现思想统一、统分结合、协同合作、形式灵活的一体化局面。

最后，运用网络媒介。当今社会，随着手机成为可以随身携带的口袋终端，新媒体已成为一种主要的生活方式，微文化已成为一种主要的校园文化。这就需要地方行业院校充分利用网络媒介，加大校园文化建设、学生工作、教学管理服务、行政管理服务、后勤管理服务等网络平台的建设力度，利用网络平台做好师生员工的思想引导、心理辅导、专业向导、生活指导等工作，发出好声音，弘扬主旋律，传递正能量，积极创建地方行业院校的校园网络文化。

5. 推进主体反哺，培育校友文化

校友是树立母校品牌、弘扬大学精神、体现办学质量、彰显母校形象的"品牌资源"，校友文化是校园文化中的一个特殊的组成部分。作为地方行业院校的校友，其最大的特殊性在于有相对固定的就业行业和工作领域，这为学校加强交流、凝聚资源、传承文脉、培育文化创造了天然的优越条件。

首先，创建服务平台。服务平台具体包括"一办一会一网一刊一库一月一日"。"一办"是指学校要成立校友工作办公室，全面负责学校校友工作；"一会"是指要建立校友总会和校友分会；"一网"是指要创建校友工作网，使其成为集工作平台、信息平台、交流平台和服务平台为一体的综合阵地；"一刊"是指要编印校友会刊，并定期刊出；"一库"是指要建立校友信息数据库，并及时更新；"一月"是指要设立校友走访月，每年固定某一个月走访校友，加强交流联系；"一日"是指要确定校友返校日，每年确定某一日欢迎校友返校，并使其成为学校的一个传统节日。

其次，创建宣传平台。要重视校史馆建设，开辟"校友"专区，充实内容建设，提升内涵建设，扩大宣传效应；要重视宣传平台建设，通过网络、报刊、广播、橱窗等宣传校友的先进事迹、突出成就、成长经历；要重视在校生与校友互动，积极开展诸如"'请进来'听校友感言、'走出去'访校友足迹"、评选"金校徽奖"等活动，用校友的成人之举、成长之路、成功之道、肺腑之言引领在校学生立足青春梦、追逐行业梦、共筑中国梦。

最后，创建反哺平台，推进智力反哺，聘请资深校友为学校发展咨询委员会、专业建设委员会委员，定期对学校的发展规划、专业建设等方面提出意见和建议；聘请杰出校友为业界导师、客座教授、兼职教授等，让活跃在行业一线的既具有扎实理论基础又具备丰富实践经验的校友回母校参与教学指导工作；邀请知名校友回母校参加开学典礼、毕业典礼，举行各种报告会、恳谈会、座谈会、校友沙龙等。另外，推进资金反哺，举行校友捐赠活动，设立校友基金、奖教金、奖助学金,为学校营造"乐教乐学"的良好氛围提供经费支持;推进项目反哺,举办校友单位专场毕业生双选会,与校友所在单位共建见习实习基地、开发多层次的产学研合作,实现优势互补、共同发展、多方共赢。

第二节　影视传媒专业隐性课程基于慕课学习的效果分析

隐性课程作为高校隐性教育的重要组成部分,具有文化浸润、感染和熏陶的育人作用,可以为教育对象特别是大学生的健康人格发展奠定基础、提供支持。[①] 隐性课程与立德树人之间存在天然的联系,它以潜移默化的形式、多维度地影响学生的成长。落实立德树人,不仅要加强显性课程建设,重视显示教育、强化正面引导,还要充分认识到隐性课程的重要性,彰显隐性课程的育人功能,弥补显性课程的不足,从而达到全课程育人的目的。[②] 与显性课程相比,隐性课程的学习具有广泛性、随机性和潜在性的特点,学习者在隐性课程中的学习是一种非正式的自主学习,其学习过程发生在非正式的时间和场所,通过非教育类型的交互活动进行。

随着"互联网＋"时代的到来,MOOC 具有高质量内容、大规模学习者群体、强辐射、新型测评方式、免费等特征,吸引了来自全球各地的学习者和教育、科技、商业等领域的关注。[③] MOOC 的学习是一种自觉、主动与自组织学习,是完全自觉、自主、自愿、自控的学习[④],其学习特征与隐性课程的学习特征非常吻合。部分高校顺应时代变化在 MOOC 学习平台上开设隐性课程,结合新兴媒体的传播优势,以期提高隐性课程的教学质量和影响力。

多年以来,研究者通过对在线学习者行为的调研、分析和研究发现MOOC 的学习效果并非令人十分满意。郎非认为无论是最初兴起的 cMOOC还是目前主流的 xMOOC,都没有解决远程教育存在的共性问题,那就是由于教师角色的缺失而引发的学习过程中的一系列问题:较高的辍学率、无礼的网

① 吴晨.基于全程育人的隐性课程建设探究[J].江苏高教,2019(4):83-87.

② 李忆华,马洁.基于隐性课程落实立德树人的路径探析[J].教学与管理:理论版,2019(4):85-88.

③ 王萍.大规模在线开放课程的新发展与应用:从 cMOOC 到 xMOOC[J].现代远程教育研究,2013(3),13-19.

④ 焦建利,王萍.慕课:互联网＋教育时代的学习革命[M].北京:机械工业出版社,2015:77-78.

络行为、难解的学术争辩、学业评估的缺失或低效等。[①] 而基于 MOOC 的隐性课程的改革也不是一帆风顺，出现了种种新矛盾，如 MOOC 开放自主的学习特点与学习者自主学习能力不足之间的矛盾，教师投入精力不足与学习者对学习的期望与顾虑之间的矛盾，学习资源传统单一无法满足学习者需求等。

浙江传媒学院在 2014 年利用 MOOC 开始了对隐性课程"读百部书看百部电影"（以下简称双百课程）的教学改革，并推出了支持手机端和 PC 端的"读百部书看百部电影学习平台"（以下简称学习平台）。在教学改革的最初阶段，其实施效果未达到预期效果，学生选课人数、课程完成率、作业上交数等学习行为数据都未达到预期。2018 年，学校修订了《浙江传媒学院"读百部书、看百部电影"实施方案》，明确课程学习方式、选课模式、作业批改等要求。从学习平台和师生反馈可以发现相关学习行为数据好转，教学质量提升，师生满意度提高。本研究以浙江传媒学院双百课程为例，以学习平台产生的学习行为数据和面向学习者的问卷调查数据为分析对象。通过数据对比、词频分析等方法探索在选课模式、课程资源、考核结果、学习困难等方面存在的影响因素。

一、限定条件的选课模式更有利于提高师生主动性

学习平台在 2016—2018 年期间共尝试了两种不同的选课模式，第一种为自由选课模式（以下简称模式一），其对选课时间和选课人次没做任何限定，让学习者可以在任意时间到平台去选课和学习。第二种为限定条件的选课模式（以下简称模式二），其在每个学期只规定两个时间段为可选课时间，且对选课的人次和学习的完成时间进行了限定。从实施效果来看模式一更加自由和开放，但导致的结果是学习者不愿主动投入时间和精力去选课和学习。模式二对选课时间、人数等多个条件做了限制，但师生的主动性更高，学习效果更好。主要体现在以下两点。

1. 选课人数大幅提高，学习完成率更高

从图 8-1 的选课人次及提交作业人次统计可以发现，模式二在 2017—2018 学年第一学期一经推出，其选课人次和提交作业人次便呈现快速增长态势，且增长的趋势在后面学期也得到保持。究其原因，是因为模式二借鉴了"饥饿营销"的策略，通过限制学习者的选课次数、学习时间等条件，不断提醒

---

① 郎非，孙广路.面向高校远程教育的 MOOC 学业管理和分析方法研究[J].现代远距离教育，2014(2):15-20.

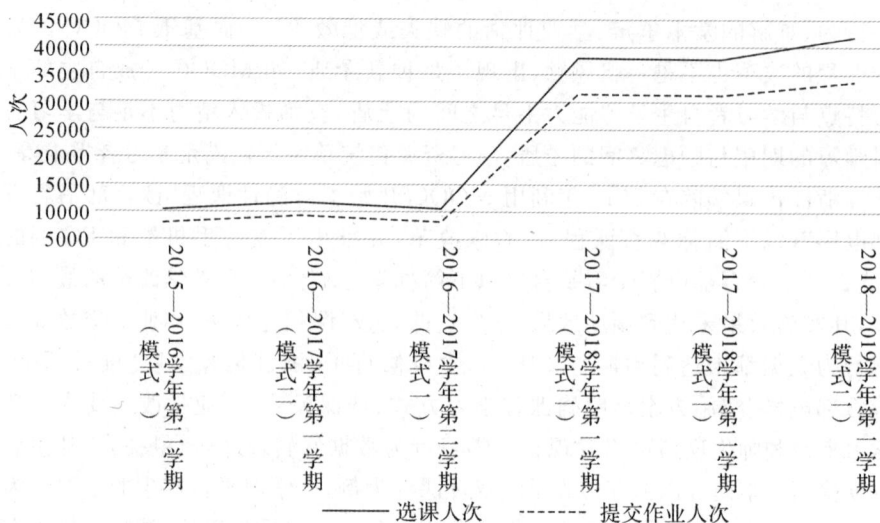

图 8-1　选课人次及提交作业人次统计图

学习者要在规定的时间内完成学习任务，否则无法获得学分，以此来激发学习者的学习动力。

2. 班级人数更平均，教师工作量更合理

从图 8-2 班级人数统计可发现，通过模式二形成的班级人数更平均和稳定，班级人数最大值、班级人数的标准偏差值等指标，都小于通过模式一形成

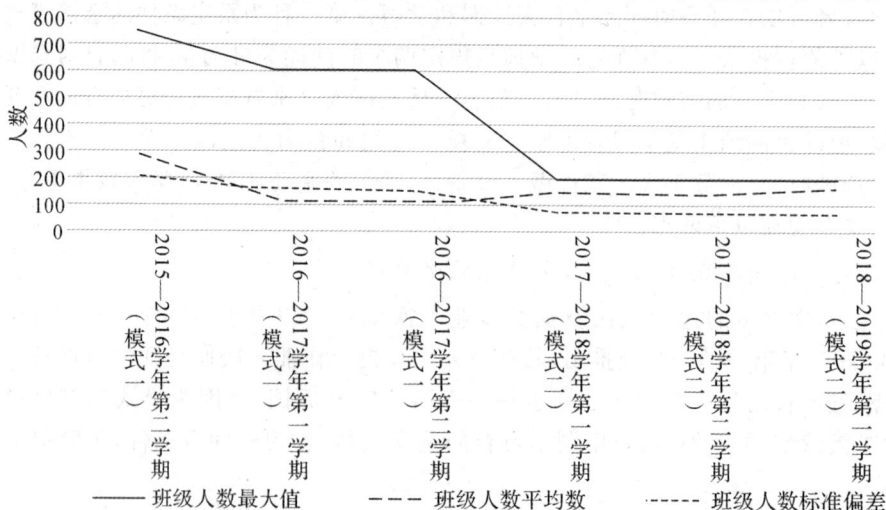

图 8-2　班级人数统计

的班级数据，且后续一直保持平稳趋势。这有助于破解因过多的班级人数带来过重的教学工作量，导致教师无法投入足够的教学精力这一难点。同时也平衡了各任课教师的工作量，调动了工作积极性。

二、以视频为主的教学内容更受欢迎

双百课程中的经典图书教学内容的呈现方式是电子书阅读方式，经典电影除电子书之外还增加了大量的电影片段赏析。从图 8-3 经典电影和经典图书选课率统计图可以发现，经典电影的选课率远高于经典图书的选课率，且呈现不断上升的趋势，甚至在 2018—2019 学年第 1 学期接近饱和。通过对问卷调查收到的 1322 条学习者建议进行词频分析可知，词频排名前 3 的关键词分别是：电影（323 次）、老师（233 次）、课程（228 次）。

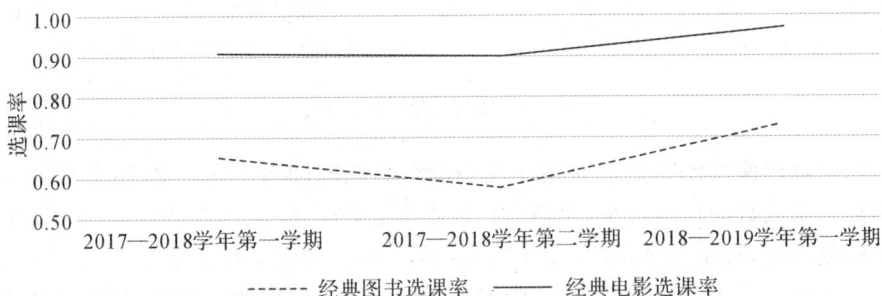

图 8-3　经典电影和经典图书选课率统计

从这些建议中，我们发现学习者对经典电影的喜爱程度远高于经典图书，其最关心的问题就是如何解决经典电影课程资源不足导致的选课难问题。上述分析表明：与传统的教学内容呈现方式相比，直观丰富的视频类教学内容受到学习者的偏爱，且这种偏爱不会轻易改变。

三、考核方式简单导致学习投入精力不足

双百课程的考核内容及方式都比较单一，只要最后提交的书评和影评分数及格便可完全获得学分。从图 8-4 学习成绩分析统计图我们可以发现，成绩及格率从未低于 80%，但优秀率从未高于 20%，及格率始终高于优秀率 4 倍以上。通过对问卷调查中有关学习目的的调查分析可知：有 32.95% 的学习

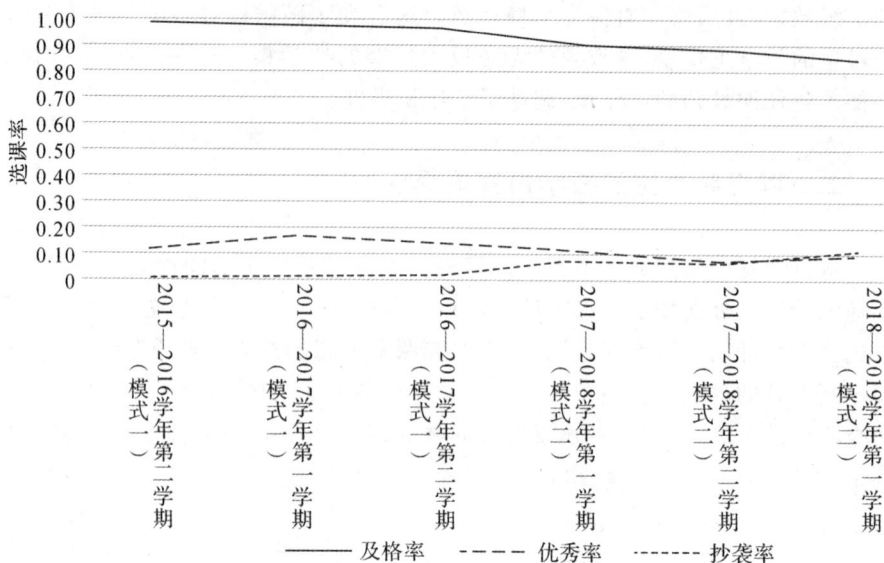

图 8-4 学习成绩分析统计

者学习该门课程的目的只是为了获得学分。同时随着 2017—2018 学年第 1 学期选课人数的快速增长,及格率和优秀率下降明显,但作业抄袭率却一直在不断创新高,甚至在 2018—2019 年度的第一学期超过了优秀率。

上述分析表明:相当一部分学习者的学习带有较强的功利性,其学习目的纯粹是为了获得学分,仅以分数及格为目标,不愿意投入过多的精力去获取高分。而课程的考核方式过于简单和单一,不仅无法全面有效地反映学习者的学习情况,而且减弱了其获取高分的积极性。同时,随着学习平台和模式的不断推广应用,作业抄袭现象已经愈演愈烈,丝毫没有转弱的趋势,急需相关管理办法和干预技术的介入。

四、非正式的碎片化学习影响持续学习意愿

通过对问卷调查中有关学习时间、学习地点的调查分析可知:64.12% 的学习者每次的学习时间为 15～30 分钟,27.32% 的学习者每次的学习时间超过一个小时;45.26% 的学习者学习无固定时间无固定场所,38.17% 的学习者学习无固定时间有固定场所;99.08% 的学习者是使用手机和 PC 终端进行学习,53.50% 的学习者是使用手机进行学习。

通过对问卷调查中有关学习过程中碰到困难的调查分析可知：36.34％的学习者希望在作业批阅环节能得到老师的帮助，25.31％的学习者希望线上学习过程中能得到老师的帮助；35.95％的学习者认为学习过程中碰到的最大困难是缺少监督，30.90％的学习者认为学习过程中碰到的最大困难是学习难度大。

上述分析表明，现有学习是以移动学习为主的非正式碎片化学习，大部分学习者更喜欢利用手机进行学习，学习时间集中在 15～30 分钟，整个学习过程具有"碎片化""微型化""简单化"等特征。这种学习形式对学习者的自制能力和动机都有较高要求，需要有一定的学习监督机制帮助学习者完成学习进度，同时由于大部分学习时间是师生分离不同步的，因此当学习者遇到困难时，没有来自外界的学习辅助，会对学习者的持续学习意愿产生影响。

五、基于慕课学习的改进意见

1. 健全网络行为规范制度

要保障新型教学模式的顺利推广，必须要有与之相匹配的教学管理文件，要在机制创新和制度强化上约束师生的行为。结合前文的分析结果可知在引入学习平台的最初几年，由于没有及时修订相应的管理文件，出现了学生学习主动性差、教师积极性不高等问题。随着教学改革的不断推进，新问题新矛盾不断涌现，如图 8-4 反映出来的作业抄袭现象有越来越严重的趋势。究其原因，主要是相应管理制度未及时修订，缺乏可操作的具体规定和有威慑力的惩戒措施。随着信息技术的不断发展，类似问题会不断出现，而解决这些问题的关键还是要健全师生网络行为规范制度，形成良好的在线学习学风。

2. 构建系统化知识体系

现有的学习模式是一种非正式的碎片化学习，致使学习者的注意力也基本处于一种边缘性与不连续的状态。虽然这种学习模式可以有效地将各种碎片时间利用起来，但是其弊端也很明显，很容易将整个知识体系过度切割，形成信息孤岛。王竹立认为碎片化学习最大的问题在于知识的不系统，知识碎片与碎片之间原有的联系被切断或弱化，难以发挥应有的作用。[①]李青提出要注意微型内容之间的整合管理，要将微小的知识模块纳入到完善的知识框

---

① 王竹立.移动互联时代的碎片化学习及应对之策——从零存整取到"互联网＋"课堂[J].远程教育杂志，2016,34(4)：9-16.

架中,避免学员将整个知识体系也碎片化了。[①] 因此教师在进行教学设计特别是将原有教学内容进行重组的时候,一定要重视知识体系的完整性,要帮助学习者构建系统化的知识体系。

3. 实践全过程量化学习

刘三妍等学者认为所谓量化学习,是指面向学习者的学习活动和成长过程,采用适当的策略与方法,获得学习者外显和内隐的行为特征数据,通过分析、干预和学习服务的提供来满足学习者的个性化需求,形成新的学习方式,助力人的全面发展。[②] 如有效地实施量化学习,不仅可以帮助学习者认清自己的学习状态,发现自己学习过程中存在的问题,及时调整和寻求帮助,而且还能够帮助教师从多个方面及时准确地把握学习者的学习效果,形成相对准确客观的考核结果。以前传统的学习场景在教学过程中收集数据完全靠人工收集,导致真正的量化学习一直无法得到有效地实施。现有的学习平台在技术上已实现能够自动采集所有学习环节产生的数据,包括学习过程、考核过程、预警过程等,同时还可加上人工智能等新技术,利用量化学习过程中产生的大数据,开发智能机器人对学习者进行监控和干预,扮演教师的角色引导学习者找出最佳的学习路径。

4. 创新教学内容呈现方式

学习者对教学内容的喜爱程度是影响教学效果的关键因素,因此教学内容的设计应最大化地符合学习者的特征和需求。现在的学习者处于传统媒体与新媒体融合发展的时代,且偏爱视频类的教学内容。为解决这一难点,教师在习惯于使用传统媒体作为教学内容呈现方式的基础上,要敢于创新,善于发挥新媒体的优势和特长,可针对不同的教学内容提供多种媒体不同的组合,形成多种呈现方式相结合的教学内容,使学习者对学习内容有更多的自主选择权。

第三节　构建新时代高校公共艺术教育的新模式

2019 年 3 月,教育部出台的《关于切实加强新时代高等学校美育工作的意见》,提出要"切实改变高校美育的薄弱现状","普通高校要强化面向全体学

---

① 李青.移动学习设计[M].北京:中央广播电视大学出版社,2016:153-165.
② 刘三妍,李卿,孙建文,等.量化学习:数字化学习发展前瞻[J].教育研究,2016,37(7):119-126.

生的普及艺术教育。完善课程教学、实践活动、校园文化、艺术展演'四位一体'的普及艺术教育推进机制"。① 笔者以为这"四位一体"的普及艺术教育推进机制，是新时代高校构建开放、协同"立体美育"机制的指针，它与笔者所在高校正在探索与实践的"四课堂联动"的公共艺术教育有着不谋而合的契机，如果将"四课堂联动"的公共艺术教育与"四位一体"的普及艺术教育推进机制有效地结合起来，就可能构建起"双四融合，立体美育"的新时代高校公共艺术教育的新模式。

一、"双四融合，立体美育"公共艺术教育的新模式

所谓"双四融合"，指的是"四课堂联动"的公共艺术教育与"四位一体"美育工作推进机制的有机融合。这里的"四课堂"指的是公共艺术教育的四种课堂：其一，立足于传统课堂教学的第一课堂；其二，结合大学生艺术社团、教师工作室，利用艺术讲座、展演等开展艺术实践与活动的第二课堂；其三，建立校外公共艺术教育实践基地，将美育延伸到校外艺术平台与机构的第三课堂；其四，引进与自建优质网络教学资源，开展"互联网＋"的公共艺术教育之第四课堂。"四课堂联动"就是将公共艺术教育的四种课堂有机地联动起来，充分发展四种课堂的美育功能。笔者所在的浙江传媒学院，近年来公共艺术教育的"四课堂联动"是通过以下几种方式开展的：第一，以普及与提高相结合的方式，将公共艺术教育第一课堂的教学与第二课堂的大学生艺术社团活动相结合，实现一、二课堂的联动；第二，"请进来，走出去"，利用社会各种艺术资源，依托社会艺术平台，不断丰富学校美育第二课堂的内容，拓展美育第三课堂的空间，实现二、三课堂的联动；第三，利用网络教学资源，开展线上、线下混合式教学，实现一、四课堂的联动。"四课堂联动"的公共艺术教育与上述"四位一体"美育工作机制有机地融合起来，就构造起课内与课外相结合、学校与社会相结合、线上教育与线下教育相结合的"双四融合，立体美育"的教学模式。

二、依托"2学分"，构建公共艺术教育的主阵地

郭必恒在《2018年中国艺术教育年度报告——高校篇》中说："至今我们

---

① 中华人民共和国教育部.教育部关于切实加强新时代高校美育工作的意见[EB/OL].(2019-04-02)[2020-02-10].http://www.moe.gov.cn/srcsite/A17/moe_794/moe_624/201904/t20190411_377523.html.

观察全国普通高校的艺术教育开展情况,仍然发现只有在 2 学分要求上是着着实实落地的。"①

可见,高校普遍实行的"2 学分"公共艺术教育是撬动普及性美育工作发展的支点,而如何依托"2 学分"构建起高校公共艺术教育第一课堂的主阵地,则成了构建新时代高校公共艺术教育的出发点。

1. 将"2 学分"写入人才培养方案

《指导方案》中"大学生在校学习期间至少选修 1 门艺术限定选修课程,取得 2 个学分方可毕业"的规定,只有写入各高校专业人才培养方案的指导性意见中,才能确保高校开展普及性美育,才能使公共艺术教育在高校教育中有"法理"的依据。建议各省教育厅在对省属高校的分类考核中,要将美育(尤其是普及性美育)纳入考核指标,考核的一个关键点,就是要看各高校是否将学生至少接受"2 学分"普及性美育的要求写入专业的人才培养方案。只有上级主管单位这样的考核要求,才能引起各高校对公共艺术教育的重视,加大对普及性美育的人力与物力的投入。只有这样,才能有效地在高校建立起公共艺术教育第一课堂的主阵地。

2. 要为"2 学分"设置独立的教学部门

从目前高校公共艺术教育管理机构来看,大致可分为三种情况:一种是有面向学生艺术社团兼上一些艺术课程的艺术中心,却没有相对独立的公共艺术教育部门;二是有从事公共艺术教育的教研室或部门,但大多挂靠在文学院、某一艺术学院或者某一教学部门,有的则把公共艺术教育与大学体育合在一起,成立"艺体部";三是有独立的公共艺术教育部门。高校要发展普及性美育一定要给"2 学分"的公共艺术教育安个"家",在学校教学机构的设置中要有公共艺术教育的独立部门,就像大学体育部一样,设立公共艺术教育部,使高校普及性美育有一个独立的生存与发展空间。从笔者所在的浙江传媒学院来看,其公共艺术教育就经历了从无独立的公共艺术教育部门,到挂靠教务处的公共艺术教研室,再到成立公共艺术教育部的发展过程。自 2016 年公共艺术教育部成立以来,学校在公共艺术教育的课程建设、师资队伍、教学管理、经费投入和设施设备的建设上都取得长足的发展。实践证明,高校只有成立独立的公共艺术教育部门,才能更好地为普及性美育构筑起一个有发展前景的空间。

---

① 郭必恒. 2018 年中国艺术教育年度报告——高校篇[J]. 艺术评论,2019(3):152-157.

　　3. 科学定位"2 学分"的公共艺术教育

　　"2 学分"的公共艺术教育要实现美育的功能，除了要建构科学的课程体系，更为重要的是要找准普及性美育课程的定位。笔者以为，公共艺术教育有三个不同维度的定位：一是高校美育的一个重要分支；二是高校博雅教育（或素质教育）的有机组成；三是立德树人的思政教育。大家对第一个定位基本没有异议。公共艺术教育作为美育，其教学目标就是要培养大学生树立正确的审美观念，培养高雅的审美品位，提高大学生对艺术作品的鉴赏水平与创作能力。这里，笔者着重就第二、第三个定位谈谈意见。

　　博雅教育（Liberal Education）中的"博雅"二字，其拉丁文原意是"自由人"，在古希腊所谓的自由人，指的是社会及政治上的精英。古希腊倡导博雅教育，旨在培养具有广博知识和优雅气质的人，不是培养庸俗的、没有灵魂的专门家，而是要让受教育者成为一个有文化的人。正因如此，公共艺术教育与专业艺术教育的目的是不一样的，专业艺术教育是要把人培养成艺术家、艺术工作者，而公共艺术教育是要给人以艺术滋养，培养学生的艺术素养与人文情怀，这是一种素质教育。既然公共艺术教育是素质教育，那么它与专业艺术教育最大的区别在哪里呢？笔者认为是艺术教育的切入点不一样。就拿绘画来说，绘画专业教育是教人怎么画，而公共艺术教育的《美术鉴赏》是让人明白为什么会这样画，为什么在不同的历史时期会出现不同的画风、画派，它反映了当时画家怎样的思想与情怀。拿书法来说，《书法鉴赏》也不是要把学生培养成书法家，而是让学生了解中国几千年书法发展的历史脉络，书体的演变与书风的发展，了解一个时代书风的形成，以及其背后的历史原因是什么。因此，我们对限定选修"2 学分"的公共艺术教育课程的定位与教学内容要有清晰的认识。要让学生成为博雅的人，从事公共艺术教育的教师首先要具有广博的知识、出众的艺术才能与素养，是一位学者型的艺术家。

　　思政教育是新时代高校立德树人的重要途径。习近平总书记在全国高校思想政治工作会议上强调，"要用好课堂教学这个主渠道"，"使各类课程与思想政治理论课同向同行，形成协同效应"。① 公共艺术教育作为高校的美育，就更应发挥课程思政的作用，"充分发挥美育对丰富德育、增进智育、促进体

　　① 中华人民共和国教育部. 全国普通高等学校公共艺术课程指导方案［EB/OL］.（2006-03-08）［2020-02-10］. http：// www. moe. gov. cn/srcsite/A17/moe_794/moe_624/200603/t20060308_80347. html.

育、改善劳育的重要作用,切实促进学生德智体美劳全面发展"①。因此,要做好新时代高校的公共艺术教育工作,必须提高站位,强化担当。坚持以培根铸魂、强化美育育人实效为导向。在教学内容的设计上,要重视挖掘各门艺术鉴赏课程中所蕴涵的美育价值,实现公共艺术教育课程的思政功能,以美育德,引导学生扣好人生"第一粒扣子"。

总之,依托"2学分"构建公共艺术教育的第一课堂,既是高校开展普及性美育的基本要求,也是高校普及性美育的主阵地。离开公共艺术教育的第一课堂,下文的"四课堂联动"就无从谈起。

三、"四课堂联动",探索公共艺术教育的创新机制

1. 实现一、二课堂的有效联动

长期以来,笔者所在学校的大学生艺术社团缺乏专业教师有组织、有计划的教学指导,其后果是学校在全省大学生艺术节的展演中拿不到与传媒艺术学院名声相符的比赛名次。为了克服这个问题,学校从创新实践教学与工作机制入手,实现了公共艺术教育第一课堂与第二课堂社团活动的有效联动,有效地解决了第一课堂的艺术教学与学生第二课堂的艺术实践"两张皮"的现象。

第一,为了培养学生艺术展演与艺术创作人才,公共艺术教育部门开设了小班化的"独立设置的实践课"。这些课程由教师工作室通过学生递交习作或面试才艺的形式,选拔一定数量的优秀学员进行教学(教学时间、地点由教师工作室自主安排)。同时,教师工作室引入艺术活动项目,以提高学生的艺术表现与创作能力为目标,不断满足学生对第一课堂艺术学习的更高要求。

第二,加强对学校艺术团第二课堂艺术活动的指导,按"一团一教师"的原则开展"带团制"培训。指导教师根据培训要求,制订相应的教学计划与内容。对学生参与艺术团日常训练和艺术活动,给予第二课堂的学分奖励;将教师参与艺术排练、演出等计入教师的教学工作量,提高指导老师和艺术团学生参与第二课堂艺术教学的积极性。

第三,以培育"大学生艺术节"项目为抓手,依托"独立设置实践课",实现第一、第二课堂的有效联动。比如,开设《合唱与舞台实践》《室内乐合奏与舞

---

① 习近平.习近平在全国高校思想政治工作会议上发表重要讲话(2016 年 12 月 8 日)[EB/OL].(2006-03-08)[2020-02-10]. http://xgc.cpu.edu.cn/8c/57/c8731a101463/page.htm.

台实践《舞台形体与空间艺术》等课程，从大一学生中就开始选拔艺术苗子进行合唱、室内乐演奏、舞蹈的专业培训，推荐每期优秀学员进入学校艺术社团中的合唱团、室内乐团、舞蹈团，这样就建立起艺术人才培养的滚动效应与参赛团队建设的长效机制。

2. "请进来，走出去"，实现二、三课堂的紧密联动

要构建协同、开放的"立体美育"，就要重视美育第二课堂与校园文化的建设，"以特色工作和品牌提升学校美育活动的影响力和感染力……积极探索创造具有区域特征、校园特色和学生特点的美育活动形式"①。同时，要利用社会艺术资源和平台，积极拓展美育第三课堂的空间。近年来，我们通过"请进来，走出去"的办法，实现公共艺术教育第二、第三课堂的紧密联动。

首先，推进高雅艺术进校园活动，请进艺术名家、名师与民间艺人等，每学期在规定的时间段开设"走进艺术殿堂"系列讲座，不断丰富公共艺术教育第二课堂的内容，增进校园艺术氛围。

其次，建立公共艺术教育校外实践基地，扩大美育第三课堂的空间。近年来，我校在杭州大剧院等单位建立公共艺术教育实践基地，探索学校艺术教育成果的输出途径，将学校艺术专业的毕业大戏、社团演出、师生艺术作品展等艺术展演活动拓展到社会的大舞台，这既发挥了"第三课堂"的美育功能，又有效地促进了学校美育二、三课堂的联动。

3. 线上线下，实现一、四课堂的有机联动

新时代的高校美育，要跟上时代发展的步伐，抓住"互联网＋教育"的发展契机，充分利用信息化的手段，创新学校公共艺术教育的教学方式，加快精品在线开放课程的建设，促进公共艺术教育优质教学资源的开发。同时，积极引进优质网络教学资源，推进"互联网＋"的公共艺术教育，构建线上线下"混合式"教学，翻转课堂，实现公共艺术教育第一课堂与第四课堂的有机联动。实践证明，这种教学能有效地发挥学生在学习中的主体地位，并激发起学生学艺术的自主性与能动性。

总之，"四课堂联动"是对新时代高校普及性美育教学模式作出的创新性探索，它突出问题导向和目标导向，坚持以改革的思路来激发高校公共艺术教育发展的活力。

---

① 周侃，郑文涛.新知新觉：探索学校美育工作新路[N].人民日报，2019-09-09(13).

四、"双四融合",构建"立体美育"的新格局

在"四课堂联动"的公共艺术教育中,我们还融合"课程教学、实践活动、校园文化、艺术展演'四位一体'的普及艺术教育推进机制",以"双四融合"构建起普及与提高相结合、课内与课外相结合、学校与社会相结合的"立体美育"。

1. 课堂教学:普及艺术教育,撒播美育种子

全校普及性的公共艺术教育,能在课堂教学中播下美育的种子,激发学生学习艺术的兴趣,培养学生对艺术的审美能力,提高其艺术的鉴赏水平,发挥公共艺术教育"润物无声"的育人功效。公共艺术教育作为高校美育的一个分支,在某种意义上说,是对学生进行跨学科的教育,这种教育所播下的美育种子与学生所学的专业学科相结合所起的催化作用,是我们事先无法预料的。所以,公共艺术教育第一课堂的教学,既是普及性艺术教育,也是一种创新性教育。它是高校普及性美育的主阵地,也是新时代高校"立体美育"的基础。

2. 实践活动:激发艺术潜能,提高美育成效

相对于普及性的课堂教学,实践活动的教学成本相对较高,因此它可以针对有一定艺术基础,或有艺术天赋的学生开展提高性的艺术教学。实践证明,大学生参加艺术实践教学与艺术社团培训,是提高他们艺术技艺、激发创新思维、培养创造能力、锻炼健全人格的有效途径。通过"学中做,做中学",实践活动能有效地激发大学生的艺术潜能,提高他们的艺术素养。因此,作为提高性的公共艺术教育,实践活动对提高美育成效起着重要的作用,它是构建新时代高校"立体美育"的重要一环。课堂教学与实践活动,反映的是公共艺术教育第一、第二课堂的建设与联动,体现着普及与提高相结合、课内与课外相结合的美育工作机制。

3. 校园文化:打造品牌活动,彰显美育活力

高校的公共艺术教育部门,除了对大学生开展普及性的美育工作,还要主动承担校园文化建设的任务。上述公共艺术教育第二、第三课堂的建设与联动,对于打造校园文化的品牌起着重要的作用。近年来,笔者所在的公共艺术教育部每学期所推出的"带你走进艺术殿堂"系列艺术讲座、"公艺·向美"师生作品展,连续两年举办的新年音乐会等,均已成为学校具有品牌效应的艺术活动,它对于构建多元化、特色化、高水平的学校美育工作体系起着积极的促进作用。因此,校园文化建设是构建新时代高校"立体美育"的应有之义。

4. 艺术展演：培养艺术骨干，打造美育名片

在高校的公共艺术教育中，艺术展演能有效地将第一课堂艺术实践教学、第二课堂艺术社团培训的成效，以舞台表演、艺术展览的方式展现出来。这种方式对于培养学生的艺术骨干，打造高校的美育名片起着重要的作用。同时，艺术展演也是构建"立体美育"的重要一环，它能有效地实现公共艺术教育第一、第二、第三课堂的联动，构建起课内与课外相结合、学校与社会相结合的高校美育工作机制。

第四节　新时代高校开展媒介美育的实践策略

媒介技术不断加快社会的媒介化转型，基于文字印刷传播的传统媒介审美方式在视觉文化和消费社会的合谋下逐渐消解，审美的泛化、非道德化、娱乐化现象加剧；媒介美育概念的提出旨在跳出传统的保护主义媒介教育范式，通过自我构建完成自我教育，提升主要由审美能力、审美创新力和审美品格构成的审美素养；高校是实施媒介美育的主战场之一，要在媒介化语境下转变教育观念、建设美育资源和构建实践平台上多方施策。

一、媒介演进与审美文化的交融共生

媒介美育，也就是媒介的审美教育，无论从教育还是审美看它都不是新生事物。在中国电影刚有第一部有声电影的 1931 年，蔡元培在金陵大学发表《电影与教育》的演讲："电影是唤醒民众之利器，也是教育之有力工具；电影对兴我中华有大用处，我国应当提倡电影教育化和教育电影化；从教育学的原理看，一切电影都是教育电影。"事实上，不仅是电影，广播和电视从诞生之日起就一直承担着"空中学堂"的角色。从审美文化的角度审视，人类经历了口语传播审美文化、文字印刷传播审美文化、电子媒介审美文化共三次与媒介信息技术革命相适应的审美文化变迁。麦克卢汉将这三阶段形象地比喻为部落文化时期、脱离部落文化时期和重归部落文化时期。中西方传统审美观念和标准都是在第二阶段建立的，而作为人的大脑中枢神经的延伸，电子媒介开启信息传播短回路的"地球村"时代。互联网的出现无疑加快了这一进程，并且使得之前的所有媒体都成为传统媒体，而媒介融合从传统媒体与互联网物理相加开始，到万物互联的全媒体，乃至基于算法赋能的、个性化定制与预测性传

播结合的智能化媒体,不仅逐渐消弭了传统媒体与新兴媒体界限,也突破了各个单一媒体的壁垒,开启了"元媒介"时代。

媒介融合加速推进社会媒介化,作为社会的人其媒介化生存也就成为不争的现实,"媒介化反映了媒介在文化与社会中日益加剧和变动的重要性的一种新的环境。媒介化预示着在文化与社会逐渐依赖于媒介及其逻辑,而媒介则融入了文化和社会实践的不同层面"[①]。李普曼提出的"拟态环境"(Pseudo-environment)概念,意指人们实际生活在由传播媒介以现实生活为蓝本,对其进行选择和加工后所营造的环境中,这是一种对现实生活重新结构的、媒介化了的环境。由此,我们不难理解尼尔·波兹曼对"娱乐至死"的愤怒。在媒介融合时代,以媒介美育抗衡媒介技术对人文情怀的侵蚀不仅是必要的而且是可能的,真正体现了一种"媒介逻辑"。

我们所说的"媒介美育"包含两层意思:一是作为历史的概念,它不是一个新生事物,技术的迭代推动媒介演进,媒介演进重构社会审美谱系;二是作为现实的概念,媒体融合背景下,大众传媒对现实社会的影响要远远超过历史上任何时期,"铁路所带来的信息,并非它所运送的煤炭或者游客,而是世界一种新的结合状态"[②]。互联网和数字信息技术正在深刻影响着人们的生存方式,甚至建构着文化与意识形态。由此,研究当下媒介美育转型发展中系统性建构的可能性与必要性,提出相对性的策略与举措显得十分迫切。

二、当下媒介美育建构的意义及其基本特征

媒介美育从学科的角度应归属到媒介教育,同时还跨传播学、艺术学、美学、社会学、心理学等多个学科领域,具有复合交叉的特点,近年来正在引起各个方面学者的关注。有学者将媒介美育归类于社会美育或者大众美育,也有人将其称作"大众媒介文化美育":"一种全新的美育方式——大众媒介文化美育,所谓大众媒介文化美育就是指现代社会中以大众传媒为工具,以大众媒介文化中具有审美价值和审美因素的节目为内容,以提高全民整体审美素质为主要目的的美育方式。"[③]显然,这些描述性的研究很难对媒介美育做出完整

---

① 施蒂格·夏瓦,刘君,范伊馨.媒介化:社会变迁中媒介的角色[J].山西大学学报(哲学社会科学版),2015(5).

② 让·鲍德里亚.消费社会[M].刘成富,全志钢,译.南京:南京大学出版社,2014:74.

③ 神慧.美育:与众声协奏——当代美育与大众媒介文化[D].上海:上海师范大学,2003.

恰当的定义。霍美辰的《媒介美育通论》一书是目前国内可查询的第一部系统阐述媒介美育的专著，他认为媒介美育是针对美学层面的媒介教育，以媒介为教育中介，提升受众应用媒介、分析媒介、评价媒介，以及传播、制作多种形式的媒介信息的审美知识框架、美学分析技巧、审美批判反思能力以及自我审美发展能力的综合人文教育。

1. 媒介美育的概念定义和建构的意义

媒介美育就是以一种媒介信息和艺术作品形式展开的，以培养和提升公民媒介信息传播、制作、评价和应用审美素养为目的的综合人文教育。媒介美育具有以信息为载体的媒介属性，以价值为核心美学属性和以成长性为标准的教育属性。与一般的审美教育不同，媒介美育是指在媒介传播环境中展开的，以媒介活动（包括信息制作传播与接收使用）中的艺术审美、社会审美、科技审美为主要施教范畴的审美教育。蔡元培将美育分为学校美育、家庭美育和社会美育，在社会媒介化转型的背景下，媒介美育已经不仅仅是社会美育主要载体之一，而且全面覆盖了学校美育和家庭美育。这在新冠肺炎疫情的防抗的特殊期间做过一次全国性的实验，教育部提出的"停课不停学、停课不停教"何以可行？从理论上讲主要还是因为以移动互联网为代表的数字媒介已经具备大规模在线学习技术条件，学校教育与家庭教育在网上可以实现部分融合。

媒介的发展已经成为美育发展的重要推手之一，这种推动性具体表现在理念、方法、内容三个方面。在理念上，美育理念更加开放包容，从说教式美育逐渐转为声情并茂、寓教于乐的渗透式美育；在方法上，美育也从书本教育、口头教育走出，以经典案例演绎、信息化情境构建等方式开展沉浸式美育，让美育方法跟上现代数字媒介技术高速发展的步伐；在内容上，实现从经典理论到对现实社会的审美观照，互联网以其传播速度、涵盖范围、信息获取便捷度，为美育提供了更多样化的素材。

2. 媒介美育的基本特征和数字化转型

媒介美育关键所在是人的审美素养的提升，这是"人所具备的审美经验、审美情趣、审美能力、审美理想等各种因素的总和。审美素养既体现为对美的接受和欣赏的能力，又转化为对审美的鉴别能力和审美的创造能力"[①]。审美素养的核心要素包括审美能力、审美创造力和审美品格。审美能力的培养在

---

① 邹慧明.语文潜在课程与学生审美素养之培育[J].中国电力教育，2011(10).

媒介美育体系中占据基础地位,反映了信息接受和处理水平,要具备冷静、客观、克制的媒介使用态度以及辨别是非、美丑、雅俗、善恶的能力;审美创作力反映了信息或作品产出的水平和质量,在人人都是记者、人人都是导演的自媒体时代,审美创作力培养正从少部分专业人员向普罗大众推广;审美品格是稳定的艺术标准和个性化艺术趣味的综合反映,审美品格的培养以审美的道德性为底线,强调真善美和谐统一,提升人的精神境界。

与文字印刷媒介相比,数字技术下,媒介美育的基本特征已然发生重大的迁移,表现为:一是教育态度,从严肃性到娱乐化。传统的美育强调寓教于乐,但是寓教于乐是有条件的,情感性艺术教育会带来愉悦但不一定是娱乐;娱乐是媒介社会最大的意识形态,虽然娱乐并不是天然地就具有美的内涵,但是与审美并不相互排斥,"只有当人是充分意义上的人的时候,他才游戏;只有当人游戏的时候,他才是完整的人"①。席勒认为娱乐使人松弛,会产生一种"溶解性的美",因此问题不在于娱乐,而在于娱乐是不是全部的目的。二是教育手段,从启发式到影像化。即便是在书写印刷媒介阶段,传统美育也从没有提倡理性说教,而是充分发挥文学审美的特点,运用具体可感、鲜活艺术的形象唤起人们的内在视像,激起人对美好的向往,审美影像化语境的建构使得信息接受和传递更加直接、生动。三是教育时空,从相对固定到移动化。移动互联网之前的视听媒介通常是场地和时间固定的,技术的进步使得学习可以实现任何时间任何地点进行,这种自由伴随着学习的碎片化和场景化,对基于情感和体验的美育教育提出了更高的要求。

智能化是当下媒介技术发展的新趋势。基于虚拟仿真和大数据汇聚和计算,使媒介终端的每个个体都有可能参与和分享到宏大的网络信息洪流之中,提升了信息智能分析的准确率,使得信息的投放更具有针对性、前瞻性和个性化,这一新技术将会为媒介美育变革带来新的机遇和挑战。

三、新媒体背景下大众美育的内涵建设

2015年9月15日,国务院办公厅发布了《国务院办公厅关于全面加强和改进学校美育工作的意见》,指出"美育是审美教育,也是情操教育和心灵教育,不仅能提升人的审美素养,还能潜移默化地影响人的情感、趣味、气质、胸襟,激励人的精神,温润人的心灵"。在新时期重提大众美育,显示出这个问题

---

① 席勒.审美教育书简[M].张玉能,译.南京:译林出版社,2009:48.

的迫切性和及时性，大众美育并非一个可有可无的装饰品。这既是美育体系的充实与更新，也是媒介素养教育顺应时代潮流之举。笔者认为新媒体语境下大众美育的主要内涵由三部分构成：审美能力、美的生产力、美的品格。

1. 审美能力

在把关人大面积缺位的新媒体时代，受众接收到的媒介内容是海量的、爆炸性的，同时也具有鲜明的两面性。其中有一些负面信息往往没有经过必要的过滤和审核就来到受众面前，同时挟带着相当高超的传播技巧。对此未经训练的、不成熟的、单纯的受众就会发生轻信、受到迷惑或是被煽动情绪等状况。

因此，审美能力的培养在媒介美育体系中应该占据基础地位，一个受过媒介美育的受众，应有能力分辨美的内容和丑的内容。从前面的阐述可以推知，广义上看，分辨美丑的能力也应该包括：一是通过自己的理性分辨真实信息和虚假信息，时刻保持冷静、客观、克制的媒介使用态度；对于虚假信息不轻信、不作二次传播，并可以适时劝阻他人的行为。二是坚守个人正确的立场和健康的价值观，对于立场、态度有问题的信息坚决抵制、不受影响。三是维持一定的品位，分辨低俗信息和高雅信息。对低俗信息不追捧、不热爱，对高雅信息有追求。

2. 美的生产力

新媒体时代有一个十分流行的术语叫做 UGC，全称是 User Generated Content（用户生产内容）。这个术语恰好说明了新媒体时代要求 User（受众）有 Generate（生产）的能力。每个人既要输入，又要输出。这种输出权利的获得，也必然伴随着一定的义务，那就是尽量生产"美"的信息，每个新媒体生产者都应该有此意识。"美"的信息生产出来了，其受众也会在与此信息的互动过程中受到正面的影响和感染，从而使整个传播生态维持一种正面、健康的发展态势。"美"的生产力必然成为媒介美育的重要内容。

当下网红经济勃兴，功利目的在传播生态中的地位膨胀到前所未有的程度，低级享受正在成为许多人使用媒介的原动力，因此有许多人不惜扮丑来博出位、争眼球，低俗、虚假的新媒体内容多出于此。所以如果每个受众只有生产的权利，却没有生产美的能力，那么这种生产的自由状态必然会带来整个传播时代的倒退。因此媒介美育在培育审美能力的基础上，还应当培养受众生产美的能力。

3. 美的品格

在媒介美育中，传统美育中的美德教育仍应占有一席之地，这主要表现在道德和法律两方面。新媒体时代赋予人们的自由,产生了许多道德伦理甚至法律方面的问题,比如色情元素在各种媒介内容中的添加,甚至是淫秽内容的直接传播;网络暴力,包括语言方面的攻击、私生活暴露、人肉搜索、造谣传谣等等。所有这一切不仅仅是私德也是公德,既反映审美格调,也表现道德水准。其实,大众美育中的上述三大任务与媒介素养教育殊途同归,特别是与新媒体语境中的审美素养教育目标是基本一致的,因此两者的融合互动不仅是必要的,而且也是可能的。

四、新时代高校开展媒介美育教育的实践策略

1. 基于媒介化的教育理念的转变,构建良性互动师生关系

高校师生关系与中小学阶段有着极大差异性,教师与学生相处时间较短,主要通过思维引导,较少对学生的生活进行直接干预。因此高校师生关系具有开放性、自由性、平等性三大特征:高校教师师生关系并没有"一对多"的特征,学生与教师之间呈现出相互交叉关系,学生与不同专业教师相对,不同专业教师与学生相连,师生关系具有开放性特征;高校学生在实际学习过程中,除专业课教师相对比较固定,学生选修课可以在一定范围内对教师进行选择;高校学生均已经成年,有着与高校教师平等交流心理诉求。所以,高校的师生关系应该向亦师亦友的师生关系转变,改变传统的教育范式、让渡教育权利,使学生由被动地接受变为主动寻求;作为高校的美育教师,应在给予学生充分自由的学习环境的同时,倡导主流价值观,突破传统的美学课堂,以交流团体等新的方式对学生进行美学教育,提高交流针对性和有效性,也有利于学生健康美学价值观的树立。

2. 以美育资源的媒介化迁移和建设为抓手,搭建线上线下混合互动的媒介美育学习平台

学校的教育一般分为显性和隐性。高校开设美学教学显性课程大致分为两类:一类是体验性的艺术鉴赏课,例如摄影、摄像、戏曲表演等与艺术活动有关的课程;另一类是理论性较强的文艺理论课,例如美学鉴赏、文学理论等。这两大类课程的开设主要是通过传统的课堂模式开展,将美学知识传授给学生,学生再运用相关的知识进行美学鉴赏、课外实践、作品创作等。而媒介美学可以在现有的高校美育的基础之上开展新的学习模式,"大众媒介尤其是互联网的介入,改变了这一传播状态,直接的口耳相传转变为间接的符号感受,

亲身体验转变为遥在的虚拟体验"①。

高校媒介美育可以通过社团活动或者个案辅导的方式进行。社团活动是高校隐性教学的主要形式之一，例如：动画社团与计算机社团联合开展媒介美育活动，根据"媒介美育"主题设计动画短片，从衣着审美、信息化审美等多个角度进行创作，并将优秀成品放置于学校官方网页、微博以及微信公众号，加强媒介美育宣传。个案辅导是对媒介受众理论的充分运用，通过个案辅导，教师可以更加精准地了解学生审美上存在的偏差，如过度追星等畸形审美，并及时予以矫正，帮助其树立正确的美学价值观。

3. 重视媒介美育综合人文属性，构建知行合一的媒介化实践场景

媒介美育的根本属性是人文，具有一种超越性的价值，与德育、思想政治、哲学、传播学和艺术学交叉融通，信息技术是开展媒介美育的重要渠道和基本保障。高校要发挥多学科优势，形成多维立体的媒介美育理论课程体系和知行合一的实践体系。媒介不仅是学生汲取知识的手段，也是学生发出声音的方式，通过媒介，学校可以将本校学生的精神面貌进行宣传，取得社会的积极评价和认可后，可以反作用于学生，对其进行更好的促进。学校可以建设本校的官方网站和官方论坛，通过 App 终端进行宣传和推广，将本校的美学课程作为公益性开放课程向社会开放，扩展高校美育的社会性，延伸媒介美育的社会价值，提升学生的社会责任感。

第五节　以数智场景赋能三全育人的改革实践

浙江传媒学院始终牢记习近平总书记对学校提出的"紧跟时代、突出特色"重要办学指示精神，把立德树人内化于学校建设和管理各领域、各方面、各环节，将为党育人、为国育才融入办学治校、科学管理全过程，坚持整体智治、唯实唯先，以数字化改革工作为牵引，综合运用数字化技术、数字化思维、数字化认知，形成制度完善、运行有效、保障有力、线上线下融合的数智管理模式，促进学校教育治理体系和治理能力现代化，打造具有鲜明浙传特色的现代大学管理文化，大力营造治理有方、管理到位、风清气正的育人环境。

全面深化落实学校"最多跑一次"改革实施意见、数字化改革实施方案，强化学校管理全过程的数智场景建设和应用。从横向工作内容来看，数智场景

---

① 周伟业.网络时代的美学变革[J].美育学刊,2016(3).

建设和应用重点主要围绕事项梳理、流程优化、业务协同、数据共享、平台整合5个方面，着力完善优化工作机制、建设治理大数据平台、推进线上线下服务体系融合、提升校务服务事项质量、拓展重点领域改革等五大目标任务。从纵向多元参与主体来看，重点聚焦职能优化调整、技术支撑保障和师生关切体验三大板块。

一、实施举措

1. 科学做好顶层设计，构建智治育人体系

科学制定数智场景建设和应用实施方案，形成"1＋3＋N"工作机制。建立校领导牵头重大项目制，统筹推进重点难点项目的落地实施；建立多部门联办事项协调会、服务改革事项上线联评验收会、数据建设专题会3类专项会议机制，针对职能边界模糊、系统建设质量和数据治理工作中的难点进行定期会商、协调解决；建立数改办，设立N个协同应用场景建设工作小专班，集中力量推进项目建设。初步形成"一网、一云、二平台、三主线、四体系"为核心的信息化总体架构。

2. 做强校园保障新基建，构建高效数据中心

做好校园信息化基础平台提档升级工作，分步骤实施核心主干网络升级、校园无线网的优化扩容、基础设施智能化的配置、"私有＋公有"混合云平台的融合配置，夯实新基建底座。桐乡校区率先部署了Wi-Fi6无线网，钱塘校区进行千兆接入、万兆上联、主干双40G以上的高速网络部署，5G技术在学校4K电竞实验室、云采编播等超高清项目实验平台得到广泛应用。按等保2.0标准部署安全综合防御技术体系，建立严密的外网安全防护系统、数据容灾备份系统。

3. 聚焦重点育人环节，强化应用场景建设

围绕教学管理、科研服务、学生管理、行政办公、资产管理、场地管理、后勤服务、学校财务、公寓管理等管理领域，聚焦重点事，确定优先级，排好进度表，分批实施推进应用场景建设，建成多场景应用70个。打造以主体职能部门牵头、关联部门协作的应用场景建设协作团队，将应用场景建设纳入学校线上"校务服务办事大厅"一张网建设中。学校正式运行综合校务信息管理平台，形成线上线下融合的管理服务新模式。

4. 加快关联系统建设，有效实现数据共享

围绕聚焦事项范围和重点领域，明确关联系统和关联数据，按一体化推

进、分阶段实施、上下游支持的建设思路,根据线上线下融合的育人场景建设要求,对相关的业务流程进行梳理重构,推进业务流程的高效整合和智慧化转型。首批确定推进学工、教务、后勤、场馆等系统的建设;对教务、学工、人事、科研等9大业务系统、245张数据报表、7000万条数据进行全面梳理清洗,构建学生管理数据集、教学管理数据集、教职工管理数据集、科研管理数据集等主题数据集;2020年开始分期建设全量数据中心和校内统一的多种类数据"采集、治理、处理加工、开放、管控"共性能力平台,初步建成"一表通""师生画像""领导驾驶舱"等数据共享项目。

5. 优化应用场景运行,精准赋能管理育人

学校大力破除部门工作和业务壁垒,优化应用场景开发流程,缩短应用场景建设周期,细化时间表和作战图,加快应用场景功能优化升级,激发管理育人潜能,提高日常工作质效。疫情防控、教务管理、学生管理、迎新离校、场地管理、网络艺考、电子印章、e码通办等一批"多跨协同"应用场景投入使用,助力精准管理育人。

二、特色创新

1. 实现"智能＋通办"管理服务新体系

聚焦师生关切的公共管理服务问题,及时梳理一批、建设一批、用好一批应用场景,释放管理潜能,缓解师生矛盾,提升治理效能。建成公文一体化系统,实现电子印章和在线查档功能,试行档案单套制归档;实现两校区e码通办,师生凭电子码可实现在校园各场合消费、校园和公寓出入、图书借还、水电缴费、讲座考勤等;实现网上课堂上课、活动场地申请、电子印章使用、资产管理、班车预约、网上报修、智能电表等涉及公共资源调配、跨校区事务的线上办理;建成场地管理系统,实现两校区师生活动场地资源的合理分配;打通科研管理系统和财务管理系统,探索科创经费监管应用,规范科创项目经费使用,推动科研诚信体系建设。

2. 打造"模式＋特色"的典型应用场景

在常规工作流程基础上,个性化开发艺考招生、迎新、智慧后勤等典型应用场景。疫情期间,自主开发"基于多维度身份验证的网络艺考平台",利用多间智慧教室改造的线上招生、复试专用教室,顺利完成2020年和2021年的艺术类考试。作为全国首个进行艺术类招生考试网络面试的学校,浙江传媒学

院创新笔试和面试非现场考试模式的典型做法,受到浙江省考试院领导的高度肯定。从迎新到离校,数字化建设场景均已实现一网通办。打通招生录取系统、教务系统、宿管系统、人像采集系统、迎新系统,实现学生从录取、信息采集、寝室分配到宿舍刷脸刷码报到的一网办理、一次通办。2020级新生实现全过程刷脸报到,真正实现"让数据先报到,让数字跑起来"。

3. 实现"技术＋思政"的课程教育新模式

通过教学数智场景建设,将信息技术充分融入思政课程和课程思政建设。立足智能互联环境知识传播更新迭代,优化网络课程云平台建设,完成智慧教室改建,发挥了沉浸式、跨区域、虚拟化教学环境的优势,丰富了教学手段,提高了教学效果,搭建了师生互动的桥梁,创新了课程思政新模式,加速推进了学校教育教学改革的进程。推进"互联网＋专题教学""大思政"教学改革的探索和实践,把思政课教育教学规律的"是"与新时代要求的"势"结合,有效提升思政课堂教育教学质量。

4. 构建"学习＋生活"协同智慧育人环境

围绕学生学习生活、成长成才,打破时空限制和碎片化管理模式,对课堂教学、日常管理、创新创业、生活服务事项进行梳理,将直接与学生学习生活相关的130余个事项进行流程再造。在教室、寝室、图书馆、公共场所等全校域,整合PC端、移动端、自助服务等终端数据,覆盖学习、生活、社交、活动等全场景,打造智慧应用环境,为师生提供直观、便捷、个性化的一站式数据应用生态体系,实现多端可办、就近可办、随时可办,努力构建线上线下融合、全场域协同的新型育人环境。

三、育人实效

1. 新型智治管理文化助力师生成长

面对传统管理模式向整体智治新型管理模式的转型改革,各职能部门、技术团队、广大师生迎难而上,广泛参与,积极配合。在学校数治场景建设过程中,浙江传媒学院打破了线上线下技术屏障,打造了"业务＋技术"的管理团队,形成了整体智治、高效协同的管理文化,形成了广大师生智治管理理念,增强了办学发展的内生动力,推动了学校高质量人才培养和高水平学科建设。2020年,学校获得浙江省高校网络信息化建设工作先进单位、浙江省"最多跑一次"改革标准化试点项目参与单位等称号,典型经验被《浙江日报》等主流媒体报道。

2. 智慧数据分析助力全链精准育人

依托大数据平台，建立健全协同工作机制，根据新情况、新需求定期对平台进行优化升级，让思政工作更加有的放矢。学生事务管理工作的清晰量化，改变了思政工作队伍的管理、考核和培养模式。通过智慧学工系统建设和学生数据采集管理，在学生成长中建成精准资助系统、心理关爱系统、学业帮扶系统、重点关注系统，完善日常预警、组织协调等功能，实现了学生基础数据的智能获取和个性化供给。学校已初步实现在校学生全终端、多维度、全过程、个性化的全周期服务，变"人找信息"为"信息找人"，有效推动了学生的定制化精准教育实践。

3. 数字化管理确保多元决策参与

对公共数据进行采集和分析，有助于提升科学决策和民主决策水平，为办学育人提供更好的政策环境。学校数智场景的应用直接关系到教育资源的共享利用和获得公共服务的机会公平，多元主体参与建设的过程是学校协同治理推进数字化转型的有效途径。特别是在疫情期间，学校努力做好在线教学平台运行监测和技术保障，及时解决师生反映的各类问题，并采取多种手段确保线上教学工作，为"停课不停教，停课不停学"提供坚实保障。通过打造数智N场景，丰富了教育管理服务渠道，改善了教育教学环境，促进了教育公平，开拓了学校事业发展的新思路，提升了现代化治理能力，增强了师生的获得感和幸福感。

第九章　主导与主体:基于发展的影视传媒高校师资队伍建设①

移动互联网、大数据、人工智能等现代科技的飞速发展,推动媒体融合向纵深发展,引发了整个传媒格局和生态的巨大变革,传媒业界对传媒人才培养的目标、规格、类型提出了新要求,也对传统的传媒教育理念和人才培养模式产生了巨大冲击。传媒高校教师肩负着传媒人才培养的重要使命和职责,在人才培养中发挥主导作用,是传媒教育教学活动的组织者和引领者,教师教学发展的水平,直接影响和决定着传媒人才培养的质量。在媒体融合发展的变革中,教师自身的理论知识涵养和教学能力也必然会面临前所未有的挑战。传媒高校如何紧跟时代步伐,促进教师教学发展,不断提升教师的教学水平和能力,已经成为新时代传媒高校培养高素质传媒人才的当务之急,也是传媒教育一个值得研究和探索的重要课题。

第一节　传媒院校教师教学发展策略

媒体融合对传媒人才培养质量提出了更高的要求,对传统的传媒教育理念和人才培养模式产生了巨大冲击,给传媒高校教师带来了前所未有的挑战:对传媒人才培养的新要求、对教师知识结构体系更新的新要求及对实践能力提升的新要求带来的挑战。针对传媒高校教师教学发展的实际,本文提出促进传媒高校教师教学发展的五点建议:以教学学术为主导,建立教师教学发展的价值体系;以学生和学习为中心,建立教师教学发展的目标体系;以科学量化为基础,建立教师教学发展的评价体系;以实践平台建设为支撑,建立教师

① 本章主要内容曾发表于《媒体融合时代传媒高校教师教学发展思考》,载《中国广播电视学刊》2022 年第 2 期;《基于高校教师分类发展的考评模型设计》,载《宁波大学学报(教育科学版)》2013 年第 3 期;《高校青年教师发展路径》,载《宁波大学学报(教育科学版)》2014 年第 5 期。

教学发展的实践能力培养体系；以媒体融合发展为引领，建立教师教学发展的终身学习体系。

一、高校教师发展的内涵

对高校教师发展的研究始于欧美发达国家，20 世纪 70 年代后得到更加普遍的重视，高校教师发展的概念也随着对教师发展需求的变化在不断演进与完善。1975 年，弗兰西斯（John B. Francis）对高校教师发展的内涵做出了比较明确的界定，认为高校教师发展是"为满足学生、院系和高校教师自身需要，在院系层面开展的一系列改善教师态度、技能和行为的活动，以使他们能够更好、更有效地胜任"[1]。1990 年，美国教育家欧内斯特·博耶（Ernest L. Boyer）从一个全新的视角提出了"教学学术"思想，将高校教师发展提到一个崭新的高度，其在《学术反思——教授工作的重点领域》一书中，认为大学教学是一种学术性事业，不仅要掌握自己专业领域的知识，还要具有传播的知识和能力，在教与学之间架起沟通的桥梁，在传播知识的同时还要不断学习知识，自身也获得创造性的发展。[2] 博耶的"教学学术"思想在欧美国家高等教育领域影响广泛，使高校教师发展的概念得到普遍认同。美国教育协会（National Education Association，NEA）认为，高校教师发展应该包括教学发展、专业发展、个人发展和组织发展，四个维度是一个整体，但是教学发展应该是教师发展的核心部分。[3] 我国著名学者潘懋元对高校教师发展做出了更加细化的解释，认为"教师发展内涵包含三个组成部分：学科专业水平——基本理论、专业知识、实践能力；教师职业知识与技能——教育理论、教学能力；师德——一般学者的人文素质、教师的职业道德"[4]。

高校教师职业具有双专业特性，教师发展不仅体现在其学科专业的发展，还体现在教学发展上。高校教师是一种学术职业，要有较高的学科知识素养及相关的跨学科知识，能站在学科的学术前沿，具有创新思维和实践能力。对

---

[1]　Francis, J. B. How Do We Get There from Here? Program Design for Faculty Development [J]. The Journal of Higher Education，1975，46(6)：719-732.

[2]　欧内斯特·L. 博耶. 关于美国教育改革的演讲[M]. 涂艳国，方彤，译. 北京：教育科学出版社，2002：77，87.

[3]　陆国栋，等. 我国普通本科院校教师教学发展指数：设计、实践与启示[J]. 中国高教研究，2019(7).

[4]　潘懋元. 大学教师发展论纲：理念、内涵、方式、组织、动力[J]. 高等教育研究，2017(1).

传媒高校教师而言,就是要紧跟时代步伐,贴近传媒行业,能应对媒体融合快速发展的挑战,具有较高的职业道德修养、较高的理论知识涵养、较强的实践创新能力,同时还具有较高的教学能力和水平。

教师发展是高校发展之基,教学发展是教师发展之基。[①] 教师担负着教学、科研和社会服务多种工作任务,人才培养是最基本的职能。教师不能只是学者、专家,其身份更是一名教师,要把自己所掌握的理论知识和实践技能有效地传授给学生。教师若仅自己具有广博的学科专业知识和较高的学术水平,并不意味着学生就能从他那里学到更多的理论和实践知识,也并不意味着学生就会得到更好的发展。要成为一名优秀的教师,使自己得到全面的发展,教师除了具有崇高的职业道德修养和丰富的学术涵养,还要具有适应现代传媒发展的教育理念、较强的实践能力和较高的综合教学能力,具有传播的知识和能力。教师要能够潜心教学、钻研教学,通过分析、综合、反思等方式,把学科专业知识以一种新的、更有效的方式呈现出来,在教学活动中表现出独有的创造性,实施更有效的教学,让学生能够学到更多的知识和得到更好的发展。教师在传播知识的同时,还要通过不断的学习、改进和提升,让自己的教学也获得创造性的发展。

二、媒体融合时代传媒高校教师面临的挑战

媒体融合意味着传统媒体和新兴媒体边际的模糊、交叉、突破、浸润,媒体融合不仅仅是媒体介质的融合,更是移动互联网环境下产品形态的融合、经营模式的融合、产业发展的融合。[②] 媒体融合发展带来了传媒人才培养目标、课程体系、教学模式、实践教学体系的全面变革,教师将面临全方位的挑战,无论是对其理论知识、实践能力,还是对其教学模式、教学水平,都是严峻的挑战。

1. 对传媒人才培养的新要求带来的挑战

目前,国内大部分高校的传媒教育体系主要是围绕着专业构建的,专业和课程体系围绕着传统媒体设置。传统教学模式仍然是教师中心、单向讲授为主,重讲授、重知识、轻实践、轻能力的现象仍然比较普遍。相对于传媒业界日新月异的媒体融合变革,传媒教育的理念、人才培养模式仍有一定的滞后性,

---

① 陆国栋,等.我国普通本科院校教师教学发展指数:设计、实践与启示[J].中国高教研究,2019(7).

② 刘鹏.传统媒体融合转型的若干趋势[J].新闻记者,2015(4).

难于适应媒体融合发展对人才培养的新要求,培养出来的学生自然难于满足现代传媒业界的人才需求。

要培养与媒体融合发展相适应的传媒人才,传媒高校的媒体人才体系必然要面临改革与转型的阵痛,必须要进行传媒教育理念和人才培养体系的全面变革。在这场变革中,教师应该思考如何让传媒教育的人才培养适应媒体融合的发展,如何将传媒业界的新知识、新理论和新技术反馈到教学中、反馈到课堂中,必然会面临传媒教育理念的更新、教学模式的创新、教学水平和实践能力的提升等新要求带来的挑战。

2. 对教师知识结构体系更新的新要求带来的挑战

媒体融合发展对传统媒体生态产生了颠覆性的革命,带来了新的传播技术、传播理论、行业知识等知识信息大爆炸,对传媒高校教师现有的知识结构体系带来了新的挑战。一是自身过去引以为豪的学科知识可能已经老化,过去积累的行业实践经验和技能可能已经过时,要紧跟媒体融合发展的前进步伐,就必须学习和充实自己,全面提升理论知识和实践能力。二是随着媒体融合向纵深发展,传统媒体和新兴媒体在传播内容、渠道、平台、经营、管理等多方面进行全面融合,原来单一的学科专业知识已经难于满足复合型传媒人才的培养要求,教师也要进行跨学科、跨行业和跨文化的知识学习与提升,甚至要学习掌握现代媒体传播技术、音视频技术和大数据等理工科学科知识。实际上目前传媒教育教师大部分是人文社科的学科背景,这对他们的挑战性不言而喻。

3. 对教师实践能力提升的新要求带来的挑战

传媒教育本身对教师的实践能力就有较高要求,媒体融合发展使得实践教学模式面临革命性的变革,对教师的实践能力提出了新的要求。从目前的实际情况而言,部分传媒教师的实践能力难于适应新时代传媒教育的要求,主要有以下原因。一是受到传统教学模式的影响。在传媒教育中,培养学生成本最低的方式就是课堂教学,教师投入也是最少的,致使在教学中重理论学习、轻实践能力培养的现象普遍存在,对教师实践能力的要求被弱化。另外,传媒高校的教师大多是从高校毕业到高校,部分教师从未在传媒一线有过学习和实践的经历。二是实践平台难于满足实践能力提升的需要。受教育理念影响和受办学条件制约,很多高校难于投入大量资源建设与传媒业界同步的专业实践平台,教师自身也很难得到实践锻炼和提升的机会。与传媒业界缺乏良性互动机制,传媒教师对传媒行业的发展缺乏深入了解,传媒高校中既有较高学术水平又有较强实践能力的"双师型"教师较少。三是教育理念和政策导向存在问题。目前,大部分高校衡量教师水平的标准主要是学术水平,与教师切身利益相关的职称评审评定,其主要评比依据是科研成果,教师不愿意把主要精力放在教学上,教师的教学发展特别是实践能力的提升没有得到应用的重视。

三、促进传媒高校教师教学发展的几点思考

传媒高校相对于普通高校而言,教师教学发展既有共性的特征,也有其特殊性和不同要求。在媒体融合快速向纵深发展的背景下,传媒业界对传媒人才培养的目标、规格、类型等要求也处在不断的变革中,传媒高校教师教学发展的目的就是培养与媒体融合发展相适应的高素质传媒人才。建立教师教学发展体系、促进教师教学发展是一个复杂的系统工程,尽管很多高校也设置了"教师教学发展中心"等相关机构,但实际情况并不尽如人意。针对传媒高校教师教学发展的实际,笔者仅从教师教学发展的价值体系、目标体系、评价体系、实践能力培养体系和终身学习体系等五个方面的建设,谈谈个人的思考。

1. 以教学学术为主导,建立教师教学发展的价值体系

作为传媒人才培养的主阵地,高校传媒人才培养相对传媒业界日新月异的变革和人才需求,总体而言还是存在很大的滞后性。要培养与媒体融合发展相适应的高素质传媒人才,就必须对传媒人才培养体系和培养模式进行改革,这就要求教师能把主要精力投入到人才培养当中去。高校传统的价值体系和评价标准,学术性是其主要特征,无论是对高校的评价还是对教师个人的考核,主要都是对其学术成果的评价,科研实力和成果才是学术性的体现,这使得无论是高校本身还是教师个人,都把科研作为主要的工作目标,"重科研、轻教学"在许多高校已经是普遍现象,教师的教学工作反而不是教师的主业。要解决这个长期困扰高等教育发展的重要难题,必须在教育理念和价值体系上有所突破和变革。

实际上,"重科研、轻教学"的现象并不是中国高等教育独有的情况。针对当时美国高校普遍存在的"重科研、轻教学"的倾向,博耶提出的"教学学术"思想认为,学术的内涵不应仅仅指专业的科学研究,而应该包括相互联系的四个方面,即发现的学术、综合的学术、应用的学术和教学学术。发现与应用学术是大学基础研究与应用研究所形成的知识体系,综合的学术是形成学科间有

机联系的知识体系,而教学学术则是在知识传播的过程中所形成的知识。[①]博耶的涵盖高校教师全部工作的学术概念,极大地丰富了学术性的内涵,使得对高校学术的含义理解有了一个全新的视角。

2016 年,教育部颁布《关于深化高校教师考核评价制度改革的指导意见》,明确提出,"确立教学学术理念,鼓励教师开展教学改革与研究,提升教师教学学术发展能力"[②]。更新教育观念,就必须改变把教学看作知识的简单加工和传授过程,高度重视起教学所具有的专业性与学术性,建立起以教学学术为主导的价值体系。[③] 这也是提升高校教师的教学学术水平、促进教师教学发展的基础。建立起以教学学术为主导的价值体系,才能真正将教学学术水平作为学术水平的重要标志,把教学和科研置于同等重要的位置,才能以教学学术的理念去引领高校的管理制度和激励政策改革,从而真正确立人才培养的中心地位。建立起以教学学术为主导的价值体系,才能真正强化教师的教学责任意识,增强教师教学发展的内在动力和要求。媒体融合发展对人才培养体系改革提出的新要求,对教师教学水平和实践能力带来的新挑战,都要求传媒教师能够紧跟媒体融合发展的步伐,潜心教学、钻研教学,在教学中更加注重学习、研究和反思,不断提升教学理论水平和实践能力,让教学学术成为一种支撑教学实践的学术。

2. 以学生和学习为中心,建立教师教学发展的目标体系

伴随媒体融合发展对传媒人才需求的变化,传媒高等教育的人才培养目标、培养模式、教学方法和实践教学体系等都面临着革命性的变革。传统"以教师为中心"的教师教学发展理念,其目标还是指导老师在传统人才培养模式和教学体系下,把灌输式的教学如何做得更好,更多关注的是教师的"教"而不是学生的"学",教师是知识的传授者,也是教学的中心,学生作为知识的被动接受者而没有得到应有的重视。实际上,传媒高等教育质量的核心是全面提高学生的知识、能力和素质,让学生能够适应媒体融合发展对人才的要求,促进学生的全面发展,学生才是教育的"中心"。以学生和学习为中心促进教师教学发展,就是强化人才培养在高等教育质量建设中的核心地位。以学生为

---

① 欧内斯特·L.博耶.关于美国教育改革的演讲[M].涂艳国,方彤,译.北京:教育科学出版社,2002:77,87.

② 中华人民共和国教育部.关于深化高校教师考核评价制度改革的指导意见[EB/OL].(2012-08-10).[1011-6-03].http://www.moe.gov.cn/srcsite/A08/s7056/201203/t20120316-146673.html.

③ 刘华东.本科教育如何跳出上级热、教师冷[N].光明日报,2019-11-5.

中心，就是要从"课堂、教师、教材"这一"老三中心"，向"学生、学习、学习过程"的"新三中心"转变。

以学生和学习为中心，建立教师教学发展的目标体系，就是要从教育理念、质量标准和人才培养体系建设等各个关键要素上，体现学生、学习和学生发展的需求。以学生为中心进行人才培养模式的改革，要从以学生为中心的视角看待教师教学发展的政策制定、课程体系的构建、人才培养模式的改革、教师的教学以及教学质量提升。教师教学能力的提升不仅体现在"教"的能力上，更重要的要体现在指导学生"学"的能力上，满足学生的学习需要、注重学生的学习效果、着眼学生的全面发展，推进教学工作从以"教师、讲授"为主体向以"学生、学习"为主体转变，使教师教学发展的目标与学生的成长成才更加适应，从而使教师的教学模式和方法的改革、教学水平和实践能力的提升、课程和实践教学体系的建设等更加符合学生发展的需求。

3. 以科学量化为基础，建立教师教学发展的评价体系

建立科学合理的、以量化为基础、定量定性相结合的教师教学发展评价体系，对于促进教师教学发展、提高传媒人才培养质量具有重要意义。教育部在2012年《关于全面提高高等教育质量的若干意见》中就明确提出，要"探索科学评价教学能力的办法"[①]。考核评价是调动教师自身积极投入教学工作、促进教学发展积极性和主动性的"指挥棒"，也是教师激励政策执行的基础和依据。目前，高校反映科研和社会服务等方面的量化评价体系比较完善，在各种大学排行榜的评价指标体系中，主要也都是反映学科建设水平、科研项目与成果、教师队伍学术水平、科技服务等方面容易量化的指标，对教师从事科研和社会服务工作也发挥了很好的激励与导向作用。教学工作和教师的教学发展由于其内涵的复杂性、边界的模糊性、效果的滞后性等多方面原因，建立以量化为基础的、科学合理并被普遍认同的教师教学和教学发展评价体系的确面临巨大的挑战，但是没有量化的可操作的教师教学发展的评价体系，必然会影响教师重视教学工作和自身教学发展的程度，削弱教学工作在高校应有的地位和价值，从而使得教师教学发展面临"口号响，落地难"的尴尬处境，这也是一方面强调教学是学校的中心工作而另一方面又难于成为中心的原因所在。要有力推动教师教学发展，建立一个以科学量化为基础的教师教学发展评价体系势在必行。

---

① 中华人民共和国教育部. 关于全面提高高等教育质量的若干意见[EB/OL]. (2012-03-16) [2022-6-03]. http://www.moe.gov.cn/srcsite/A08/s7056/201203/t20120316_146673.html.

教师教学发展评价体系的目标是促进教师教学发展。评价的目的不是为了排名、分等次，而是通过评价深度挖掘教师的潜能，积极提升其实践性知识与创造性智慧，进而强化促进教师全面进步的发展功能。① 在媒体融合时代背景下，评价体系应该是发展性、激励性的导向，重点是关注教师的发展、进步和能力的提升，鼓励教师积极研究、探索和发展教学学术，在评价中找到和反思自己在教学中存在的问题和不足，从而有针对性地改进与提升。同时通过建立激励和约束机制，鼓励教师潜心教学工作，投身到教学建设和教学改革中，促进自身的教学发展。

教师教学发展评价体系的评价应该多元化。要构建由学生评价、同行评价、督导评价和自我评价构成的多元评价机制，学生是教学的中心，学生的学习和学生发展是教师教学发展的动力，学生评价在多元评价机制中应占据主导地位。同行评价与督导评价则有利于构建教学学术研究共同体，相互交流、研究和学习，达到发展、进步和成长的目的。自我评价可以使教师对自己的教学水平、能力和素养进行分析与反思，找到问题与不足，明确改进提高的方向。

教师教学发展评价的内容应该客观全面。评价应该注重用事实和数据证明说话，相对准确完整地反映教师教学工作和教学发展的状况、成效和贡献。评价的内容应包含：一是教师的教学工作量和教学质量，包括教师承担的各个教学环节的工作量，教学质量可由多元评价后进行量化。二是教学基本建设，包括学科专业建设、课程建设、实验室建设、教材建设等。三是教学改革项目，包括专业类、课程类、实践实验类等。四是教学成果，包括教师发表的教学论文，各级各类的教学成果奖，获得的各类教学奖项及荣誉等。五是教育培训，包括各种类型的教育教学培训，教师参加的传媒行业一线的交流、挂职和培训等。六是教学竞赛，包括教师自己参加的各类教学竞赛，指导学生参加的竞赛及获奖等。同时，还可根据学校的实际情况，完善和细化具体的指标要求。

4. 以实践平台建设为支撑，建立教师教学发展的实践能力培养体系

媒体融合发展使传媒人才培养的实践教学的理念、模式、内容和流程等都将面临革命性的变革与重构。目前，传媒教育实践教学基本上是围绕本专业的单个媒体业务流程设置，从媒体融合的视角而言本身就存在结构性缺陷；实践教学设施陈旧落后，与传媒一线业务脱节，严重脱离媒体融合快速发展的实际；教学模式仍满足于灌输式的传统方式。从传媒师资情况而言，由于受教育理念、实践教学平台建设、师资来源及教师发展等多方面影响，部分教师的实

---

① 刘志军,等.促进教师不断发展的评价体系构建[J].清华大学教育研究,2015(6).

践能力与媒体融合快速发展的现实要求存在较大差距,已经严重影响传媒人才实践能力的培养,也影响了高素质传媒人才的培养质量。建立教师教学发展的实践能力培养体系,促进教师实践教学理念的更新、实践教学模式的改革、实践教学能力的提升刻不容缓。

建立教师教学发展的实践能力培养体系,离不开媒体融合实践平台的强力支撑。实践平台的建设,一是要加大实践教学投入,建立与传媒一线直接对接的综合教学实践平台。通过依托平台建设,重建实践教学课程新体系,重构实践教学新模式,重组实践教学新路径,将实践教学与"真刀实枪"的媒体生产实践活动结合起来,为教师的实践能力发展和培养学生的实践能力提供现实环境及有力支撑。二是建立与传媒行业合作交流的实践平台,通过实践基地建设、项目合作、教学合作、联合办学等多种方式,在满足培养学生实践能力的同时,也为促进教师的实践能力发展奠定基础。浙江传媒学院在建设综合教学实践平台方面做了有益的探索,依托国家级实验教学示范中心和省级虚拟仿真示范中心,按照媒体融合发展的实际重组实践教学资源,建设了面向全校师生的媒体融合云平台和全媒体中心。平台融合了电视、广播、微信等媒介资源,实现了对各类媒体的全覆盖,集师生课程教学、实验实训、创作研究、媒介开发等多功能为一体。① 媒体融合云平台的建设,既为学生提供了"全媒体、实战化"的实验教学场景,也让教师有了实践能力锻炼和培养的平台,对重构实践教学体系及提升教师在媒体融合环境下的跨界、实战、综合、创新和实践能力发挥了积极作用,为促进教师教学的实践能力发展提供了强力支撑。

5. 以媒体融合发展为引领,建立教师教学发展的终身学习体系

"媒体融合是一个过程,而不是一个终点。"②媒体融合会随着科技的进步不断持续变化,从这个意义而言,媒体融合实际上是一个永无止境的过程。媒体融合会对现有的传媒格局和生态产生不断冲击,对传媒人才培养和教师教学发展也会不断有新要求,这意味着教师教学发展也是一个连续的和动态发展的过程。只有以媒体融合发展为引领,建立教师教学发展的终身学习体系,才能使教师在教学理念、理论知识、实践能力和教学水平等各方面做好迎接媒体融合不断发展所带来的新挑战。

建立教师教学发展的终身教学学习体系,就是要重视教师在教学生涯各

① 韩建华. 媒体融合时代卓越传媒人才培养的创新与实践[J]. 中国广播电视学刊,2019(1).
② Jenkins, H. The Cultural Logic of Media Convergence[J]. International Journal of Cultural Studies,2004,7(1):33-43.

个阶段的教学发展。教师的成长一般会经历助教、讲师、副教授和教授等不同的发展阶段，从教师教学发展的角度，都应该根据媒体融合发展的实际，结合教师所承担的教学工作，匹配不同的学习及培训内容，提高其教学学术水平。教师教学发展是一个综合的体系，笔者认为以下四个方面需要特别关注。一是要注重青年教师的教学发展。由于目前教师的入行条件要求主要体现在学历和学科背景上，大部分青年教师是从学校到学校，既缺乏基本的教学技能，又对传媒一线没有深入的了解，因此当务之急就是要让其尽快掌握传媒教师所必须具备的知识、能力、素质和实践能力，应通过教学培训、教学导师制等措施，帮助青年教师掌握教育教学的基本知识、规律和规范要求，熟悉课程大纲、教材及教学实践技能等，使自己尽快成为一名称职的教师。二是要注重以教学研究和建设项目为载体，促进教师教学发展。通过以项目为载体，如教学改革项目、课程建设项目、教材建设项目、实验室建设项目等，解决教育教学过程中的理论和实际问题，形成新的教学思想、理论和方法，将教学工作提升为教学学术研究，使自己的教学素养得到持续的提高。三是要注重团队合作，开展教学研究。加强团队建设，通过教学团队、学术团队、教研室等开展教学研究，让有相同或相似或不同学科背景、知识结构的教师能够更加充分地交流，互为学习资源，研讨和交流教学经验，通过现场教学观摩、专题教学研讨等多种方式，对教育教学的内容、方法与手段等进行全面的研究与交流，使教师之间的优势和特长得以相互学习，不断完善教师自身的知识结构。四是要用政策导向支撑教师教学发展。政策导向可通过教学理念的更新、教学激励政策、教学发展平台建设等措施，为教师的教学发展提供更好的校园文化氛围、更好的发展条件、更好的政策支持，鼓励教师在教学中投入更多的时间和精力，结合自己的教学实践进行教学学术研究，持续提升教学能力和水平。

在建立教师教学发展的终身教学学习体系中，传媒高校要重视"双师型"教师的培养。媒体融合不断深入，要求传媒高校培养与传媒一线直接接轨的高素质传媒人才，首先是应用型人才，应该具有较强的实践能力，而教师本身具有的实践能力是培养应用型人才的关键因素。教师不但要具有较高的学科专业理论和知识，而且还应具备丰富的实践经验及动手操作的能力。[①] 培养传媒应用型人才，如果教师本身对媒体融合发展的现状缺乏了解，没有实践经验及动手操作的能力，不但不能设置反映媒体一线前沿发展的课程，即使对在课程中有应用性、实践性或综合性的教学环节也难以讲深讲透，让学生弄懂弄

---

① 刘焕阳,韩延伦.地方本科高校应用型人才培养定位及其体系建设[J].教育研究,2012(12).

通,培养应用型人才的目标则难以实现。当前,"双师型"教师不足是传媒高校普遍存在的突出问题,要实现传媒教育培养大量的高素质传媒人才的目标,就要大力培养既具有较高理论知识涵养又具有较强实践能力的"双师型"教师。浙江传媒学院充分利用高校和传媒行业多方资源,采用"双送"方式,即将部分专业教师送到相关企事业单位一线挂职锻炼或学习,以提升他们的实践应用能力,送部分来自一线的教师到高水平院校深造,以提升他们的理论水平。[①]传媒"双师型"教师的培养,是提高学生的实践创新能力、实现传媒校园与传媒业界无缝对接的坚实基础。

第二节　新时期基于发展的教师分类考评研究

教师的素质水平主要包括师德师风、专业水平和教学能力等方面。教师在进入高校前主要培养的是专业研究能力,无论是刚毕业的硕士、博士,还是来自于行业一线的教师,其师德师风与教学能力都需要在实践中培养。根据教育部《2011 年全国教育事业发展统计公报》,我国目前专任教师 139.27 万人,而其中中青年教师占了相当大的比例;据调查,对于一些新建本科院校而言,35 岁以下青年教师比例甚至能达到 75% 以上。[②] 这些刚毕业就走上教学工作岗位的教师,教学能力等方面的素质能力亟待培养,由此教师的发展与培养已经成为我国高校尤其是新建本科院校首要的工作内容。

一、当下教师发展的难点与问题

相比 1999 年高校扩展前,今天高校的教师发展的任务与需求和精英化阶段有很大的不同,出现了许多新的难点与问题。

首先,高校教师数量较大,旧的师徒式的培养模式不能完全满足今天较大数量的教师培养工作。如今高校规模往往比较大,拥有万名学生的高校随处可见,甚至有达到 5～6 万人的超级高校。即使按照生师比 20∶1 的比例计

---

① 李文冰.行业特色院校师资"双送"建设研究与实践——基于高素质应用型人才培养定位[J].教育研究,2013(5).

② 黄洋,陈小虎.新建本科院校事业发展的现状与发展趋势[J].中国高教研究,2011(10):51-52.

算,拥有一万名学生的高校就至少要有 500 名专业教师。而 1999 年前,往往一个高校的学生数也就只有数百人而已。根据教育部网站数据,1997 年,我国高校专任教师总数有 40 万余人,而到了 2010 年就已经达到 134 万人;2011年,据教育部统计普通高校专任教师达到 139.27 万人,比 2010 年增加 4.96万人。[①] 这些新增教师在 1~5 年的职业生涯初期往往都需要进行职业发展与辅导,而教师数量的激增必然会给教师培养发展带来新的问题。

其次,现代高校教师的工作更为复杂,其培养发展方向有多种选择。目前高校教师可分为从事实践实验教学、课堂教学、科研、艺术创作、思想政治(包括就业与创业指导)等几类。但是其工作又不限于其中一类,往往要兼顾其中几项。因此简单地对新进教师进行统一培训并不能发挥作用。如果没有有效的培训机制,教师发展与培养只能依靠个人在实践中摸索,必然会走许多弯路,或影响教学效果。

最后,目前高校多采用二级管理体制,教师的聘用与管理在二级学院,教师的考核与评价在高校各专业部门,如教务处、科研处、学生处等。学院限于资源有限,难以大规模组织教师培训;而学校部门分散,对教师实际情况了解不够深入,同样难以开展教师发展工作,只能以考核代替评价,通过考核指标引导教师尽快认识工作岗位职责与要求。

考核方式可以让教师认识到学校对教师工作岗位提出的要求,能够起到一定的引导作用,但是由于种种原因,现存考核机制存在许多问题,对教师发展成长,对促进提高教学质量与学生培养水平效果有限。

首先,现有教师考核的基本理念存在较大缺陷。目前高校教师考核方法是基于短板理论而设计的。其基本思路为教师工作的各个方面确定最低标准,如教学、科研、社会服务三项工作设定最低工作量与基本质量标准,要求教师首先要完成这些最低工作要求才能胜任岗位,否则是工作不合格。不合格则会影响职称评定,影响收入等。这一思路缺乏对教师特色发展的鼓励与激励机制,只能培养出合格的平庸的教师,而无法培养出天才的领军人物。

其次,高校现有教师考核方式是按照行政归口,进行简单分类考核。如科研处、教务处、学生处、人事处这四个部门都要对教师进行考核,科研处考核教师科研工作情况,教务处考核教学工作情况,人事处对教师工作总体成绩、工作态度、师德、师风等进行总体考察,学生处考察辅导员教师的工作情况。这

---

① 教育部统计数据[EB/OL].(2012-08-19)[2012-10-15]. http:∥www. moe. edu. cn/publicfiles/business/htmlfiles/moe/s6200/list. html.

样,无法对某一个教师进行总体全方位的考核,不能从个体角度发现问题,也无法对教师中出现的问题进行总结归纳、有效分类,进行突破。

最后,目前高校教师基本考核模式粗犷,以工作数量为基本考核内容,缺乏对工作质量效果的考核,只提倡教师完成最低任务,无法发现教师工作中存在的质量问题。例如:教师教学业绩考核以课时、获奖、参与教材课程实验室建设、主持教改项目等进行打分计算,只要不发生教学事故,教学质量因素在其中几乎不予考虑;学评教、教学督导等质量评价没有纳入考核体系,基本以工作数量为基本考核指标。由于无法发现问题,故此缺乏对教师系统的指导与评价;同样由于无法发现教师的特长,更不知道如何提供资源帮助教师发展发挥特长,不知如何帮助教师在其擅长的领域做到最好。

由于教师发展中出现新情况新问题,高校成立教师发展中心,促进教师专业发展已经成为高校的核心工作之一。"十二五"期间,我国正式实施"高等学校本科教学质量与教学改革工程",其中最重要的工作之一就是,"开展教师培训、教学改革、研究交流、质量评估、咨询服务等各项工作,提高本校中青年教师教学能力,满足教师个性化专业化发展和人才培养特色的需要"①。并且要通过建设 30 个高等学校教师教学发展示范中心,提高全国高校教师教学能力。

二、教师分类发展的基本思路

基于上述分析,本研究认为,新时期高校教师的考核评价应该以教师发展为中心,体现以下几个思想。

1. 分类考评思想

对短板理论采取逆向思维的方式,高校教师发展应该努力发展其特长,在教学、科研、服务社会、艺术创作等某一方面,或者某项工作的某一环节发挥特长。对处于不同岗位、以不同工作为重点的教师进行分类考评,区分不同种类教师的重点工作与基础工作。如教师的基础工作均为教学,但是某些教师在教学外偏重艺术创作或社会服务,因此可以在考评中将此作为重点,提高考评比重;有些教师偏重理论课堂教学,有些教师偏重实践教学,分别设置不同比

---

① 教育部财政部关于印发《高等学校本科教学质量与教学改革工程项目管理暂行办法》的通知[EB/OL].（2007-07-18）[2012-10-15] http：// edu. people. com. cn/ GB/8216/ 197635/12173165. html.

重,设置不同考察项目内容。以此鼓励教师特色发展、特长发挥,带动高校教学质量与人才培养水平的提升。

2.综合考评思想

由教师中心对教师进行统一考评,考评结果供各部门、学院使用,让管理、使用、评价三方相互独立,为教师发展与工作提供良好的竞争机制与氛围。同时,有效利用考评结果,对同类教师、出现同一问题的教师提供有针对性的教育培训,对特点类似,同样擅长某一项工作的教师提供高水平的指导与辅导,形成良好的竞争氛围,提供交流与合作的机会。

3.评价为主、考核为辅的思想

教师考评的基本思路为"让教师做得更好",即要求通过考评及时发现问题并解决问题,引导教师发现长处。对于新进教师、困难教师,可以加大考评频率,重点关注,及时提供针对性帮扶;对于有较长教龄已经初步证明能力的教师,正常考核外,对其中水平较高并确定特色发展方向的教师则给予激励,或提供更高水平的培训交流;对于长期以来已经作出特别贡献,成为校内领军人物的则考虑吸引其成为兼职辅导人员,为新教师发展发挥传帮带作用。

三、基于发展的新型教师考评模型设计

根据上述三大思路,本研究特设计以下多维模型,作为教师考评的基本模型。该模型主要包括时间、被考评人员、考评人员、考评项目、考评对象等五个维度,并设置相应考评系数与数值。

1.时间维度

时间维度主要标志考评的时间点、时间段,可以包括学年、学期、周、天等四个层次,也可根据需要设置为年、月、周、天等层次。根据具体考评时间来确定。

2.被考评人员维度

该维度主要标志被考评对象归属的基本属性,包括学院、系(专业)、教师三个层次,各层次之间为汇总关系。这样既可以将该模型用于评价单个教师的工作业绩,同时也可以专业、学院为单位,考察整个单位相关工作以及教师培养工作情况。

3. 考评人员维度

该维度主要为考评人员信息,包括本人自评、直接上级主管评、专家评、同事评、学生评四个平行的节点。该维度的设置充分顾及各方的综合意见,从各个角度充分了解个人的绩效。由于该系统是一个综合的评价模型,因此系统中并不保存某一具体评价人的评价结果,而是将同一类人的评价进行综合,记录进模型中。

4. 考评项目维度

教师业绩考评项目主要包括实践实验教学、课堂教学、科研、社会服务、艺术创作、思想政治(包括就业与创业指导)六个平行的大类,分别代表教师考评的六大重点工作。而大类下设考评项目充分使用 SMART 原则,即具体性原则、可度量原则、可完成原则、可观察原则、时间性原则。[①] 以课堂教学类考评项目为例,所谓具体性原则指考评项目必须具体明确,例如可以将教学工作分为四个部分,每个部分下面明确考核内容。初步分级如下(1)教学前准备:大纲、进度计划、备课准备;(2)教学过程:教学态度、教学内容、教学方法、教学效果;(3)课后巩固:作业布置、作业批改、批改结果反馈;(4)考试与总结:考试命题、评分、试卷分析、课程教学效果分析。而每一节点的得分依赖于下一层次所有节点得分汇总。

所谓可度量原则是指所有明细评测项目都要有明确的等级与相应的得分,比如教学方法这一评价点,如果不进行定量化处理,只能进行好、中、差的定性评价,缺乏严格统一标准。因此必须将标准明确,分等级打分。例如,可将教学方法的评分点细化,分为教学媒体使用、师生互动交流、理论联系实际等三个部分。以师生互动交流为例,则可以进一步确定 3~5 个等级,最差的等级表现为,师生完全没有交流,教师满堂灌,对应 1 分;较差的等级为师生交流较少不能激起学生学习热情,对应 2 分;其他中等、较好的同样设立相应标准,便于打分。这样也就满足了可观察原则,即能够有明显的行为表现对应相应标准。所谓可完成与时间性原则,是指评价项目是教师能够完成的工作,不做不合理的要求;而时间性原则是指部分工作要明确标注时间节点,部分工作虽然完成,但是,没有在规定时间内完成降低相应等级。

5. 考评对象维度

考评对象为教师所做的主要工作,同样分为实践实验教学、课堂教学、科

---

① Doran, George T. There's a S. M. A. R. T. Way to Write Managements's Goals and Objectives [J]. Management Review, 1981, 70(11):62-63.

研、社会服务、艺术创作、思想政治(包括就业与创业指导)六个平行的大类,但是该六类下设节点为具体的工作项目,例如某一门课程、某一个科研项目、某一届毕业生论文、某一个艺术作品等。这样就可以对某个具体工作进行比较全面的分析。例如,可以通过这一维度深入区别分析课程教学难点与教师教学弱点。如果某一课程,所有教师在教学中教学方法评价都得分不高,则是该课程教学方法需要突破;而某一教师所有课程均出现教学方法得分不高的情况,则必须对该教师进行教学方法培训。

6. 考评系数与数值

该部分主要是存储两部分数据,一部分数据是标注教师发展基础要求与重点工作的工作系数与工作量指标。对于所有教师来说,教学与科研都是基础工作,可相应设置最低工作系数,例如可设置为 30%;若部分教师希望能够将所有精力放在社会服务或艺术创作上,可相应增加这一工作系数,例如可设置为 40%。最终的系数总数应为 1,每个教师相同。最终的考评结果,按照各工作业绩与系数相乘得出最后得分,即,将工作量得分,按照该系数进行加权汇总,计算出最后得分数,以此判断教师是否完成规定学校工作量。

另一部分数据为质量评价数值。首先是质量基础数据,即每个采分点的绝对值。对于各工作设置大体相当的采分点与总分数,每个采分点得分计入这一数据项。其次为质量相对排名分值。即对校内所有教师的评分项目进行排名,以确定校内情况,例如位于前 20% 内的为情况较好的,后 40% 为该项表现不好的不达标的。最后可以按照设定的工作系数加权平均质量指标,算出校内所有教师的质量值,以此为进行校内教师素质能力的总体排序依据。

四、模型使用与教师发展

该模型的设计有两个特点,一是完整性,比较完整地记录了所有教师的所有工作的质量评价情况;二是细节性,从最细微的角度记录了教师工作的质量评价。这两个特点有利于教师发展中心从整体、细节、个体等方面开展教师考评与培训工作。利用该模型主要可开展以下工作。

1. 对单个教师的工作量、工作质量情况开展评价

由于既有绝对数据,也能提供相对数据,评价对每个教师的优缺点都能给出比较清晰的结论。

2. 对某类工作开展情况进行总结

由于记录了高校所有工作的质量评价,因此对于同类工作,如课题教学,

或者更小范围思政课程的课堂教学,该模型都可以进行总结,找出在全校范围内比较突出的问题,并针对问题找到解决措施。

3. 找到存在共同问题的教师,开展集体培训

可以通过模型找到在某类工作中某项评价总是得分不高的教师,例如可以找出课堂教学中师生交流工作处理不好的教师,再聘请专家、先进教师对此类教师进行集体培训。

4. 面向在工作发展中遇到瓶颈的教师提供针对性辅导

在教师确定重点发展领域后,该部分工作有可能开展得并不理想;或是长期在某项工作中表现较为优秀的教师一段时间内评价下降,这可能是教师工作、生活中遇到了比较特殊的困难与问题,需要教师发展中心、部门领导及时介入,提供特别帮扶,帮助教师及早树立信心,提高教学水平。

由于该模型相对比较复杂,从不同层次、角度上看可以提供许多不同的视角,因此可以提供多种多样的组合评价数据,很难一一进行解释。因此模型的使用效率必然可以随着理解的不断深入、教师评价与发展工作的不断开展而不断提高效率。

由于该模型涵盖学校工作的各个方面,因此实施起来有较大的难度,尤其要依赖高校信息化工作才能全面展开,即需要将学校教学、科研、社会服务等各项工作纳入信息化管理进程,将评价工作覆盖到各项工作的所有关键环节。这一工作改变了以往只看结果不看过程的管理模式,意味着高校管理的深化变革。

该模型评价者涉及学生、管理人员、教师以及教学科研评价管理专业人员,形成了全校上下参与评价、参与管理的局面。同样是对以往高校管理体制的一次深入变革。在这种变革下,被管理者与管理者界限逐渐消失,都成为学校的组成部分,都要对学校工作效率质量负责,能够最大程度地调动全校的工作积极性与管理热情。该模型目前只是设计出了一个大致的框架,其中具体的考察项目,即考评项目维度的设计还很不完善,同时工作量考评系数也需要不断摸索修改。而这一不断完善修改、相互平衡的过程是学校内涵式发展的不断深入过程,是对学校工作理解不断深入,要求不断细致、不断严格、工作不断提高质量的过程。

第三节　新形势下高校青年教师的发展路径研究

　　青年教师越来越成为承担高校教学和科研任务的重要力量,其整体素质对地方高等教育质量提升和转型发展起着至关重要的作用。2014年3月,教育部负责人在中国发展高峰论坛透露,600多所地方本科高校将向应用技术、职业教育类转型,这意味着高校与地方区域经济的联系将更加紧密。在转型过程中,高校大量青年教师的培训、培养和发展问题,会在很大程度上影响地方院校的发展。以区域科技创新体系的深入实施为契机,探索青年教师发展的路径与模式是创新地方院校青年教师的发展路径的必然要求。

一、高校青年教师发展理念

　　高校及其高师培训机构在青年教师培训规划、创新青年教师培训内容和培训模式等方面,做了大量的工作,确实较大幅度地提高了青年教师培训的实效性,但一时一地的培训缺乏与以区域科技创新体系的关联,导致培训呈现空中楼阁的情况。

　　1. 基于科技创新的教师发展内容

　　2006年潘懋元指出:教师培训着重从外部的社会、组织的要求出发,要求大学教师接受某种规定的要求、规范;而教师发展着重于从教师主体性出发,自我要求达到某种目标。教师发展离不开某种形式的教育、培训,但更为重要的,是教师的自主性和个性化,促进教师自主学习、自我提高。他进一步从广义上提出:高校教师发展可以是所有在职大学教师通过各种途径、方式的理论学习和实践,使自己各方面的水平持续提高,不断完善。其内涵应当包括三个方面,即学术水平的提高;教师职业知识、技能的提高;师德的提升。[①] 笔者以为,通过参与区域科技创新的实践,依托校企合作的深入开展,适应青年主体性的内生需求,能够推动青年教师成长进步,提升青年教师队伍整体素质。

　　第一,学术水平的提高。通过参与区域科技创新的实践,高校青年教师能够更全面地深入行业企业一线了解产业动态、技术资讯和岗位需求,密切与行业企业的横向联系,从而提高自身的学术水平。同时通过让企业领导、技术骨

---

　　① 潘懋元,罗丹. 高校教师发展简论[J]. 中国大学教学,2007(1):5-8.

干、能工巧匠走进校园,开阔青年教师的视野,确定自身应用研究的方向,了解行业企业技术革新、流程优化等现实需求,提升自身理论研究的敏锐性。

第二,教师职业知识、技能的提高。通过区域科技创新实践培养青年教师,高校青年教师要主动出击,积极互动,深入厂矿企业,走进田间地头,不但丰富青年教师队伍的职业知识,而且还能不断学习和掌握生产过程中的新技术、新工艺,提高动手操作能力和技能管理水平。

第三,师德的提升。以区域科技创新实践培养青年教师队伍,发挥社会教育资源的服务优势,引进一大批地方需要的企业、科研院所的专家团队,为我所用,通过他们职业精神、职业价值观的充分展示,陶冶青年教师的职业情操,丰富自身职业内涵,实现社会优质资源面向高校的共享共用。

2. 基于科技创新的教师发展特征

第一,开放性。高校办学必须坚持开放办学,必须充分利用政府、企业、学校等各种资源。高校青年教师发展的开放性包括:青年教师应具有开放性视野,宏观的社会视野,乃至行业、产业、企业、职业视野;学校不能以单一的形式、单一的评价标准对高校青年教师评价,应充分融入企业因素,参考产业内引领性企业的评价形式和评价标准。

第二,实践性。专业技术青年教师应具有丰富的企业实践经历,高校从事思想政治教育的青年教师更应具有丰富的企业实践经历,从而能够充分了解学校人才培养工作的需求,主动做好组织保障工作。同时,应构筑科学合理的青年教师梯队,形成中青年领军教师、专业技术骨干教师、普通青年教师三级培养目标,在实践中进行有针对性地分类培养。

第三,先进性。区域科技创新中,基于一定平台的多种资源的相互协同,需要突破固有的路径依赖和思维定势。在合作对象的选择中,高校要与引领行业发展的大型企业集团合作发展,为青年教师队伍提供广阔的学习、发展平台,为建立学习型的青年教师队伍奠定扎实的基础。

二、基于区域科技创新的高校青年教师发展路径

高校发展时间短,青年教师水平参差不齐,普遍存在"重使用轻培养"的情况,与国家直属本科院校存在差距;高校的青年教师大多从学校到学校,缺少行业企业实践,这是其最大的内生性的需求。近年来,教育部、财政部《关于实施高等学校创新能力提升计划的意见》(教技〔2012〕6号文件)明确指出,要以协同创新中心为载体构建四类协同创新模式,大力推进校校、校所、校企、校地

以及国际间的深度融合，探索建立面向科学前沿、行业产业、区域发展以及文化传承创新重大需求的四类协同创新模式，形成一批协同创新中心。基于此，高校要以"提升管理水平，提升管理育人能力"为目的，充分依托产学研一体化、校企合作平台，依据"标准引领、条件创建、项目运作、考核激励"的基本原则，通过校企共建的产学研一体化合作基地、产业学院、技术应用公司等形式，以高校学科群与企业产业布局为主体，践行"一体、双互、三同"的模型，构建体现"干中研、研中学、学后升、升促干"螺旋式提升的学习型组织模式。

1. 一体

高校在对接区域科技创新的实践中，与相关科研院所、企业和中介机构形成紧密的共同体，"一体化"培养应具备如下三个标准：

第一，产业视野。高校应紧跟产业趋势，衔接国际先进的办学理念，培养青年教师要有与之相称的产业视野，有能力为学科发展提供一手资讯。

第二，丰富企业经历。高校应立足地方，努力提升服务行业、企业和社会的能力，推动区域产业转型发展。这要求青年教师能够深入企业，充分了解行业、企业需求，得到充分的实践锻炼，提升个人能力。

第三，专业素养。高校着眼办学和人才培养目标，力促校内的教学、科研、管理工作与校外企业要求的能力素质的相互渗透与融合，具备学校青年教师与企业专业技术骨干，教师与员工等多重身份，成为符合新形势需求的复合型人才。

2. 双互

第一，青年教师与企业骨干互换兼职、挂职。一方面，高校充分利用企业专家、技术骨干等优质资源，主动邀请其到高校及其二级学院兼任一定的职务，让他们共同参与、论证高校人才培养的过程，方便青年教师不出校门而实现与企业面对面的交流。如邀请企业技术专家担任兼职学科、专业建设委员会成员，参与高校专业群建设；邀请企业人力资源等部门负责人担任学校就业指导顾问，开展就业咨询、就业讲座；邀请能工巧匠任实践教学指导教师，承担学校技能教学任务。另一方面，高校也应鼓励教师到行业内引领性企业兼任一定工作，共同参与企业的生产经营过程，融理论于实践中，实现"干中学"。

第二，青年教师与企业骨干员工互动流通。高校要确保每年安排一定比例的青年骨干教师到行业引领性企业进行理论研讨、参观学习和挂职锻炼，除企业日常的运行、管理业务之外，可重点研究产业、行业、企业的发展趋势，把握企业对应用型人才的能力构成、知识结构和综合素质等方面的要求，并注意收集企业技能型人才需求信息。

3. 三同

在具体的参与项目中，进一步搭建多种载体，促使双方日益紧密、联动。

第一，在共同参与项目攻关中实现发展。高校应充分利用与区域产业、行业中引领性企业合作共建的优势，进一步拓展校企合作项目建设，促进校企合作纵深发展，既保证相关产学研一体化共赢项目的有效推进，也使参加项目建设的学校青年教师积累相应企业管理实践能力。

第二，在共同开发学科课程中实现发展。高校实施校企共同参与的区域科技创新模式，深化课程开发，完善专业教学资源建设。一是建设实践模式特色的课程体系和教材；二是继续与行业企业和集团合作，对综合应用型人才培养中素质和技能综合发展以及职业技能形成问题开展深化研究、创新教改实践。既开发一批体现工学结合特色的优质核心课程，又使学校青年教师了解、掌握企业岗位工作能力与素质需求，从而积累丰厚的专业素养。

第三，在共同实施人员培训中实现发展。高校充分发挥企业员工培训基地功能，继续为企业做好专业技术骨干培训、新员工培训、专业技术培训等服务，提升青年教师的学养内涵。企业亦可借助学校资源，开展在职员工培训与阶段性技能鉴定、技术比武工作，学校为企业提供理论培训、实践场所、考务管理等服务。

总之，高校转型发展的目标之一，就是要增强社会服务能力，主动服务经济社会发展方式转变和产业转型升级。在这一进程中，通过一系列的体制机制的建立，随着高校、地方之间认识的逐步统一，高校青年教师发展的理念将进一步优化、路径将进一步清晰。

第十章 保证与保障:数字化环境下 教学管理和评价体系的优化①

近年来我国高等教育大众化已由规模扩张阶段走向内涵提升阶段,教育质量已成为高等教育改革和发展的中心议题之一,成为社会评价学校的重要指标以及影响学校生存和发展的主要因素。尤其是新建本科院校在升本转型和扩招后面对新的办学层次、新的教学格局和要求,不可能将原有的教学管理思路和要求照搬到本科教学中来,必须以新的质量要求和管理方法保证本科人才培养质量,让学生、家长、政府和社会满意。因此,如何基于本科人才培养目标,完善教学过程和教学管理过程各环节的质量标准?如何对照标准进行监测分析、控制和改进?如何提供及时的反馈?确保新专业、新教师的教学质量,已成为亟待解决的问题。建立内部教学质量管理体系正是新建本科院校根据自身发展情况和发展目标而主动提出的一种有效的应对之道。教学质量的提高是我国高等教育大众化时代刻不容缓的使命,构建并实施内部教学质量管理体系,提高教学质量,是浙江传媒学院在发展过程中对质量控制的新要求。本文将 ISO9000 质量管理体系的思想和方法与教育部本科教学工作水平评估方案的要求融合在一起,形成浙江传媒学院内部教学质量管理体系,充分体现出教学质量管理的过程性、动态性、可操作性和艺术类院校特色。

第一节 传媒院校内部教学质量保证体系 的构建与实践探索

浙江传媒学院是 2004 年升格的新建本科院校,是浙江省和国家广电总

---

① 本章主要内容曾发表于《浙江传媒学院内部教学质量管理体系的构建与实践探索》,载《浙江传媒学院学报》2009 年第 3 期;《论高校教学管理中的大数据及其应用》,载《浙江传媒学院学报》2017 年第 6 期;《网络环境下本科毕业论文(设计)管理系统的设计与探索》,载《浙江传媒学院学报》2009 年第 5 期。

局共建共管的专门培养广播电视及其他传媒人才的本科层次的高等院校,在行业内享有较高声誉。和其他所有的新建本科院校一样,从升本之日起,学校每年都要接受上级主管部门各种类型的评估检查。如教学水平评估、新专业检查、学位授予权评估等。对于高校来说,外部评估检查只是起到一个导向、约束和监督作用,而学校内部的教学质量管理体系的建立与不断完善才是提高教学质量的关键因素。而且只有建立起属于自己的学校内部教学质量管理体系才能形成学校的核心竞争力。因此,结合教育部评估指标体系研究、构建并且实施浙江传媒学院的内部教学质量管理体系,成为学校评建办公室的主要工作职责之一。

一、教学质量管理体系与 ISO9000 质量管理体系

纵观国内本科院校已经建立的教学质量管理体系,大致可分两种模式。一种是传统模式,把教学质量管理体系分为几个子系统,包括教学质量目标系统、组织系统(或称决策系统)、支持系统、教学过程监控系统、信息反馈系统、教学质量激励系统。传统模式体现出教学质量管理体系的全面性,但职责不明晰,质量信息既得不到系统的收集,又不能得到充分的解释,可操作性不足。第二种模式主要是借鉴企业界全面质量管理理论思想和方法,将现代质量观念引入到高校教学管理中并具体运用,特别是借鉴 ISO9000 质量管理体系,体现出程序明确、职责清晰、监督环节完备的特点,具有很强的操作性和本校特色。在比较研究多个教学质量保障体系之后,我们尝试将 ISO9000 质量管理体系的思想和方法与教育部本科教学评估方案的要求融合在一起,形成学校内部教学质量管理体系,可以充分体现教学质量管理的过程性、动态性、可操作性和特色化。

1. 教学质量管理体系的解读

ISO9000 族标准的核心标准有两个,其中,ISO9001 是质量保证标准,主要用于组织向外部提供质量保证;ISO9004 是质量管理标准,主要用于组织内部提高管理水平。按照 ISO9000 族标准的理解方式,高校内部教学质量管理体系的提法是正确的。

教学质量管理体系是以培养高素质人才为目标,把教学和教学管理过程的各个环节,相关部门的活动与职能合理组织起来,根据预定的标准,采用一定的方式方法和手段,对教学质量产生直接或间接影响的各种因素进行监测和调控,形成一个任务、职责、权限明确的,能够持续提高教学质量的有机整

体。其主要作用是对教学系统和教学管理系统进行监督、控制和改进,能够测量结果并提供及时的反馈,以实现预定的质量目标。

2. 高等教育领域导入 ISO9000 质量管理体系的现状

20 世纪 90 年代,随着高等教育的发展,在工业领域中有关质量控制与管理的理念和实践操作模式开始为一部分高等教育机构所模仿。尤其是在英美等传统高质量高等教育机构集中的国家,纷纷出现将 ISO9000 导入高等教育的理论分析和实践尝试,涌现出许多成功的范例。这种对工业领域质量管理系统的热衷,是经济与市场因素对高等教育影响的表现,同时也体现了高等教育自身在发展过程中对质量控制的新要求。国外高校重视教育教学质量的产出性评价,完善学校内部教学质量管理体系。具体而言,包括[①](1)以多层次的教学质量观为指导、坚持以学生质量为导向的监控目标,建立发展性的大学本科教学质量管理机制;(2)把质量监控贯穿于输入、过程、输出等大学本科教学质量形成的各个环节,实施全面教学质量管理;(3)改革课堂教学,充分发挥教师的主导性,使学生成为积极的参与者,加强课堂教学的评估工作;同时需要奖优罚劣,需要运用课堂教学评估的手段,发挥评估的导向性、激励性作用,通过评估改进和提高教学质量。

从 1998 年大连海事大学最早导入 ISO9000 到 2007 年中国计量大学首获国际"ISO 标准化高等教育奖",我国已有 100 多所学校通过了 ISO9000 认证。高等教育理论领域对导入 ISO9000 的理论探讨所涉及的范围包括教学管理、后勤工作、行政管理以及研究生教育领域。

国内外现状表明,ISO9000 族质量标准所提供的质量管理框架已经成为高等学校建立教学质量管理体系可供选择的标准模式。在浙江传媒学院建立内部教学质量管理体系的过程中借鉴 ISO9000 质量管理模式,主要是把 ISO9000 质量管理体系思想和方法渗透到教学质量管理体系的构建和具体措施的制定和实施上来。

二、浙江传媒学院教学质量监控现状

1. 成效

第一,初步建立较为合理的教学规章制度体系。2004 年浙江传媒学院升

---

① 刘洪.地方高校校内教学质量监控体系的构建研究[D].哈尔滨:哈尔滨工程大学,2006:34.

格为艺术类本科院校后,建立并完善了系列教学管理制度,建立健全了教学检查、教学评估、教学信息员、教学督导、考试工作、毕业论文(设计)、实践教学管理、开课评审、听课评课、停课调课、教学事故处理及认定等各方面制度并汇编成册,落实到全校师生,使教学质量监控有法可依、有章可循。

第二,建立多渠道的教学信息收集和反馈制度体系。全面收集教学信息是进行教学质量监控和管理的重要依据,也对教学质量起到间接的影响作用。建立了学生信息员队伍,对学生信息进行全面收集,及时反馈。

第三,构建较为规范的课堂教学质量评估体系。课堂教学是教学工作的关键环节,学校将课堂教学评估作为教师教学工作的重要内容,定期地对课堂教学进行评估,已逐步摸索出一整套课堂教学质量评估体系。2003 年全面开展教师教学评估,2006 年在课堂教学评价中启用计算机系统完成学生评教工作,现在已实行学生网上评教。

第四,建立健全教学督导工作制度。为加强教学质量管理,配合学校教学改革的深入开展,学校积极推进教学督导工作制度,组建了一批由退休的老教授及部分在职的、有丰富管理经验的教师组成的教学督导组。他们责任心强,管理经验丰富,教学效果好,在教师中有较高威信。他们不仅参与日常教学检查、听课评课、听取并反映教师和学生的意见,检查各教学环节开展情况,而且还参与学校教学改革,指导教学管理,对学校教学工作提出决策和参考意见。教学督导工作对学校发展起到了重要作用。

第五,激励和约束机制并行。教学质量的监控是一个与多种因素相关的复杂系统工程,为了使其发挥高效能、指挥棒的作用,必须建立相应的激励和约束机制。为此,学校首先加强教学法规建设,严肃查处教学事故和违纪行为。制定了《浙江传媒学院教学事故的认定与处理办法》《浙江传媒学院教师工作细则》《浙江传媒学院关于全面加强教学质量管理的规定》等。

2. 存在的问题

第一,教学监控和质量评价的操作和管理尚未形成规范和制度。已有的质量标准大部分是在升本转型大背景下制定的,很多方面与实际的本科教学要求无法匹配。主要表现在评价随意性大、主观性强、人为因素过多、定量分析不足、定性结论过多,往往以一两节课来评价一位教师,存在偶然性和片面性。

第二,缺乏专业化的、健全的组织机构,以及科学可行的、有自身特色的质量监控与评价指标体系,各学院各部门没有发挥出质量监控的作用。主要表现在教研室、各分部、各中心、各任课教师对教学质量管理的认识不足,当发现质量危机时不能及时预警。

第三,缺少对监控和评价的元监控、元评价。主要表现在缺乏对监控和评价的目的检验和效果反馈,对学年初制定的评价指标的达成状况缺少监控与测评,没有形成严密的监控体系。

第四,监控的范围不广。从外部来讲主要局限于办学条件和设施等方面;从内部来讲,主要局限于教师的教学效果评价。一般采用学生评教和少量的听课及学生成绩检查等方式进行。而对影响教学质量的众多相关因素及其作用方式都较少关注,导致评价范围不够深入和全面。

针对目前浙江传媒学院教学质量监控中存在的问题,本文拟构建一个基于过程的、可操作的、能够体现艺术类特色的教学质量管理体系。

三、浙江传媒学院教学质量管理体系的构建与实施

学校将 ISO9000 质量管理体系的思想和方法与教育部本科教学工作水平评估方案的要求融合在一起,形成内部教学质量管理体系,使各种教学过程、教学管理过程以及相关环节处于受控状态,保证教学质量的稳步提高。

1. 浙江传媒学院内部教学质量管理体系的要素与特点

根据 ISO9000 质量管理体系的四大部分"管理职责""资源管理""产品/服务实现""测量、分析和改进",把教学质量管理体系分为六个方面内容:教学质量目标和教学管理职责、教学资源管理、教学输入管理、教学过程管理、教学输出管理、教学质量监测分析与改进。这六个方面内容融合了教育部本科教学水平评估方案的七个一级指标,包括办学指导思想、师资队伍、教学条件与利用、专业建设与教学改革、教学管理、学风、教学效果。其中教学质量目标和教学管理职责部分能够解决缺乏组织机构和缺乏元监控的问题。其余五个部分能够解决监控范围不广等问题。

浙江传媒学院教学质量管理体系的特点有以下几个方面:

第一,尊重艺术教学的特殊规律。[①] 艺术教学除了要使学生掌握基本知识、基础理论外,更要高度重视实践性教学环节和学生创作能力的培养。新建本科院校高度重视"创作实践",将"创作实践"教学作为主线贯穿在教育教学的全过程,初步形成创作实践教学体系。技能技法等艺术类课程教学多采用

---

① 陈勇军,董峰.南京艺术学院教学质量监控体系的构建与实施[J].南京艺术学院学报 2008(1):129-130.

小班式单元式授课，学生少则 5~10 人，多则不超过 20~25 人。教师的讲授、示范、演示、展示与个别辅导相结合，对此类课程课堂教学质量的评估标准不能等同于一般文科或理工科院校的标准。考查教师的教学质量和学生的学习质量，除了要遵循一般的教学标准外，创造性的发挥程度也是一个重要衡量标准。因为，艺术的生命力在于创造。

第二，参照教育部本科教学工作水平评估方案的基本要求。教育部《普通高等学校本科教学工作水平评估方案》指标体系的设计体现了高等学校本科教学的基本规律，反映了国家对本科高等教育质量的总体要求。纵观教育部本科教学工作水平评估方案，由 7 个一级指标、19 个二级指标和 44 个主要观测点组成的指标体系内容，与 ISO9000 教学质量管理体系的四个部分内容"管理职责""资源管理""产品/服务实现""测量、分析和改进"之间具有相容性。在借鉴 ISO9000 质量管理体系思想和方法建立教学质量管理体系的过程中应充分考虑教育部本科教学水平评估的要求，将本科教学水平评估的要求作为教学质量管理体系的质量要求，将二者完全融合体现出教学管理的过程性、动态性和可操作性。

第三，为体现浙江传媒学院艺术类招生的特色与生源控制力，把 ISO9000 质量管理体系的"产品/服务实现"部分分为教学输入管理、教学过程管理和教学输出管理三个部分。在教学输入中对生源质量进行控制，必将对教学输出中毕业生的质量和学校的社会声誉产生积极的影响。

第四，把教学专项建设管理加入到教学资源管理中，提出教学硬件资源和教学软件资源的概念。教学硬件资源主要包括教学经费、教学设施、教学文件档案等。教学软件资源主要包括教学人力资源、教学专项建设（包括专业建设、课程建设、教材建设、教改建设）等。

第五，绝大部分高校教学质量管理体系中的人力资源只包括师资队伍。浙江传媒学院把作为教学资源的人力资源分为师资队伍和教学管理队伍两个部分，并且提出教学管理队伍包括校教学委员会、校督导委员会和一线教学管理队伍。

第六，新建的教学质量管理体系不是抛弃原有的质量监控体系，而是对原有体系的改进、更新和完善，并力求在教学质量管理体系的运行过程中逐渐形成学校特色。

2. 教学质量管理体系运行策略

第一，把教学质量管理体系运行与教学质量管理体系文件化相结合。

教学质量管理体系文件化是将体系分析和策划的结果用书面形式确定下

来,形成一套用于规范体系活动的文件。把教学质量管理体系运行与教学质量管理体系文件化相结合,首先要求根据前面构建的教学质量管理体系总体框架,收集学校现有的教学管理规章制度,逐个检查其执行情况和适合性,把符合体系标准又适合本校操作的部分纳入教学质量管理体系文件。其次要把握目前教学管理过程中的问题点即主要缺陷和薄弱环节,这些问题点将成为日后主要的质量控制点。在教学质量管理体系文件化的过程中要设置质量监控点。不仅要明确某项质量活动的职责、权限及工作流程,而且要求在该项活动过程的质量监控点上都要保留质量记录,这样就可以通过检查质量记录来进行监控。

第二,学校和每个学院成立监督教学质量的机构,全面负责教学质量管理体系的建立、实施和持续改进。机构的会议和报告不受学院院长的监督。这是为了避免相互影响,依据独立的原则,促进坦诚的交流和对话。

第三,建立一支专、兼职内审员队伍。这些内审员负责整个学校的质量体系运行情况的监督检查。专职内审员不仅要做好质量体系文件的管理,而且要通过热线电话、质量管理意见箱等途径,接收来自各方面的质量投诉,并通过调查、信息反馈和协调沟通等方式,敦促相关部门做好质量投诉问题的处理。兼职内审员来自于学校的各个部门,他们不仅要协助本部门负责人监督所在部门的质量体系运行情况,而且要参加学校其他部门的内部审核。兼职内审员同时又是各部门派出的联络员,也是本部门承担文件编写的主要起草人员。这支队伍在保持质量体系的持续有效运行方面起着十分重要的作用。

第四,识别学校和每个学院(部)的关键人物,建立支持联盟。[①] 关键人物是资深管理者或受同事尊重的个体。识别关键人物,使得教学质量管理体系很容易得到肯定。由关键人物组成的团队将使个人努力扩大化推动教学质量管理体系的运行。一般由管理者代表对关键人物进行识别,并建立由学校和学院关键人物推动教学质量管理体系实施的工作计划。

---

① David M. Currie denisa Krbec and James Higgins. Creatinga Quality Assurance System for Croatian[J]. Higher Education in Europe,2005,30(1):59.

第二节　数字化背景下高校教学管理中
的大数据及其应用

大数据(Big data)通常被称为"巨量资料"。大数据一方面是指在互联网环境中产生的规模巨大的数据和资料,这些数据和资料具有"4V"的特点,即:Volume(体量大)、Variety(类型多)、Velocity(速度快)、Value(价值高),对这些数据的正确使用和准确分析将产生很高的价值。另一方面,大数据还用来指称收集、整理、分析巨量资料使之产生巨大价值的能力,因此,采集巨量数据的工具、平台、分析系统等都被纳入到大数据进行研究。大数据不仅是一门技术,更是一种全新的思维方式和管理模式。通过对海量数据的深入挖掘和有效分析,为决策层提供有价值的决策资讯,大数据开启了一个全新的时代。

近年来,随着数字化校园的持续推进和物联网技术的不断发展,在广大师生的日常行为中产生了大量的网络数据,如:图书馆的图书、实验室的设备、琴房等可通过一卡通进行借阅使用,刷一卡通可以参加校园里的各类讲座,通过登录手机客户端可以进行课堂考勤。教务系统、科研系统、学工系统等管理系统的使用形成了庞大的有逻辑关系和因果联系的数据。同时,一卡通、移动终端、PC终端、学生自助打印机等信息感知和采集终端,也产生海量结构化或非结构化数据。从某种程度上讲,高校已经进入了大数据校园的时代。

一、高校教学管理中大数据运用的可能性

计算机技术的发展带动了数据数量的大幅度增加,提高了数据处理的能力。从大数据到云计算,数据与管理建立了互相依存、共同发展的关系。大数据为高校教学管理带来了新的数据存储设备、存储方式和数据分析的方法,使数据的全面采集利用成为可能。大数据的思维方式对高校教学管理而言,是一种前所未有的挑战,同时,也是继往开来的机遇。

1. 数字驱动,科学决策,通过大数据分析为高校的办学方向、学科设置、专业优化调整等重大决策提供科学的依据

大数据最具吸引力的地方在于,它不只是各个方面的广泛数据汇集,更可以让人们从这些数据中获取实实在在的好处。针对大数据速度快、形式多样、关联度高等特点,对采集到的完整数据进行及时准确的科学分析,让决策层对

数据形成的历史和现状有清晰的认识，以此为依据作出理性的判断和预测。大数据分析结果具有相当高的实效性和直观性，大大提高了决策的科学性。

高校教学管理系统涉及学校教学管理的方方面面，获取的数据涵盖了专业设置与构成、专业申报与管理、教学建设与改革、教学运行与服务、教学资源配置与实验室建设、课堂教学与师资结构、学生学业情况与学业管理等完整的信息。借助系统管理，开展数据的统计与分析，可得出学校历年来的专业发展情况和现状、教学建设与研究重点、师生状况和教学情况等多方面数据，为高校发展的办学定位、政策制订、领导决策、教师教学创新提供科学的基础和依据，提升管理层次。

高校科学发展的落脚点在于数据。大数据分析可以帮助高校及时掌握教学运行状况和教学服务能力，为科学决策和教学管理提供良好的支撑。多元化、综合性的数据和数据分析必然会是决策的基础和创新的起点，是高校教学管理科学化的核心。换言之，拍拍脑袋做决定的"长官意志"和由过往经历构成的"经验主义"都将被系统数据和数据挖掘、数据分析所取代。大数据将使高校的决策和发展更趋理性化。

2. 教学创新，教学改革，大数据挖掘促进高校主动变革，使高校教学更具个性化、人性化特征，满足不同层面的教育需求

高校的大数据包含了全校师生的学习生活行为的相关数据，包括非常庞大的信息：全校所有师生的基本情况、年龄分布、地域分布，各科目的选课情况、授课情况和考试成绩分布情况，各学习平台师生的学习日志、学习路径、学习成果。高校管理者要充分利用数据挖掘和分析技术对数据进行采集、储存和分析，利用大数据分析来帮助教师不断创新教学方法，大胆进行教学改革，为不同专业、不同层面的学生设计个性化的课程，提供更加人性化的教学服务。

目前，已经有大数据公司在个性化课堂开发方面做过成功尝试。他们通过数字平台对几百万学生从幼儿园到大学的学习过程进行分析，在此基础上设计课程目标和测试题目，开发出多个阶段的个性化教学课程和智能数字教科书，以适应每个学生的差异和个性化需求。学生在学习过程中，根据自己的需求合理安排学习进度和学习步骤，系统通过学习平台和数据统计给教师做适时反馈，对个别同学的学习行为和全班学生的学习表现做整体的数据分析，教师据此调整不同学生的学习计划和教学方式，形成极具个性的教与学的方式。

随着网络教育的发展，高校教学需要不断地改革与创新。高校教学不再

是单一的师生面对面授课,翻转课堂的线上线下混合式教学模式、讨论式的开放课堂、"慕课"的出现不断地丰富着高校的教育教学模式。依据混合式教学模式的特点,学生在课下时间利用各种网络资源探索学习课堂视频文件,归纳整理出遇到的难点、疑点;在课堂上,教师组织和引导学生就难点、疑点展开讨论,在师生充分研讨的基础上进行评判与总结。这样的授课模式不仅能充分发挥学生主观能动性和学习自觉性,培养学生独立思考的思维方式和解决问题的创新能力,同时,也能让授课教师从传统的教学方式中解脱出来,把更多的精力放在对学生学习过程的启发和引导上。网络平台中的大数据,不仅能够收集到传统课堂里的很多状态数据,同时也能精确捕捉到学生在网络平台的任何一个行为。对这些数据和行为的分析能帮助高校和教师不断进行教育教学的创新和改革。

3. 科学预测,提前预警,通过大数据比对量化学生的学业状态,帮助高校和学生进行有效的学业管理

大数据加物联网的发展使得学生基本状态的量化和评估变得可能和可行。学生的学习状态和学业状态可以通过相应的量化技术进行收集,比如:学生的到课率、作业的正确率、回答指定问题的频率和时长等多方面数据;学生点击线上阅读材料点击率、在网上论坛中的发言内容、完成作业的时长等相关数据;学生已完成学分与毕业所需学分之间的比对数据,等等。对这些数据进行比对和研判,科学预测,提前预警,帮助学生顺利完成学业。

预测是大数据一个非常重要的功能。通过数据比对,对大数据进行有效的分析和挖掘,可以构建学生学习行为的相关模型,分析学生过往的学习行为,对其未来的学习趋势进行科学预测并加以适当干预。有的高校已经开始尝试建立数据分析模型,通过收集分析学生的学习行为数据,对学生的学分、成绩、出勤率、辍学率等主要趋势进行研究,对学生的课程学习状态进行研判和预测,预估可能会无法顺利完成课程的学生,从而立刻对相关学生的学习情况进行干预,对学习有困难的学生及时进行学业帮扶,对学习成绩表现不良的学生及时发出警告性信号,提醒学生做好各自的学业管理,提高高校的一次性毕业率。

4. 多元管理,科学评价,在大数据研究的基础上构建多元化教学质量监控体系和综合性教学评价机制,有效提升高校办学质量

传统的教学质量监控大多采用随机抽查为主的形式。多数高校在长期的工作实践中建立起了由校院两级领导进课堂、教学督导随机听课、定期和不定期的教学抽查、教学材料整理归档检查等要素构成的教学质量监控与保障体

系。随机抽查是指按照概率和随机性的独立原则,对检查对象抽样进行瞬间观察和测量,通过最少的样本状态推断出被测量事物整体特征的方法。随机抽查的方法在一定程度上可以以小见大地反映检查对象的质量状态,在以往的教学质量监控中发挥着重要的作用。但是,随机抽查只是获取样品的一种形式而已,并不能代表检查对象总体的质量状况,以样品质量合格与否来推断判定检查对象总体质量水平的高低,往往并不客观。

借助大数据,教学管理者可在海量数据中动态地捕捉到相关观测点,通过量化的方式及时全面地了解全校师生在教学过程中的各种情况和信息,建立全面的、多元的教学质量监控体系。教学管理者还可以通过大数据信息跟踪与预测的功能,建立相应的预警系统,对可能发生的问题进行提前干预,比如学期初教学检查,可通过采集排课系统、学生注册系统、学生选课系统、教师进度表系统等相关平台的数据,针对高校教学运行实际情况,通过数据分析来制定本学期课堂教学质量监控的主要目标,设计多元的教学质量监控方案。

笔者以为,改变以往单一的学评教的教学质量评价模式,通过大数据采集,在教师的工作总结及一定时间内各项教学结果的反馈中形成科学的测评数据。这些数据从各个维度组成了大数据,通过数据分析和挖掘,记录教师的成长历程,可以提出教师在教学中有待改善的地方,建立对教师教学和学生学习具有积极意义的综合性教学评价机制,有效提升高校办学质量。

二、高校教学管理大数据应用现状

大数据从各个方面对人们的生活产生了影响,优化、改造了许多不同的行业,其产生的作用和影响无法限量、超乎想象。在物联网技术的配合下,大数据也给高校教学管理工作带来了巨大的影响。目前,高校教学管理大数据主要呈现以下几个方面的特征:

1. 高校在教学管理过程中通过信息化手段已经形成了庞大的数据流和历史数据

目前,高校的教学管理基本都采用信息化手段,无论是正方教学管理系统、青果教学管理系统,还是其他的教学管理系统,在功能构成、信息处理等方面都极大地提升了高校教学管理的信息化程度,为高校的教学运行、教学研究和教学管理提供高效的服务。高校教学管理过程中产生了大量的原始数据,如:学生注册与学籍信息、选课与上课信息、学业与成绩信息、校园卡使用信息;教师教学大纲进度表信息、历年担任课程信息、教学项目与教学改革信息、教学评价相关信息;通过移动设备、智能设备、视频监控等渠道采集到的学校环境中各种各样结构化和非结构化的数据,等等。同时,高校普遍建立了各种专业建设平台、网络课程教学平台、人才培养建设平台、第二课堂管理平台、学生学业预警平台,多元化的平台运用也产生了包括文档、图片、音视频、语言文字表达在内的巨量数据。

这些数据来源于高校的日常教学和管理,信息存储量越来越大,符合大数据的"4V"特点,具有种类多、速度快、容量大、价值高等特性,而且其数据完整,真实性、客观性强,蕴含潜在的"大价值",有相当高的应用价值。利用大数据技术将这些数据进行整理、分析,可以帮助高校对资源管理、学科调整、专业整合、教学模式、教学内容、教学方法等进行创新和调整,更新教育理念,满足社会对高等教育的个性化需求,提升人才培养质量。

2. 高校教学管理过程中形成的海量数据不同程度地存在信息孤岛的现象

大部分高校的数字化校园建设是层层推进逐步推开的,普遍缺乏高屋建瓴的大格局和通盘设计。各管理部门在建立相关业务系统的时候都缺少统一的规划和编码,不同的业务系统按照各自的运行模式收集着各式各样不同的信息,各业务系统之间都或多或少存在着孤岛现象。同时,数字化建设的技术发展速度非常快,面对日新月异的技术更新,高校数字化校园必须不断地升级,在此过程中也会导致部分数据发生变化,若没有及时跟进维护就会在某些环节出现问题,使数据之间缺乏链接或缺少合理的联系,形成一些信息孤岛。

因此,高校在信息化建设和数字化校园建设中虽然产生了规模巨大的数据,但质量上却并不一定可靠。因为,这些数据保存在不同的保管者手中,且格式、储存媒介各不相同;由于数据编码方式不同,就算同样的信息在不同的系统中也可能存在较大差异。所以,在对这些信息进行大数据研究时须进行甄别和调整。

数据的收集、整合、分析是整个大数据处理环节的核心。要使大数据发挥积极有效的作用,高校应该建立统一的数据处理平台,从各业务平台采集所需的各类数据,然后将数据按照统一的编码规则进行转化,再通过相应的对照表将相同内容的数据和内容进行整合,只有经过清洗、整合后的数据才能进行数据分析和挖掘,从而有效解决数据孤岛问题。

三、建立大数据时代高校教学的科学管理体系

大数据时代的到来为高校教学管理提供了崭新的视角和良好的平台。面对来势汹涌的大数据浪潮,高校应以此为契机,充分利用大数据的资源优势实现学校发展的科学化决策,积极推进教学管理的科学化,利用大数据分析提炼办学宗旨、更新办学理念、制定学校的发展规划,理顺教学管理思路、促进高校人才培养、提升人才培养质量。

1. 重视大数据,建立专门的机构来统筹协调大数据相关工作

大数据管理工作是一个系统工程,涉及全校各个部门的各个数据,由于数据化校园建设前期各部门均基于自己部门的业务需求建设了各种业务系统,如:人事处的人事管理系统、财务处的一卡通管理系统和全校师生财务管理系统、教务处的教学管理系统、学生处的学生工作管理系统和贫困生资助系统等。仅就教学管理系统而言,既有包括注册与学籍管理、排课选课的教学管理、考试管理、成绩管理、课堂考勤管理在内的教学运行系统,又有包含第二课堂学分管理、学术讲座管理、学生创新创业教育管理等多项内容的外接管理系统。这些系统之间通常没有采用统一的编码规则,导致数据在采集过程中存在很多问题。大数据分析要发挥作用,必须由专门的机构建立统一的编码规则和数据采集平台,才能完成大数据的数据清理工作,为后期的数据分析和挖掘提供数据支撑。

2. 进一步开放数据,消除数据壁垒,促进数据流通,尽可能扩大数据采集的广度及深度

大数据最大化地实现其价值的关键取决于数据的整合和使用,数据的开放共享是数据整合的前提条件。高校数据是全校师生产生的,应属于集体的财富,而不是某个部门的私产,因此开放数据也是每个业务部门的义务。将数量巨大、结构复杂、类型众多的数据构成的数据集合,在共享集成的基础上进行分析、综合,以智能分析技术推进服务的智能化发展,可为教学、管理提供充分的智力支持,为学科、专业的布局提供基础和数据,为学校、学院的发展提供科学的依据,解决信息、数据碎片化、零散化的问题。

促进数据流通,可建立一些具有特殊功能的特色系统和服务终端,如:转专业系统、课堂考勤及学生学业预警系统、成绩单自助打印系统、自动注册及学籍异动系统、教学研究管理系统、创新创业教育体系网络平台、"师生门户"数字化校园平台和微信平台等,积极推进包括电脑终端、手机终端、移动终端

在内的服务终端,最大限度地扩大数据采集的广度和深度,最大程度地提供数据的全面采集和强有力的数据信息支撑。

同时,我们还应清晰地看到,数据开放不等同于数据公开,要注意数据开放的程度和对象,既要满足每位师生对学校教学管理相关信息的知情权,更应以此促进数据的自由流动和高效使用,形成创新思维和创新能力,推动高校管理水平的提升。

3. 构建大数据思维,重新梳理教学管理相关规则制度及办事流程,形成与大数据挖掘、大数据分析、大数据思维方式相匹配的教学管理体系

英国的舍恩伯格在他著名的《大数据时代:生活、工作与思维的大变革》一书中指出,大数据时代,人们对待数据的思维方式发生了巨大变化:大数据思维是从样本思维到整体思维的转向,是从精确思维到容错思维的转向,是从因果思维到相关思维的转向,是从自然思维到智能思维的转向。[①] 大数据思维体现了数据为核心的理念,用数据核心思维方式思考问题、解决问题。

高校教学管理也应以数据为核心,构建大数据思维,用大数据思维方式思考问题、解决问题。教学管理部门在办事流程设定和制度制定的过程中,在能给师生提供便利的情况下,尽可能使用物联网技术,强力支持技术改革,重新梳理教学管理相关规章制度及办事流程,进一步健全完善现有的教学管理体系和配套机制,解决不同校区、各二级学院(部)在教学管理的规范性、科学性和办事流程的透明性等方面存在的问题,形成与大数据挖掘、大数据分析、大数据思维方式相匹配的教学管理体系,使大数据更加有效地服务于高校教学管理。

第三节　网络环境下本科毕业论文(设计) 管理系统的设计与应用

毕业论文(设计)是高校本科人才培养方案中一门综合性、实践性必修课程,也是本科教学中一个重要的集中性实践教学环节。毕业论文(设计)的创作活动旨在培养学生综合运用所学的基础理论知识和基本技能,提高学生分析和解决实际问题的能力,培育学生科学能力、创新能力和创新思维,是检验

---

① 维克托·迈尔·舍恩伯格.大数据时代:生活、工作与思维的大变革[M].盛杨燕,周涛,译.杭州:浙江人民出版社,2013.

本科生综合知识与技能的重要方式和依据,也是本科生获取学士学位的必备条件之一。

当前大多数高校采用传统的手工毕业论文(设计)管理模式。在当前高校学生不断增多、教学资源逐渐紧张、校区分散等情况下,传统的手工管理模式逐渐暴露出师资不足、师生交流受时空限制较大、管理部门监控无法到位等问题。随着计算机网络的发展以及校园信息化建设的普及,网络已经成为高校师生重要的交流工具。构建网络环境下的本科毕业论文(设计)管理系统,将毕业论文(设计)中涉及的流程、要求等规范化、程序化,以实现从论文选题到最后评价全程网络化的管理,不仅可以解决毕业生外出实习与教师联系不方便等实际问题,同时可有效地帮助管理部门监控毕业论文(设计)指导、交流等各个环节,以提高毕业论文(设计)创作与管理的质量。为此,如何设计与实施网络环境下本科毕业论文(设计)管理系统已成为高校教育工作者关注的课题之一。

一、本科毕业论文(设计)管理的现状

本科毕业论文(设计)具有学术论文或创作的一些显著特点,即具有“学术性、科学性、创新性、专业性、实践性、系统性和平易性”,但是和学术论文或创作相比又有其自己的特点:毕业论文(设计)是在指导教师的指导下由学生独立完成的,即毕业论文(设计)这一教学环节离不开教师的帮助和指导,对于如何进行科学研究,如何撰写论文或创作等,教师都要给予具体的方法论指导。在整个毕业论文(设计)工作过程中,要求指导教师与学生经常进行交流,分阶段对学生的毕业论文(设计)创作进行指导,使学生掌握学术论文写作的基本方法,培养学生的学术研究素养,提高学生的科学研究能力。

毕业论文(设计)是大学生实践教学的重要内容,指导教师在学生毕业论文(设计)过程中占据着不可或缺的地位,但是受到实习、就业、考研等因素的影响,指导教师对学生的指导往往流于形式,导致近几年毕业论文(设计)质量下滑严重。2007年中国青年报社会调查中心与搜狐网教育频道联合开展了一项关于毕业论文(设计)的调查(2243人参与),调查显示本科毕业论文(设计)存在很多问题,如:抄袭现象严重(31.8%)、论文写作缺少创新(25.1%)、写作功底薄弱(19.8%)、选题过大或过宽,本科生根本无法驾驭(18.1%)和论文格式不符合标准(5.1%)。公众选出的影响本科毕业论文(设计)的因素依次是:平时缺乏写作训练(17.8%)、自己认真写的反而不如别人抄袭的分数高

(17.2%)、教师指导不力(16.1%)、与找工作时间冲突(15%)、缺乏论文/实验经费(14.6%)和确定合适的选题比较困难(11.6%)等。从调查数据我们不难发现,本科毕业论文(设计)这一重要的教学环节暴露出很多的新的问题。如果单纯依靠传统的毕业论文(设计)管理模式,根本无法得到有效的解决。如此下去毕业论文(设计)的质量得不到保障,毕业论文(设计)将失去其重要意义。提高本科生毕业论文(设计)质量是一项艰巨、长期的工作,除了督促学生端正严谨治学的态度,更要针对传统毕业论文(设计)管理模式的弊端和不足构建切实可行的具有科学性、现代化的本科毕业论文(设计)管理模式,加强师生交流互动,加大过程监控力度,只有这样才能真正将提高毕业论文(设计)质量的工作落到实处。

1. 传统毕业论文(设计)管理模式

传统毕业论文(设计)管理模式主要依赖人工管理,其工作流程一般要经过研究选题,指导教师下达任务书,学生收集资料、拟开题报告、撰写初稿、修改定稿,以及论文答辩等几个环节,最后还要对相关材料进行整理归档。这种管理模式在早期大学生精英化培养的年代发挥了很大的作用,学生有足够的时间和精力投入至毕业论文(设计)这一教学环节,指导教师和管理部门能对学生论文(设计)进展的每个步骤进行指导和人工质量监控。但在近几年高校大规模扩招及本科学生就业形势严峻的背景下,学生为了找到一份合适的工作,在毕业论文(设计)上投入的时间和精力越来越少,加之提交应聘单位的"学生成绩总表"尚未登录毕业论文(设计)的成绩,在大学生就业求职阶段已形成了事实上的"无足轻重"现象,从而造成了本科毕业论文(设计)质量的进一步下降。笔者通过对本省部分高校毕业论文(设计)工作的调查,归纳传统毕业论文(设计)管理模式的主要弊端如下。

第一,时间安排有冲突,师生双向指导交流不便,管理监控难。目前,国内大多数高校将毕业论文(设计)安排在最后一学年(第四学年)或是最后一学期(第八学期),这从知识掌握的角度是具有合理性的,但是另一方面,学生毕业论文(设计)与毕业生实习、求职应聘、考研的时间正好相冲突,很多学生都在外地实习或正在四处奔波求职,分布较散,师生之间很难采用面对面指导交流的方式,部分师生也采用E-mail、电话、QQ、微信等方便快捷的现代化方式交流,但亦存在部分交流资料无法保存的问题。同时采用传统的手工管理模式指导教师难以督促学生按时进行毕业论文(设计)研究,管理部门也很难及时准确地掌握毕业论文(设计)的整体进展情况。

第二,学生增多,师资不足,指导不到位。由于学生数量不断增多,一个教师通常要指导 5~8 名学生,甚至更多,而指导教师之中大部分还承担着课堂教学任务和科研任务,时间和精力上不允许他们对学生毕业论文(设计)的指导做到面面俱到。如果指导教师的责任心不强,就很有可能对学生放任自流,疏于管理,无法督促学生按正常的时间流程进行论文(设计)撰写。另外,部分年轻教师指导学生毕业论文(设计)的经验不足,对指导流程不熟悉,容易出现差错,加上有些高校存在多个校区的情况,采用传统的毕业论文(设计)管理方式,很难共享各校区的教师资源,局限性较大。

第三,学生盲目选择选题,指导教师失衡。传统的学生选题通常是由教师通过纸质材料将选题题目公布,对于选题的介绍、要求、任务、参考资料等重要概念,基本上通过口头介绍,没有详细的资料供学生参考,从而导致大部分学生在选择选题过程中比较盲目和仓促,而不是在深入了解选题后做出选择。同样的问题也出现在教师挑选学生环节,由于教师缺乏对学生基本情况(如大学历年来各科成绩,学生的主要背景资料)的了解,很多教师只能凭自己的第一感觉,或者是按报名学生先来后到的顺序进行筛选。由于每个论文(设计)题目的选题人数有限制,以班级为单位的手工选题方式使得选题速度快的班级或学生把某些指导教师的题目选满,而有些指导教师出的选题无人选或选的人数少,导致不平衡的现象出现。

2. 现有本科毕业论文(设计)管理系统使用分析

虽然部分高校为弥补传统的毕业论文(设计)管理模式的不足,也不同程度地使用了基于网络的本科毕业论文(设计)管理系统,利用网络高效、方便、快捷的特点,解决了毕业论文(设计)过程中的部分问题,对提高毕业论文(设计)质量起到了一定的促进作用,但因系统设计的不完善性及种种主客观原因,在实际使用过程中仍存在以下几点不足。

第一,缺乏学生自主选题的权利设置。现在普遍采用的网络毕业论文(设计)选题方式都是由指导教师先将自己确定的选题在网上公布,然后由学生自行选择。这一方式虽然简便,但是学生在这一环节却失去了自主权,尤其不适应一些个性突出、能力较强、具有创新思维或者独立命题能力的学生。即这一选题方式不符合当今高校以生为本的教学理念。

第二,缺乏完整的信息数据支撑平台。部分高校采用的毕业论文(设计)管理系统是完全独立于整体性教学管理系统而独立运行的,其基础数据需要管理部门重新整理添加,这种方式不仅费时费力,并且当基础数据发生改变的时候,毕业论文(设计)管理系统无法实时自动更新。

第三,缺乏师生双向互动的评价体系。在指导毕业论文(设计)的环节中,部分指导教师存在执行不严格、不规范的问题。因此,在指导教师给学生评定成绩的同时,也需要学生对毕业论文(设计)指导教师进行评价,从而发挥学生对教师指导工作的监督与评价作用,而现有毕业论文(设计)管理系统往往忽略了这一环节。

二、网络环境下本科毕业论文(设计)管理系统的设计

基于上述分析,笔者认为如果能在借鉴传统毕业论文(设计)管理模式和现有高校毕业论文(设计)管理系统优点的基础上,辅以整体性教务管理系统中的信息数据,重新构建一个相对科学完善、实现师生互动的本科毕业论文(设计)管理系统,将对解决现有毕业论文(设计)管理模式的不足,有效提高毕业论文(设计)创作与管理质量起到积极的作用。为此,笔者结合教务信息管理工作实践,尝试建构本科毕业论文(设计)管理系统如下。

1. 本科毕业论文(设计)管理系统的构建

如图 10-1 所示,本科毕业论文(设计)管理系统的基本结构由教务系统数据接口模块、指导教师操作模块、学生操作模块、管理部门操作模块等四个部分组成。其中"教务系统数据接口模块"主要功能是从教务系统获取毕业论文(设计)管理系统所需的基础数据,如学生基本情况表、教师基本情况表、学生成绩表、毕业论文(设计)计划表等,并能实时保持两个系统基础数据的一致

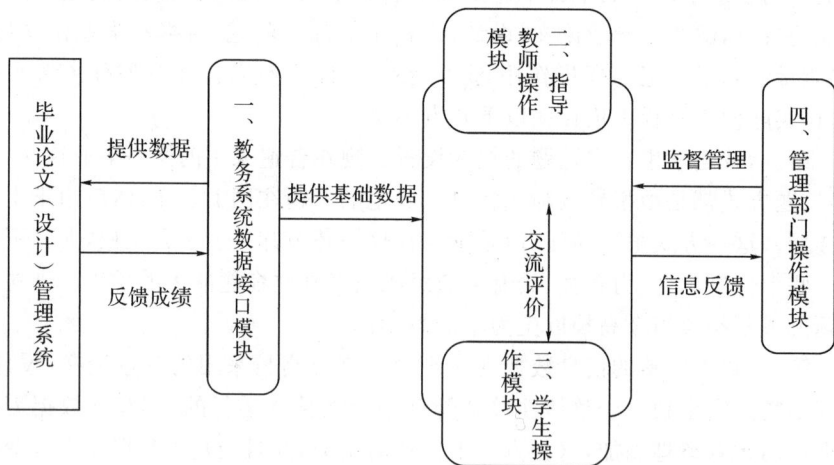

图 10-1 本科毕业论文(设计)管理系统结构

性。由于教务系统中的数据均是日常教学管理中使用和积累下来的,具有真实性和完整性,可为毕业论文(设计)管理系统的正常使用打下基础,同时数据接口可在整个毕业论文(设计)完成后将论文(设计)成绩写入教务系统中的学生成绩表中;"指导教师操作模块"的主要功能是根据教学任务在网上公布选题或者公布研究方向,由学生选题并指导学生,并对学生论文(设计)进行评价;"学生操作模块"的主要功能是选题或者直接选择指导教师,与指导教师进行网上交流,提交相关材料,并对指导教师的指导工作进行评价;"管理部门操作模块"主要的功能就是对整个论文(设计)指导过程进行审核和监控,并汇总毕业论文(设计)成绩、学生对教师的评价数据等,及早发现问题并解决。由这四个模块组成的系统在网络的环境中,可缩短师生间的地理差距,为毕业论文(设计)阶段的师生双向互动交流的实施提供可能性。

2. 本科毕业论文(设计)管理系统的基本操作流程

本系统的使用对象主要为三类人员:教师、学生和管理者。考虑到部分教师和学生不太熟悉电脑操作,并且所处的环境只具备基本的上网功能,所以指导教师和学生均采用 B/S 操作方式,不仅操作简单方便快捷,而且对电脑和网络环境要求不高。管理部门要对所有的用户及数据表进行管理,所涉及的数据量较大,普通的 B/S 端无法满足其功能,因此必须采用 C/S 操作方式,只在 B/S 端保持基本的查询功能。论文设计系统的具体操作流程如图 10-2。

本科毕业论文(设计)管理系统基本操作流程为:学校管理部门通过"教务系统数据接口模块"将必需的师生基本数据表从教务系统数据库导入毕业论文(设计)管理数据库,并对数据进行审核,如发现数据不完整或错误等问题,则需在教务系统中修改,同时与毕业论文(设计)管理系统实时更新;教师根据教务系统中教学任务的安排,针对相应的专业在网上进行选题申报,其填写内容包括:选题名称、学生人数、毕业设计场所、题目类型、性质、毕业设计简介、任务内容等基本信息,以方便学生在选题的时候参考。同时考虑到部分学生已根据自己的兴趣和特长自主选题或者独立命题,系统必须设置教师是否接收学生自主命题和直接选择指导教师;学生在网上根据教师提供的题目,查看选题和指导教师的基本情况,进行选题或者直接选择指导教师。并按志愿序号进行排序(依次为第一志愿、第二志愿、第三志愿),教师根据学生的志愿序号进行筛选,被学生选定为第一志愿的教师具有优先的选择权,只有学生前面序号的志愿被教师"否定"之后,后面序号志愿的教师才能选择是否接收该学生。在选择学生的同时,教师可随时点击查看成绩库中的学生历年成绩作为参考,如果学生在第一轮选题中仍未选上,可调整指导教师和志愿序号进行第

教务系统数据库

实时

毕业论文（设计）管理系统数据库

毕业论文（设计）选题

教师提供选题　　　　　　学生自主选题

否　　　审核是否通过　　　　　　审核是否通过　　　否

是

学生网上选题申请　　　　学生网上选择指导教师申请

教师确认学生选题申请　　教师确认学生择师申请

否　　　关系是否确定　　　　　　关系是否确定　　　否

是　　　　　　　　　　　是

论文指导和交流

学生上传论文（设计）文档

否　　　审核是否通过

是

毕业论文（设计）工作网上评价

教师评价学生　　　　　　学生评价教师

论文成绩导入学校教务管理系统，相关资料存档

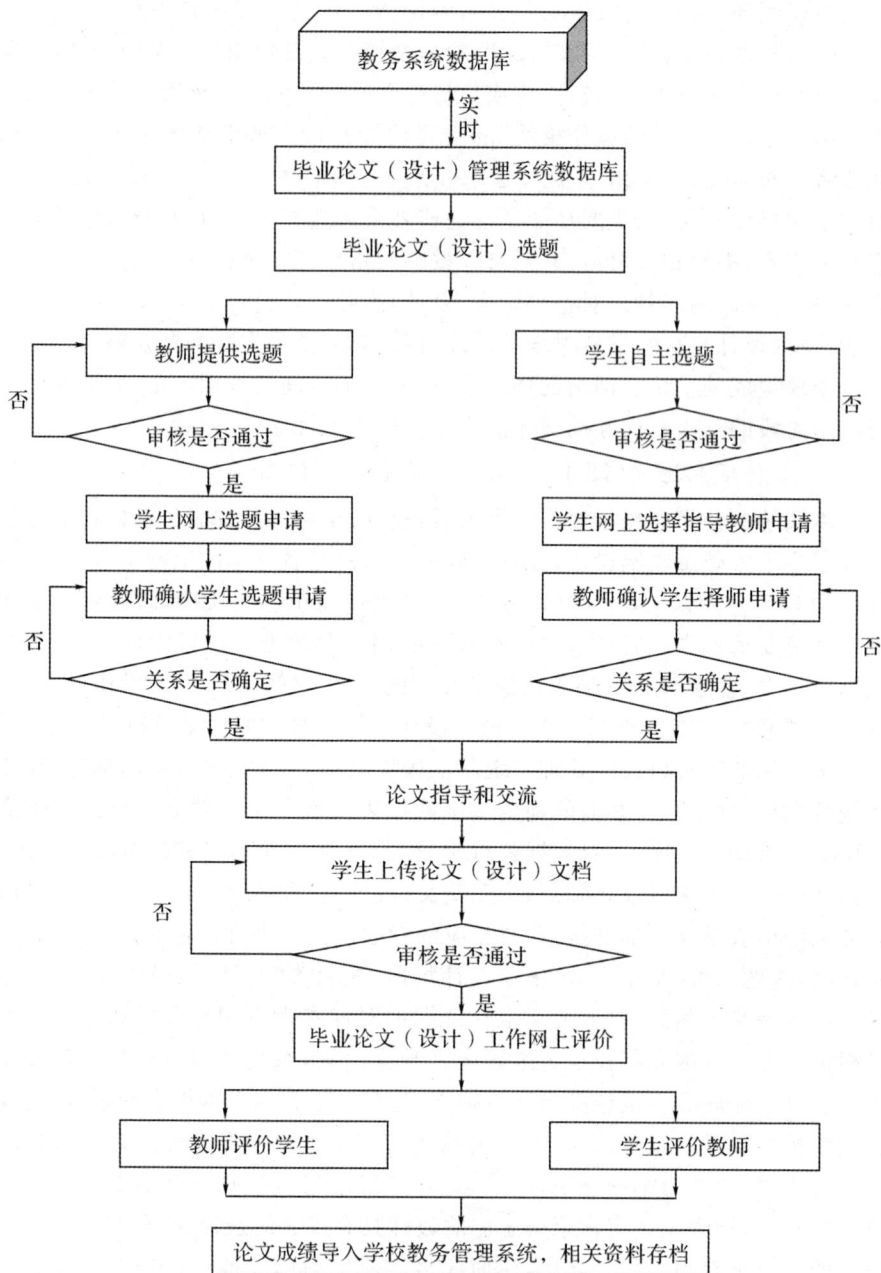

图 10-2　本科毕业论文（设计）管理系统基本操作流程

二次选择。

当学生论文(设计)选题确定后,教师和学生的指导或交流便可通过毕业论文(设计)管理系统在网络中进行,学生只需打开普通浏览器登录系统,便可就论文(设计)相关问题与教师进行网络在线交流,也可在指导教师不在线的时候进行留言。同时教师可通过系统设定每周学生需留言的数量和时间,如没有达到相应的数量,系统便会在学生进入系统的时候自动提醒。所有的这些交流记录都保存在服务器上。同时对于论文(设计)中涉及的相关材料,如开题报告,毕业论文(设计)文档等,可在系统中设定上传和教师审核功能,方便师生交流。

学生完成论文(设计)并上传系统后,教师可直接在系统中对学生的毕业论文(设计)进行评价,其中评分的指标体系和分数比例,可由相应管理部门进行设定;在教师对学生的论文(设计)进行评价的同时,学生也可进入系统对相应指导教师的指导工作进行评价,其相应数据可通过系统直接反馈给教学管理部门;教学管理部门在整个过程中可随时随地通过网络登入毕业论文(设计)管理系统,对整个论文(设计)的流程和相关资料进行查看和监管。最后管理部门通过数据接口将学生的毕业论文(设计)成绩导入教务系统中的成绩表,并对其余资料(如上传的文本,交流纪录等)进行存档。

3. 本科毕业论文(设计)管理系统的优势与不足

笔者所设计本科毕业论文(设计)管理系统的主要优势如下:

一是体现"以生为本"的教学理念,整个毕业论文(设计)管理系统的设计从学生出发,充分考虑学生的需求与权利;二是体现"公开公正"的教学原则,从学生选题到教师筛选学生,师生同时网络化操作,保证过程的公开、选择的公正;三是体现"方便快捷"的工作效能,教师模块和学生模块的操作均在WEB端进行,方便快捷,学生和教师之间的交流并不需同一时间和同一地点,在学生实习或者教师出差时带来很大的便利,节省了大量的时间和精力;四是体现"完整的师生评价"体系,不仅教师可对学生的毕业论文(设计)进行评价,学生也可对教师的指导过程进行评价;五是方便交流资料的保存,所有师生在系统里的交流活动、相关资料均保存在服务器上,可以以各种不同的方式进行组合,方便存档;六是具有完整真实的基础数据支持。基础数据与教务管理系统对接,有完整、真实、规范的数据支持,不仅可以减少数据再次录入的麻烦,同时对整个毕业论文(设计)过程起数据支持作用。

后　记

　　"新工科、新医科、新农科、新文科"建设,是党的十九大以来我国高等学校本科教育改革的重要举措。这一概念的提出、改革的推进,主要有三个方面的动力,即技术创新、社会变革、学科交叉。从这一点上看,浙江传媒学院自2004年本科办学以来,就始终坚持着新文科改革的道路。2004年9月8日,浙江传媒学院升格为本科学院后开学第一周,时任浙江省委书记的习近平同志莅临学校考察指导,提出了"紧跟时代、突出特色"的殷切希望。学校始终牢记这一办学宗旨,紧跟影视艺术发展前沿,发挥学校影视类学科专业的传媒行业特色,服务文化大省、文化强国建设。

　　新时代以来,影视艺术表现形式、行业格局在媒介技术的创新驱动下发生了深刻变革,同时艺术学科升格为门类,戏剧影视学成为一级学科,形成了技术、行业、学科一体更新的态势,对影视教育教学提出了严峻的挑战。学校以2007年"联手行业产学合作培养广播影视创新人才"国家级人才培养模式创新实验区建设为起点,以戏剧与影视学、新闻传播学两类专业为核心,持续推进影视传媒专业教学场景融合重构,新文科建设不断取得重大成果,实现历史性突破。

　　在撰写这篇后记之日,捷报传来,学校又获批四个国家级一流专业建设点,至此学校已经获批13个国家级一流专业建设点,占学校本科专业的一半以上,其中属于新文科建设专业的包括戏剧影视文学、广播电视编导、影视摄影与制作、播音与主持艺术、动画、摄影、传播学、广播电视学、编辑出版学、文化产业管理这10个专业。

　　为分析学校新文科建设、教学场景重构的发展路径、总结经验,服务新文科建设理论的构建,依托浙江省哲学社会科学规划课题"新文科视阈下影视传媒专业建设策略与路径研究"(项目编号:21NDJC113YB),特编撰本书。本书聚集了学校新文科建设、教学场景重构的理论研究文章、优秀典型案例,分主题进行汇编,以期为学校今后的发展明确方向,为其他高校尤其是传媒院校的新文科建设提供借鉴。

　　本书主要编撰人员为姚争、胡一梁、冯建超、李琳,各章节主要论文均标明了出处,主要作者(第一作者)如下。序言、第一章:姚争、冯建超、李琳;第二章:姚争、陈永斌、韩建华、卢懿、李亮;第三章:胡一梁;第四章:韩建华、陈永斌;第五章:肖国飞、姚争;第六章:姚争、卢懿、黄晓琴;第七章:姚争、陈佩芬、贠伍;第八章:陶文平、蔡罕、卢懿、陈永斌;第九章:韩建华、冯建超、陈永斌;第十章:姚争、黄寒冰、陶文平。

　　本书的出版,能够进一步推动浙江传媒学院内涵式发展,进一步推动影视传媒高等教育高质量发展,为我国建设文化强国、科技强国、网络强国、数字中国贡献力量。

　　本书的编辑出版得到了浙江大学出版社的大力支持,谨致以衷心的感谢。

2022.6.11

于杭州